新手父母成长手册

写给0—3岁孩子的家长

魏奘 / 主编

蔡锦　陈亚利　王立松　许东艳 / 副主编

教育科学出版社

·北 京·

编委会

PREFACE 前言

各位初入亲职的年轻父母，您打开这本书，就意味着我们结成盟友。

从呱呱坠地到年满3周岁融入集体机构，孩子的这一阶段称为先学前期。在这个档期中，有无限的机会、可能迎接着小小的孩子，同时也有更多的矛盾、挑战和难题接踵涌入初做父母的亲职“考核”之中。“三岁决定一生”不是危言耸听，其背后是近代脑科学研究的重要成果，这也正是我们编纂本书的初衷。我和我的团队成员、同行朋友对3岁前儿童的养育研究持续进行了12年之久，今天呈现在大家面前的这本书，便是我们多年以来不懈实践、追问的结晶。

本书主要分两大部分，第一部分围绕孩子健康、性情、习惯、求知等专题答疑解惑，第二部分则针对家庭教育和家长榜样等具体问题展开。要特别说明的是，本书每部分的问题都源自课题研究和实践，都是我们走进社区、面向家长所做的咨询服务记录，因此在问题类型上，无法覆盖婴儿成长中的所有需求，可能有更多、更重要的内容没有涉及。本书是我们实践过程的真实记录，它不具备专业教科书那样的逻辑体系和科普专著的精准全面。但是我深信，随着我们对婴儿成长研究的不弃不舍，我们一定能够为孩子、为家长、为社区做得更好更多。

还需要说明的是，本书中对问题的归类分多种角度。我们更侧重对婴儿内在成长的关注。例如在家庭养育中，“吃饭难”是普遍问题，但不能把所有关于“吃”的案例都归结于“饮食”之下，那样容易只见树木不见森林。如果进入具体的问题情境之中就会发现，现象都相似，根源却各异。我们想从孩子生理、心理、情绪、习惯，以及成人的养育方式、观念、技巧方法等不同层面，帮助您梳理、分析，并选择适合“此时此刻”“此情此景”的指导建议。

PREFACE 前言

本书应该说是理论指导下的实践。面对来自孩子成长的挑战，我们特别强调对孩子心理活动和年龄特点的分析，因为“懂孩子”是教育的前提，只有懂得孩子才能做好父母。我们也非常注重指导的有效性，针对具体问题提出的建议和指导，做到给备份、能落地、有选择，这样才能让第一次为人父母的您，逐步学会从婴儿的实际出发，在了解、思考、尝试、选择中，给孩子最适宜的成长援助，给为人父母的亲职生涯奠定坚实的基础，开启美好未来。

本书有关健康的专题中，“发育”和“保健”两个话题内容具有很强的专业性，由孙然大夫（原北京市东四妇幼保健院临床医师、现东华门幼儿园保健医师）作答、执笔；习惯培养专题由蔡锦、王立松统稿；家庭教育、入园准备等专题由许东艳和陈亚利统稿。参加本书各部分编纂的其他执笔人还有丁琪、高艳、孙然、秦洁、祁静、武悦、王旸杰会、殷晓松、张颖、于嵘佳、孙瑞敏、何文淋和刘玉秀等。

每一个婴儿的生命成长，都是不可重复的精致原创。如果生命早期的养育使他成了复制出来的批量产品，既是教育的失败，更是成长的悲哀。

愿以此书做年轻父母的助手，陪伴每个家庭！

北京市名师工作室主持人　魏奕

目录

CONTENTS

PART 1

健康，确保良好开端的基石

一 生长发育

二 喂养与保健

三 疾病预防

四 体能锻炼

2 PART 性情，培育积极稳定情绪的关键

一 社会适应能力培养

PART 4

启蒙，激发成长的每个关键节点

一 启蒙教育

二 游戏中的认知学习

三 生活中的情感体验

四 与人相处中的倾听表达

5 PART
准备，为融入集体生活提前适应

一 入园准备

二 共育合作

三 相融相合

PART 6
信任，父母的赏识温暖金色童年

一 了解、理解、尊重孩子

二 成人之间的相互配合

三 家长的以身作则

PART 1

健康，

确保良好开端的基石

体育是载各育之舟。

在生命的最初3年中，孩子的成长日新月异，既遵循着特定的规律，又呈现出不一样的水平和节奏。家长怎样看待孩子之间发育上的差异？如何处理个体喂养中的困惑、难题？面对漾奶、长牙、流口水这等“大事”“要事”，有什么好的办法？有关3岁前孩子健康的头等大事，听资深医师给您解惑、导航。

一　生长发育

生长是指孩子身高、体重的量的积累和增加，发育则指身体脏器机能的完善与成熟。孩子都会随着时间的推移而渐渐长大，但是及时关注他的特殊问题和需要，给他最适合的贴心养育和支持，是家长重要的责任。

如何添加辅食？何时可以开始添加？

我的孩子已经4个多月了，都说该开始添加辅食了，到底该怎样添加，添加哪些食品更适合？

孩子在成长过程中要经历3种“食物”阶段：乳类、泥状食物、固体食物。从以单纯母乳喂养为主向以固体食物喂养为主过渡的生长发育时期称为“换乳期”或“断奶期”（即食物转型期）。在这段时期内，乳类仍是供给孩子能量的主要营养源，泥状食物则是必须添加的食物，是基本的过渡载体。

儿科专家在研究了众多的喂养经验与现代的临床实践后，建议婴儿应该在出生4个月后，开始添加泥状食物。但是，4个月并不是一个硬性规定，可以稍晚也可以提前，一定要根据孩子的具体发育情况而定。比如孩子出现以下现象时，大多是在提示“可能母乳不足，需要添加其他乳类了”！

• 没有发现孩子生病或长牙，但是连续几天哭闹。

• 当其他人吃饭时，孩子对饭桌上的饭菜十分感兴趣，用眼神和动作甚至是急躁不安来表现“想吃东西”。

• 自己会抓食物放入口中，而且不再用舌头把喂入口中的食物顶出来……

此时才是添加泥状食物的最佳时刻。

那么，此时应该喂些什么呢？

首先，添加的泥状食物应该是婴儿米粉。可以购买罐装的婴儿米粉，也可以自己将大米煮熟后，加工研磨、打碎呈稀薄的糊状，兑入奶中。这时应该注意不断调整奶与米粉的比例，婴儿稍大后，米糊要逐渐增加稠度。当孩子适应米糊后，可以进一步将蛋黄、鱼泥、动物血等调入米糊中，还能逐步调入菜泥、枣泥、豆泥等，使孩子适应多样化的食物。

以下为添加各种辅食的注意事项。

• 喂食前应洗手，并注意餐具的清洁、消毒，最好有婴儿的专用餐具。

• 最好将食物盛装在碗或杯内，用小且呈浅凹形汤匙喂食（如咖啡匙就很适合），使孩子适应新的进食方式。喂食时将食物放入孩子的舌头中间，便于吞咽。刚开始孩子会对用汤匙进食感到不习惯，这是因为孩子的舌头和嘴巴的肌肉协调不佳。有时候孩子会把食物吐出来，但这不是他不喜欢吃或是觉得不好吃，而是他不懂得如何把食物吞下去，家长要有足够的耐心，多尝试几次，多给孩子鼓励。经过一段时间的练习，孩子一定会大口大口自如地进食。

• 在喂孩子时，最好先让孩子吃新添加的食物，然后再喝奶。食物量最好从半汤匙开始，以后逐步加大。理想的是每次只喂一种新食物，这样既不使孩子因食物变化而焦虑，又有利于孩子更快适应新食物。大约两周后，可再添加或更换一种食物。每吃一种新食物时，应注意观察孩子的大便及皮肤的状况，若有腹泻、呕吐、皮肤潮红或出现皮疹等症状，应立即停止。

• 不要强迫孩子接受没有吃过的食物，这样孩子会把喂进嘴里的食物吐出来。如果连续几次都失败，那就说明婴儿暂时还不适宜添加这类新食物。喂孩子时，如果他紧闭嘴巴或是把头转来转去，或露出厌烦的样子，就要停止喂食物。如果他一直显得很有兴趣，就可以继续喂。

• 开始吃蔬菜后，孩子的大便中有时会看到菜叶，大多因吞食造成，不用紧张，因为他们还不会咀嚼，不过叶中的营养还是会被部分分解和吸收，剩余的纤维杂质则通过粪便排出。

孩子喝奶后总漾奶，是有病吗？喂养时该注意什么？

我的孩子2个多月了，喝完奶总要漾点儿奶。我的奶水不是很好，是混合喂养，孩子喝我的奶时还好，喝完牛奶漾得更厉害，不知如何是好？

差不多有一半以上的婴儿有漾奶的经历，很多家长担心孩子会因此营养不够。其实漾奶对大多数婴儿来说是一种正常的现象。孩子在生长发育中，食道末端的括约肌发育还不够成熟，空气随食物进入胃后，便会与食物混合存在，胃中空气上溢，便会使食物从嘴巴漾出。婴儿一次喝奶过多、吃得太快，奶温或身体不合适都可以引起漾奶。一般，漾奶前孩子没有先兆，漾出后挂在嘴角。漾奶不会影响婴儿对营养的吸收。但要注意“吐奶”与漾奶不同：吐，可理解为是奶水强而有力地由嘴巴喷出，奶水距离嘴边较远，一般吐奶前，孩子常伴有不适、躁动不安等先兆，吐时往往会有痛苦的表情，通常是某种疾病的表现。

防止漾奶或吐奶，需要家长的正确喂养。

• 奶嘴要用消毒过的干净剪刀剪口，不要扎孔。要确保剪口垂直于孩子的嘴唇，孩子停止吸吮的时候，剪出来的口是闭合的。而扎出来的口就不同了，永远是张开的，奶嘴扎得大，奶水流速太快，吞咽过急，易引起溢奶；扎的孔太小，又会使孩子吸入太多的空气，也容易将奶溢出。

• 孩子哭闹后不要立即喂奶。哭闹会吞入大量空气，孩子随即吃奶就容易漾奶。因此，孩子哭闹后，一定要设法使孩子安静一会儿再喂奶。同理，不要让孩子吮空奶瓶，不要等孩子饿极了再喂奶。

• 一次喂奶量要少一些，喂奶后要多抱一会儿，让孩子上半身直立，头侧趴在大人胸前，稍低头即可看见孩子面部，然后手掌稍向内弯轻轻拍打孩子背部，直到孩子打嗝，将吞入胃内的空气排出为止。孩子打嗝后，将孩子轻轻地放在床上，将上半身稍垫高，让孩子侧卧，这样可以减少漾奶，而且，即便仍然漾奶，也不会呛着孩子。

• 孩子吃饱后，如果还含着乳头（奶嘴）不放，不要强行拉出，妈妈不妨用手指放在孩子嘴边轻轻逗弄，孩子自然会离开乳头（奶嘴）。

当孩子能够坐起或站立时，漾奶通常会逐渐改善。但如果孩子出现以下的情形之一，应及时去医院就诊。

• 孩子溢出的内容物带血。

• 孩子常因漾奶而被呛着或咳嗽。

• 孩子餐后不仅漾奶，还常发生喷射式的呕吐。

• 孩子体重增加不理想。

• 孩子开始走路 3 个月之后，漾奶现象仍然存在。

过了百天的孩子总让立着抱，有好处吗？

我的孩子才 3 个月就总爱让立着抱，只要一立着抱，孩子就高兴得很。可我不知这样是否对孩子有好处？我该注意些什么？

孩子的动作发育是有着一定规律的。三翻六坐七滚八爬九站，到周岁就自如行走了。婴幼儿的动作发育遵循从上到下、从中心到四周、从大肌群到小肌群逐渐分化、完善的规律。

1 个月以内的新生儿俯卧时就可以将头抬起数秒；到了两个月左右，婴儿就可以在俯卧位时抬头数分钟；到了 3 个月的时候，俯卧时不仅能抬头，其胸部也可离开床面。在这个过程中，如果家长能在顺应孩子发展的同时，给孩子适宜的帮助，不仅可以促进其神经系统的发育，也可以使孩子的筋骨更硬朗，所以，此时立着抱对孩子应该没有害处。

从孩子的角度想，躺着时，看到的是一成不变的天花板，一旦立起抱，哇！世界好精彩！孩子当然愿意让立着抱了。老人们可能会告诉你千万不要过早地立着抱，孩子会驼背，会闪着腰。老人说的不是没有道理。因为，在老人养孩子的年代，母亲怀孕时大都没有条件注意平衡营养，孩子出生后还要打 1 个月的“蜡烛包”，所以，孩子一般发育都不很理想，可能会由于“软”造成驼背、闪腰。

那么，这个年代出生的孩子什么时候可以立着抱？一定要根据自己孩子的具体情况而定。如果孩子颈肌较发达，立抱时头能很稳，那么就可以立着抱，但一定要注意细心呵护。因为婴幼儿的生理发育是个缓慢渐进的过程，孩子早期的骨骼组织中含胶质多，含钙质少，骨质比较娇嫩，容易受外力的影响而受损、变形，因此，如果要立着抱孩子，一定注意大人的一只手及胳膊要呵护好孩子的颈背部，另一只手托住孩子的臀部，随着孩子动而动，同时还要注意立抱的时间不可过长。

总之，家长只要掌握了婴幼儿生长发育规律及养育基本常识，就能在孩子生理成熟的基础上，促进孩子健康成长。

孩子为什么总流口水？

我的孩子 4 个月，现在特别爱流口水，真是擦也擦不净，只好替他围上围嘴。朋友家的孩子比我孩子还小些，嘴巴总是干爽的。为什么我的孩子有永远流不完的口水？到底是怎么回事呢？

流口水，医学上称为流涎，是婴儿时期很常见的现象，每个婴儿都要流口水。即使是大人，在温馨深沉的睡梦中，时常也会有口水从嘴角淌出。所以，孩子流口水是正常的生理现象，是成长发育过程中必然经历的。正常情况下，唾液不仅使口腔黏膜保持湿润，而且通过咀嚼混于食物内，有助于吞咽和消化。但有时，流口水是孩子生病所致。学会识别口水中携带的健康信息对于年轻的家长非常重要。

口水，实际上是由唾液腺分泌的唾液。3—4 个月的婴儿由于唾液腺发育逐渐成熟，唾液分泌量也增加了，但这时孩子吞咽的功能尚未健全，不能随时把分泌的唾液全部吞咽下去，再加上口腔较浅，闭唇与吞咽动作配合还不协调，因而就出现流口水现象。尤其是到了孩子出牙期，由于进食、咀嚼等对唾液腺的刺激，流口水的现象就更为常见了。随着年龄的增长，孩子逐渐会用吞咽来调节口腔内的唾液量。牙齿长出后，口腔的深度逐渐增加，流口水的现象自然就会越来越少，直到最后完全消失或者仅偶尔发生。每个孩子停止流口水的年龄不太一样，有的 1 岁左右就停止流涎，有的到两岁时还在流。只要没有其他疾病，流口水也不是什么大事，家长不用忧心忡忡。

那么，通过哪些现象可以判断孩子流口水是因为生病了？

如果孩子为新生儿，但出生后一直无法喂食，口中唾液量很明显比正常新生儿多，常常以口水吹泡泡，此时应怀疑孩子是否患食道闭锁。如果孩子口水突然增多的同时伴有发烧、咳嗽、流鼻涕等症状，表示孩子可能感冒了，或患有口腔炎、咽喉炎、扁桃腺炎等。如果孩子不仅口水多，嘴唇、口角或嘴巴周围出现水泡，表示孩子的口腔可能有溃疡。一旦出现这些现象，应带孩子去看医生。

孩子流出的口水过多，刺激孩子的嘴角、面颊、脖子甚至前胸时，就会使这些地方的皮肤变红。如果口水持续刺激同一个地方，就容易造成皮炎，影响孩子的健康，所以要注意护理。若是孩子的口水真的很多，要勤用吸水性强的软毛巾擦拭，或是帮他围上围嘴，别让他的口水长时间停留在嘴周围或流满脖子，以免刺激孩子的嫩皮肤。特别是在冬天，要防止孩子下巴皮肤因常流口水而发生皴裂。此外，在逗孩子玩时，不要随意亲吻或捏揉孩子的腮部，以免刺激唾液腺，加重流口水。

1岁10个月的孩子前囟门未闭合怎么办？

我儿子1岁10个月，活泼伶俐，无论是说话、走路、认知都挺不错的，就是头顶上还能摸到一条小缝隙，人家说这是囟门未完全闭合，是有病。我很想知道囟门未闭是怎么回事，该怎么给孩子治疗？

我们先了解一下囟门和囟门的闭合。孩子刚出生时，颅骨的骨化尚未完成，有些部位骨缝未完全愈合，仅以结缔组织膜相连，称为囟门。在头顶上骨与骨之间呈菱形的缝隙为前囟，后脑勺骨与骨之间呈三角形的缝隙为后囟（枕囟）。随着婴儿的生长发育，颅骨也发育长大，缝隙慢慢消失。当颅骨发育到接合缝消失、完全结合好的时候，囟门也就关闭了。因此，所谓囟门的关闭，实际上就是指颅骨的发育和接合。

后囟关闭较早，有的出生时就已经关闭了，有的在生后1个半月左右闭合。前囟在1岁半左右闭合。

正常情况下，在用手摸孩子前囟时，可有跳动的感觉，有时甚至能看到孩子的囟门一跳一跳的，这是由于头皮下有血管通过，属正常现象。前囟门膨隆常提示颅内压增高，见于脑积水、脑膜炎以及脑部肿瘤等，前囟门内陷多见于重度营养不良和脱水患儿。前囟门早闭多见于小头畸形或脑发育不良。如果前囟门超过两岁仍未闭合，可能是颅骨发育较差，常见于佝偻病、脑积水或呆小病。

从这个家长对孩子的表述来看，孩子一般情况较好，情绪也不错，可以排除脑积水、脑膜炎等疾病。最大的可能是体内缺钙，或者缺乏可促进肠道吸收钙质的维生素D。由于食物中维生素D含量很少，若孩子饮食再单调一些，维生素D的来源主要就靠晒太阳了，阳光中的紫外线可使皮肤中的一种物质转化为维生素D。如果此时再不注意保证孩子有充足的户外活动，就会患由维生素D缺乏引起的佝偻病，孩子就会烦躁不安、爱哭闹、食欲不振、睡觉不踏实并容易惊醒、爱出汗……如果这些早期症状没有得到发现和及时治疗，病情就会继续发展而逐渐出现骨骼发育异常，如前囟门闭合晚、出牙迟、肋缘外翻甚至出现腿部的变形等。

在对孩子的护理上需要注意以下几点。

• 晒太阳。每日要保证孩子两小时的户外晒太阳的时间。但要注意，夏季躲开日照最强时间段（上午 10 点至下午 3 点左右），带着孩子在一些有树荫的地方活动；冬季，户外活动时不要给孩子捂得太严，要有一些皮肤裸露以接受紫外线的照射。不要隔着玻璃晒太阳，因为能够穿透玻璃的紫外线是很少的。

• 饮食均衡。食物中含维生素 D 稍多一些及含钙多的食物有动物的肝脏、蛋黄、海产品、奶、奶制品及新鲜蔬菜等，因此，在为孩子配餐时要尽量多吃一些上述食品。

• 皮肤护理。患有佝偻病的孩子爱出汗，因汗液刺激皮肤，要常给孩子用温水及时擦干，以免着凉，并勤洗澡、洗头、换内衣并保持内衣及枕套的干燥。

• 安全保护。在前囟门未完全闭合时，一定要注意保护头部，如避免家具等硬物的碰撞，天冷时戴帽子保暖等。

我该如何养育体重超标的孩子？

我的孩子胖嘟嘟的，抱着外出时，遇到的年轻人会说“这小孩胖得真好玩”，遇到上了年纪的人会说“这小孩养得真好”。可我总觉得孩子过胖了，刚 15 个月就 39 斤了，再这样下去该如何是好呀！

这个孩子的体重的确超标了，但由于没有孩子的身高值，不好计算孩子的肥胖程度。家长可以在孩子体检时，请保健医生帮助进行计算。

家有小胖墩并不是一件令人欣喜的事，儿童期单纯肥胖症已成为 20 世纪以来儿童期严重的健康问题，因为它会给孩子的一生带来许多危险，除影响形象外，还会造成运动能力差、心肺功能下降，另外，肥胖还是导致远期心血管疾病的重要危险因素。同时，儿童期单纯肥胖症还有可能抑制孩子的潜能及社会性等方面的发展。

家长现在已经开始担心胖会给孩子带来问题，这是很好的开始。虽然单纯肥胖症是由遗传和环境因素共同导致的，但遗传因素所起的作用很小，环境因素所起的作用是决定性的，其中生活习惯和个人行为方式又构成主要的成分。因为有些家长把营养理解成单纯的“好吃的”，所以在为孩子选择食物时，偏好三高（高蛋白、高脂肪、高热能量）的选择并不鲜见。由于家庭的饮食模式在潜移默化地影响着孩子，所以说，孩子体重超标，主要责任在于喂养者。

一旦孩子体重超标，该怎么办？首先仔细对照检查以下容易引起孩子发胖的原因，然后理智克服、调整，持之以恒，一定能够收到理想的矫正效果。

• 乳儿期母乳喂养不足。孩子出生后没有坚持母乳喂养，并且过早地进入食物转型期，孩子在出生 3 个月左右就给孩子添加乳以外的食品，或者在 4 个月为孩子添加食品时过早地添加淀粉类和固体食物。

• 喂养过度。有的妈妈尽管手上抱的是一个体重已经超标的胖孩子，却仍怕孩子吃不饱。还有的妈妈用食品作为奖品，使孩子经常额外摄食。

• 饮食的搭配不合理。喜欢给孩子吃高热能、高脂肪，甚至油炸食品及甜食（包括富含奶油的冷饮）等。

• 喝饮料过度。有些家长给孩子喝甜饮料过多，某些时候甚至代替了白开水。

• 进餐方式不良。有的孩子进食速度过快，极易过多摄食。也有的是饮食没节制，见到吃就要，孩子要家长就给，以至于不知不觉就吃多了。

• 运动不足。很多胖孩子都是光吃不活动造成的。家长工作累了一天，晚上回来，与孩子在家里不是一起看电视、讲故事，就是玩玩具、说儿歌，很少带孩子外出运动。白天长辈或保姆带孩子出门，生怕孩子磕着碰着，为了保险就抱着，造成孩子的运动量过少。

如果孩子肥胖不是因为疾病造成的，那么一定能找到导致孩子肥胖的原因。家长应该有针对性地改变现有的生活方式，按照保健医生的指导坚持科学喂养，在保证孩子生长发育的基础上合理安排孩子的饮食，养成良好的生活习惯和进食习惯，教育孩子不挑食、不偏食；养成每天都坚持体育锻炼的习惯，可以走路的时候不要坐车，不要坐电梯，更不要总把孩子抱在怀里不放。

孩子在任何年龄都可能开始明显发胖，但是主要出现在 3 个年龄段：1 岁前、5—6 岁和青春发育期。所以，当孩子处于这几个阶段时，家长应该格外警惕孩子的发胖趋势。

孩子快 3 岁了，老说腿疼，是真的吗？

我的孩子快 3 岁了，为了锻炼他，我们每天都带他出门散步，能走着去的地方就不坐车。可最近带他走路时总喊累，还说腿疼，我对他说“小孩不知道累，一定是耍赖，要让大人抱”，可孩子爸爸说“像是真的”。那是不是像孩子奶奶一样，是因为缺钙所以腿疼呀？

孩子说累、说腿疼，家长一定不要忽略不理，或说一些伤孩子的话。孩子的腿真的疼吗？家长首先要了解到以下的知识。

身体处于生长发育中的孩子，机体生长迅速时会出现无原因的下肢痛，因疼痛与生长发育有关，故医学上称其为“生长痛”。生长痛多发在两个年龄段：3—5 岁及 8—11 岁，此时的孩子通常在黄昏前后发生无任何外伤史的膝关节周围或小腿前侧疼痛。孩子腿疼，大人撩开他的裤腿，看不见局部红肿现象。想帮他揉揉，以缓解疼疼，孩子却说不清楚哪疼，一会儿大腿，一会儿小腿，一会儿左腿，一会儿右腿，一会儿又不疼了。这是因为生长痛很少固定在同一处，可以是双侧下肢，也可以是单侧，虽然过度运动、疲劳可使症状加重，但休息后可自行缓解或消失。

生长痛产生的原因是什么？一是孩子在此时期身高增长很快，骨骼生长迅速，而其周围的神经、肌腱、肌肉的生长相对慢一些，因而会产生牵拉疼痛。二是孩子开始学步时小腿的胫骨有些弯曲，为了保持关节的稳定，腿部肌肉必须经常保持紧张状态，故出现疼痛。三是白天孩子活动量过大，时间过长，容易出现肌肉疲劳、疼痛。

由于出现生长痛的原因不在骨头，而是软组织疲劳，补钙对生长痛的缓解是没有多大帮助的，因此，家长不必过多地给孩子补充钙剂，只要保证均衡饮食，适当补充如牛奶、骨头汤、绿色蔬菜、鱼虾等，食补的效果远远优于药补。

另外家长要注意的是，孩子是否喜欢重复多次地走带他走的“老路”？家长带孩子散步，大都是在家附近，周围的环境已看过多遍。孩子走在地上视野非常有限，可大人抱起来就不一样了，又省力，看到的好玩的东西又多……

因此，在孩子走路时说“腿疼”，家长既要注意锻炼的循序渐进，又要考虑到孩子的发育特点，不要使孩子过于疲劳，同时还要考虑到孩子的心理感受。其实很多孩子越是走得好、跑得快以后，对于家长的依恋反而会加剧。假如孩子就是想撒撒娇，想要检验一下家长对他的爱是否依旧，那么不妨满足孩子的需求。

孩子两岁了，牙还未长到 16 颗，正常吗？孩子的牙需要怎样保护？

我的孩子现在已经两岁了，小牙还没长到 16 颗，可邻居同龄小朋友的乳牙都长到 20 颗了，我们孩子正常吗？再有，孩子这么小用刷牙吗？

乳牙是人的第一副牙齿，共 20 颗。孩子出牙的时间和速度，是反映其生长发育状况的标志之一。健康的孩子一般在出生后 6 个月左右开始出牙，也有早在 4 个月出牙，或迟至 10 个月才长出牙齿的。孩子大约到两岁半左右出齐全部乳牙。如果到 10 个月以上尚未出牙，则属于出牙迟缓，常见于营养不良和患佝偻病的小儿。

假如孩子出牙的顺序正确，即先两颗下门牙，后两颗上门牙，以后都是先下后上，顺序向后生长，家长就不必太着急。如果孩子两岁多了，该长的乳牙还迟迟没有长出，就要带孩子去医院，甚至要做一个 X 光透视，看看孩子未长出的乳牙是否有牙胚。

在孩子萌出牙齿的发育时期，需要多种矿物质如钙、磷、镁、氟和维生素类，因此应注意孩子的饮食种类丰富、均衡，并且要多带孩子晒太阳。

大多数两岁的孩子，乳牙至少已长出 16 颗，此时，家长就可以开始有意识、持之以恒地引导孩子，让孩子主动关心自己的牙齿。刷牙只是一种保护乳牙的手段，重要的是要调动孩子的多种经验，养成良好的口腔卫生习惯、进餐习惯、饮食习惯等。因为乳牙除咀嚼、维护美观外，它们的健康和正常发育，对促进孩子的恒牙、上下颌骨、面部肌肉及整个颊面部的发育都很重要。乳牙先天缺失、龋坏或过早丧失，不仅会使齿槽骨、颌骨缺乏必要的功能刺激，影响后续恒牙的正常萌出，同时还会造成恒牙排列不齐、错位，会直接影响面部的发育。另外，乳牙早失及乳牙根尖的反复感染，还可能引起身体其他器官的病变。

那么，如何保护孩子的小乳牙呢？

首先，告诉孩子牙长在什么地方、有什么用，牙坏了会非常不舒服。其次，为孩子选择乳牙萌出期特殊的小头橡胶牙刷，既不损坏孩子的牙齿，又可以做孩子学刷牙的工具。然后，家长要做的就是每天晚上坚持定时和孩子玩刷牙的游戏，利用游戏逐渐教会孩子如何正确刷牙，养成孩子睡前清洁口腔、刷牙的习惯。

此外，良好的习惯培养非常重要，比如不要口含着奶嘴入睡；多喝白开水，少喝饮料；在孩子吃完饭或甜食后，给孩子喝几口凉开水来清洁口腔，也为以后孩子养成吃完东西立即漱口的良好卫生习惯打下基础。

孩子夜里经常哭、睡不好觉如何应对？

我的孩子经常在晚上哭闹，一哭就是个把小时，弄得我疲惫不堪，也常搅得左邻右舍不得安宁，孩子夜里哭正常吗？是不是他有病？

其实，适当、适时的哭并不是坏事。哭，是婴幼儿在言语发育不完善之时表达需求和感觉的方式。当他饿了、冷了、闷热、疼痛时，会以哭的形式求救于家长。同时，哭还能使全身肌肉得到运动，促进肺脏和呼吸肌的发育，增大肺活量，所以，适当的哭是有利于婴幼儿健康的。

但孩子夜哭，尤其每晚定点啼哭，则不仅影响婴幼儿的夜间睡眠，同时也是对白天劳碌一天的家长忍耐力的很大考验。此时，家长还是要耐下心来，仔细观察，寻找孩子夜哭的原因，找出对策，使孩子尽快停止啼哭。首先检查有无下列情况。

• 尿布湿了没有？

• 是否想喝水？

• 是否肚子饿了？

• 是否太热或太冷？

• 是否小床上有异物或衣服穿着不合适？

• 发烧了吗？

• 是否有蚊虫叮咬？

如果这些情况都没有，那么孩子就有如下4种可能。

• 昼夜颠倒。胎儿在宫内24小时都处于黑暗中，无昼夜之分，出生后中枢神经系统发育尚未完善，对周围的环境尚不适应，昼醒夜眠的条件反射需要在一段时间内逐渐建立。如果家长此时帮助孩子逐渐养成正常的生活习惯，一段时间后，孩子就可以形成一定的生物钟。但有些家长由于缺乏必要的养育知识，孩子白天一哭就抱，不让孩子哭一声，把孩子又是摇又是拍，结果白天睡多了，晚上就不睡，几个月下来，孩子仍然夜间哭闹不休。也有保姆带孩子的，认为孩子多睡觉不仅对孩子有好处，自己也省事，逐渐使孩子养成了白天睡觉过多的习惯，特别是午觉，让孩子睡得太久，以至于影响了孩子的夜间睡眠。

遇见这种情况，就要根据实际情况合理调整孩子的生活规律。一般来讲，新生儿每天睡眠18—20小时，2—3个月为16—18小时，5—9个月为15—16小时。家长要合理地分配孩子的睡眠时间，改变孩子白天睡觉多的习惯，特别要将下午睡眠时间缩短。假如孩子不习惯，白天会哭闹两声，只要不是生病就没有关系，不用理他，哭一段时间后孩子就会停止啼哭。

• 喂养不当。喂养不当也是孩子哭闹的原因之一，如牛奶过稀，不顶饿，就会有饥饿性啼哭。牛奶消毒不严，有细菌污染，造成小儿腹部不适也可啼哭。喂奶时奶嘴孔的大小不适、妈妈喂奶的技巧不好、拍嗝的方式不对等，造成孩子夜里肚子胀气疼痛，也会使孩子哭个不停。晚上喂奶太勤，干扰孩子睡眠太多，影响睡眠也可啼哭。

遇见这种情况，就要逐渐减少晚间喂奶次数直至夜间不喂奶，保证孩子休息。每次喂奶后，一定要轻拍孩子后背，使孩子打出嗝来，同时要注意卫生，减少感染的机会。遇到孩子肚子痛，妈妈可轻轻按摩孩子肚子，以缓解孩子的胀气。

• 缺钙。由于维生素 D 的缺乏，使孩子摄入的钙不能很好地吸收，易使孩子的神经系统过于兴奋，出现夜惊、夜啼、睡眠不安。

遇见这种情况，就要每天保证两小时抱孩子到户外晒太阳，不要隔着玻璃晒太阳；均衡营养，食物中蛋黄、动物肝脏含维生素 D 稍多一些，奶、奶制品及海产品含钙丰富。

• 环境中的噪声干扰。噪声使小孩子的情绪不安，也可能成为夜哭的原因。小孩子也是有情绪、有感觉的。妈妈对着刚出生没有几天的孩子笑，他也时常会笑；妈妈对他讲话，他也会试着张嘴说。如重重的关门、挪动桌椅等突然的声响，都会使孩子受到惊吓，造成孩子的情绪不安。

遇见这种情况，可以坐在孩子的身边，用手从后向前轻轻抚摸孩子的头顶，或把孩子抱在怀中用温柔的话语安慰孩子“不怕，妈妈就在你身边，放心睡吧”。但要注意每日逐渐减少安慰、陪伴的时间，相信经过亲子的共同努力，孩子的哭闹会渐渐减少。

另外，引发哭闹的还可能是疾病。孩子感冒、发烧、不舒服，常常哭闹，特别是有中耳炎，耳痛厉害难忍，更是哭闹不停。如一般的抚慰作用不大，可考虑尽快到医院诊断、治疗。

总之，孩子夜里哭闹的原因很多，要具体分析，具体处理，才能使孩子安静入睡，保证睡眠质量。

二 喂养与保健

育儿，四季有难题。都知道营养是生命的一个重要组成部分，但如何顺应四季不同气候的变化，科学喂养促进发育，我们还有更多的未知。在婴幼儿四季喂养中，家长需铭记：春要促其生，夏必助其长，秋须守其收，冬务保其藏……

母乳喂养的疼痛我受不了，该怎么办？

新生命的诞生，给全家人带来了欢喜。可母乳喂养过程中乳头、乳房的疼痛，却让我难以忍受，似乎超过了生产时的痛苦。是我太娇气吗？假如母乳喂养总是这样痛苦，我怀疑自己会难以坚持日后的哺乳，怎样能够缓解乳头疼痛？

孩子的诞生，使一度满心憧憬的准妈妈的角色发生了转换，不仅要经受生理上的考验，还要排解心理上的压力。母乳喂养过程中的疼痛，就是困扰一些新手妈妈的问题之一。

乳头疼痛是开始哺乳时常见的问题，许多妈妈都有过这样的经历，也曾经因为喂养时的疼痛，怀疑自己是不是能够坚持继续母乳喂养。其实，这位妈妈不必如此担心、忧虑，只要对母乳喂养过程中常出现的问题有一定了解，从容应对，相信一定会成为合格的母亲。

乳头疼痛最常见的原因是孩子吸奶的方法不对，婴儿吸吮时只含住了乳头，乳汁不能顺畅排出来，孩子也会因无法吸到乳汁而更加用力吸吮，没有多久，婴儿口、唇、舌对乳头的摩擦越来越厉害，就会造成妈妈乳头破皮或裂开。刚生产的妈妈乳头非常敏感，哺乳时会感觉疼痛异常，有时衣服接触到乳头都会疼痛难忍。

乳头感觉疼痛还有一种原因是感染。被念珠菌感染后的乳头除了感觉疼痛以外，颜色也会变浅，同时还会出现如同乳酪状的白点。

此外，母乳喂养过程中还可能出现的问题就是乳房肿胀疼痛，它是因为乳液无法排出或排出不畅，可能与妈妈喂奶太晚、喂奶次数不够、喂奶姿势和方式不当有关。

那么，预防新手妈妈乳头和乳房的疼痛有什么好方法呢？

最早的预防应开始于孕后6—8个月，准妈妈应每天用毛巾蘸热水反复擦洗乳头，使表皮增殖、变厚、富有弹性，经得起婴儿吸吮。乳头扁平或凹陷的孕妇，在妊娠中期就要每天牵拉乳头数次，帮助乳头向外凸起，以免新生儿吸吮困难。

孩子出生后吃母乳时，尽量使孩子的嘴张大，含住大部分乳晕，不能只吸住妈妈的乳头，这样，当孩子吸奶时，舌头和嘴唇就会顶到妈妈的乳头，奶水会不断涌出，也能避免妈妈乳头受伤。哺乳结束时，不要强行用力拉出乳头，你越拉，孩子越不松口，在口腔负压情况下硬拉乳头，可引起局部疼痛或破损。如需中断喂哺时，可按下婴儿下颚，在没有口腔负压下拉出乳头。喂奶结束后，挤出一滴乳液涂在乳头上自然干燥或涂抹一点儿香油，都可起到保护乳头的作用。

要注意的是，喂奶前妈妈一定要洗手，用清洁的小毛巾擦乳头，切忌用肥皂或酒精之类物品清洁乳头，这样会加剧乳头干裂。

若妈妈的乳头已经破皮或出现了亮泡，则应该停止喂养一两餐稍作休整，可以将奶水挤出用奶瓶喂食。

预防乳房肿胀疼痛的最好办法是妈妈尽早哺育孩子，并让孩子不限次数地多多吸吮，以加速乳汁的排出。孩子越是不吸奶，乳房就越会胀痛。如果妈妈奶水太多，孩子吃不完，可以自行将乳汁挤出，挤到感觉不胀或舒服了就可以停止了。

如果妈妈的乳房发生了肿胀、有硬块、疼痛，奶水流出不畅，但不发烧，肿胀的乳房不发红，则是“单纯郁乳”。可试着用热毛巾敷乳房5分钟后，从乳房的根部向乳头部轻轻按摩疏通乳腺，促使乳腺管通畅，2—3天乳汁流出，肿胀就会消失。

如果妈妈乳房肿胀、疼痛的同时畏寒，发烧 38℃以上，乳房表面皮肤肿胀、发红、疼痛，腋下淋巴结肿大、触痛，可能患了急性乳腺炎，应及时就医。

小孩子为什么爱脱臼？

孩子刚会走路还走不好，需要大人领着。我很紧张，因为前两天邻居家小朋友的胳膊就被大人拽脱臼了，听说还有先天性髋关节脱臼，真可怕！我该注意些什么？

新生命诞生的头几年，虽然生气蓬勃，但筋骨、脏腑都很娇嫩，韧带、肌肉和关节囊发育都还不完善、不牢固，常因小朋友之间推拉、成人的用力过度，使孩子连接上下骨头的关节脱离原来的位置，造成上下骨头失去正常的连接，这就是我们常说的“脱臼”。

牵拉造成的脱臼很好发现，常常是脱臼部位无法活动，轻轻触摸孩子该部位，孩子会因疼痛而哭叫。另外，相关的关节可能会出现变形、肿大，皮肤颜色有所改变。发现孩子脱臼后不要擅自给孩子复位，应保持孩子不很痛的姿势，马上看儿童骨科大夫。脱臼的复位很简单，复位后疼痛立即消失，家长不用特别担心。

与牵拉脱臼相比，髋关节脱臼不易发现。可以说，要将髋关节脱臼在出生时一个不漏地检查出来，也是很困难的！孩子年龄越大，脱臼越容易被察觉。一般如果出生时没有发现，大部分小孩都是到开始学走路时才会被发现，但也有很机警的妈妈，在小孩还不会走路的时候就察觉有异常。

髋关节脱臼是指大腿最上端呈球形的股骨头松动脱出髋骨的凹臼，一般来说，不会造成疼痛的感觉，但小孩走起路来会一跛一跛的，如果不处理，将来会频繁发生脱臼，这也是引发中年关节炎的原因之一。那么，孩子出现哪些体征时，家长要注意呢？

• 大腿或臀部的皮肤纹路不对称。在换尿布的时候，把孩子两腿腹股沟和大腿内侧的纹路深度、长度和数目比较一下，如果出现明显的差别，应注意。

• 让婴儿仰卧，提起双腿，从臂部形状的差别上发现脱臼。

• 髋关节活动时可以听到声响或伴有“嘎答”声，活动受到限制。

• 双侧大腿的活动幅度不同。有一侧比较差或有异常，如分开双腿时，左右两腿同时向两侧展开，能发现大腿外展的范围不对称。

• 下肢有一长、一短的感觉。

• 站立时臀部特别翘。

• 有斜颈、螃蟹脚或前足内翻等异常。

• 学走路时喜欢一脚蹬脚尖，有时出现跛脚或迈步异常。

当发现孩子有上述现象时，不要太恐慌，因为不一定都是髋关节脱臼，但应尽快请儿童骨科大夫检查。也有一些家长，虽然很早就发现小孩有下肢行走异状，但只因听说“小孩大一些自然会好”就掉以轻心，使病情延误。

养育孩子的过程中，家长需要细心、耐心，及时发现孩子的异常，避免由于不小心使孩子娇嫩的筋骨受到伤害。如在护理和与孩子游戏过程中，细心观察孩子有无下肢的异常；几个月的孩子双脚蹬动有力，有时敲得床板啪啪作响，此时大人尚不可用力牵拉孩子双腿，因为此时的婴儿容易脱臼；牵孩子走路时，只要稍微带着即可，牵拉过力，孩子的肩关节、肘关节容易脱臼；不要无节制地逗婴儿大笑，过分地笑也可能引起下颌关节脱臼。

孩子吃辅食后不喝奶怎么办？

我的孩子快7个月了，看护孩子的阿姨特别会做吃的，孩子吃得可香了，可就是不爱喝奶。我有点着急，总想多喂些牛奶，但越急越喂不进去，不知怎么是好。

孩子不爱喝奶的原因有很多，应先找原因，然后根据情况找出“对付”的办法。

• 孩子在吃了与奶不同的丰富多样、有滋有味、改变了形状的食品后“喜新厌旧”，变得不再只钟情于“奶”这种单一口味的东西了。特别是那些没有母乳喂养的孩子，很容易不愿再喝牛奶了。

• 孩子生理发育及感官功能愈来愈成熟，开始对周围环境产生好奇并喜欢探索，自然就容易对“吃”心不在焉。或者在喂奶时四周不断有人走动或声音嘈杂，容易分散孩子的注意力，因而会使孩子根本忘记喝奶这件事。

• 有的孩子厌奶可能是因为奶嘴的口径太小，不容易吸吮，使他无法顺利喝奶。

• 有些生理的不适症状会导致孩子厌奶，如刚打完预防针时、长牙期间或肚胀等，这种情形通常持续几天后即恢复正常。

• 孩子真的不舒服了，食欲不振，也不那么活跃了。

孩子不爱喝奶，并不代表孩子就会营养不良，家长不用过于着急，看看下列哪个办法可以有所帮助。

• 在孩子饥饿准备喂泥糊状食品时，可以先喂些奶再喂其他食品。

• 在早晨孩子刚醒时喝瓶奶。有些家长习惯孩子睡前躺在床上喝奶，但要注意，喝完奶后，一定要再喂些白开水，免得长此下去损坏孩子的乳牙。

• 在奶里放些其他食物如米粉等以改变口味。

随着孩子一天一天地长大，可选择的食品种类增多，若白天逐渐以固体食品为主食，可以将奶和在面粉里，做小馒头、豆包等孩子喜欢吃的面食。同时，选择营养足够的替代品，如鱼、肉、蛋、小虾皮等以补齐不足。

孩子吃肝到底好不好？

都说动物肝脏的营养价值特别高，可以补血、明目等，我每个星期都要给孩子吃2—3次猪肝或鸡肝，可近来报纸上又说吃肝不好，容易中毒，要少吃或不吃，我真不知如何是好了。

这位家长所说的两方面都有道理，首先，动物肝脏能提供人体所需的蛋白质、脂肪、无机盐和维生素，并有着独特之处。如蛋白质含量很高，并且含有的人体所需各种必需氨基酸的比例适合于合成人体蛋白质，同时较易被吸收利用，所含的维生素 A、维生素 B、维生素 C、维生素 D、叶酸等多种维生素也高于猪肉。此外，动物肝脏内还含有烟酸、磷、钙、锌等，除此之外，含铁比较丰富，利用率也较高。所以动物肝脏确实是一种营养极为丰富的食品。

但肝脏又是动物体内非常复杂的器官，不但参与各种营养素的代谢、贮存与运送等，同时，动物肝肾两脏器又是体内解毒排毒的主要器官，无论是误食的毒物、药物还是必吃的食物，都会在体内分解并产生各种毒素，绝大多数要经肝脏处理后，使毒物转化为无毒、低毒物质或溶解度大的物质，然后再随胆汁到肠道或通过血液循环到肾脏并排出体外。

在环境污染日益严重的今天，动物肝中有毒物质或化学元素的含量比肌肉要高出很多倍。小儿的各脏器发育尚未健全，其解毒排毒的功能同样不完善，因此出现了许多像这位家长一样想法的人，对于肝脏这个营养丰富的食物既爱又怕。

选择给孩子吃动物肝脏来补充营养的话，应该注意以下几点。

• 猪肝的选择。猪肝有粉肝、面肝、麻肝、石肝之分，另外还有病死猪肝、灌水猪肝等。粉肝、面肝为上乘，质均软且嫩，手指稍用力，可插入切开处，做熟后味鲜、柔嫩。麻肝反面有明显的白色网，手摸切开处不如粉肝、面肝嫩软。石肝则更硬，手指稍着力也不易插入，做熟后质韧，不易嚼烂。病死猪肝色紫红，切开后有余血外溢。灌水猪肝色赭红显白，比未灌水的猪肝饱满，手指压迫处会下沉，片刻复原，切开处有水外溢。病死猪肝和灌水猪肝为劣质品。

• 食用猪肝前先去毒。买回来的猪肝要切成几块在自来水龙头下认真地边轻轻抓边冲洗 10 分钟，再浸泡一两个小时，力求去掉散存于肝血窦中的毒物和毒汁。

• 注意烹调加工猪肝一定要熟。在烹调中，不可为烹食鲜嫩而“落锅即起”，这样会因保存了猪肝中病原菌和虫卵而伤害自身。因此，烹调时间应尽量长一点儿，以确保食用安全。

孩子睡觉磨牙是怎么回事？

我的孩子已经两岁多了，最近一周开始，夜间睡觉总磨牙，一晚上要磨三四次，同事说可能是肚子里长了蛔虫。是真的吗？

入夜之后，玩耍一天的孩子们都已酣然入梦，但有的孩子会不自觉磨起牙来，上下牙齿磨得咯咯作响，这声音不仅影响别人入睡，更让家长担心的是，不知这样下去，会给孩子带来怎样的后果？

磨牙是咀嚼肌收缩所致。可是夜里既不吃又不喝，为什么咀嚼肌还要不断收缩呢？其中的道理目前还很难说清楚，但据观察和分析，一般认为与下列几种因素有关。

• 肠道寄生虫病，如蛔虫病。由蛔虫病而引起的例子极为多见，肠内寄生的蛔虫所分泌的多种毒素和虫体排出的代谢产物都会不断地刺激熟睡中的孩子大脑的相应部位，使孩子咀嚼肌持续收缩而造成磨牙。

• 孩子晚餐吃得太饱或在入睡前加餐过量，使孩子入睡后肠胃里还积存着大量食物，整个消化系统在夜间还要加班加点，咀嚼肌也被动员起来，不自主地收缩，引起磨牙。

• 孩子白天过度玩耍、过度疲劳或神经过度兴奋都可以使大脑皮层功能失调而在睡觉后磨牙。

• 胃肠疾病，如消化不良等。

• 口腔疾病，如慢性牙周炎、牙颌畸形等。

• 神经系统疾病，如癫痫等。

长期的夜间磨牙，的确会对孩子的健康不利。夜间磨牙因口腔内没有食物，唾液分泌也少，牙齿得不到润滑，形成“干磨”，牙齿长期相互摩擦，可使牙尖磨损变平，牙齿变短，影响美观和咀嚼功能。

有些孩子的磨牙一段时间后会自然消失，但如果孩子磨牙持续不断，就要寻找原因、对症治疗。若是患蛔虫病，要根据医生的建议彻底驱蛔虫。属于精神心理因素的，要注意白天不让儿童玩得过度兴奋和疲倦。若是属于牙周炎或咬合失常引起的，可请口腔科医生治疗牙周炎，矫正咬合失常。胃肠功能紊乱者，应服药调理胃肠功能。

要注意的是，有些孩子因磨牙时间较长，大脑皮层已形成牢固的条件反射，磨牙动作不会在短时间内得以纠正过来，做家长的要有一定的耐心，做好坚持较长时间的治疗才能好转的心理准备。

如何预防孩子户外活动发生意外？

孩子能跑了，我带他去公园时跑得可欢了，可只要奶奶带他出门，奶奶的手就从不离开孩子，不是拉就是拽，说这样安全，不会发生意外。1—2 岁的孩子常会发生什么意外？假如有了小伤，应该如何处理？

孩子坚持每日 2—3 小时的户外活动，对健康成长非常有益，但孩子由于好奇心很强，又不知深浅，户外活动时常会惹出“小祸”来，甚至有时会将自己弄伤。因此，家长一定要注意孩子的安全，但也没必要寸步不离，这样会影响孩子的自由发展。只要眼不离孩子，有一定预见性，意外伤害是可以预防的。

常见户外活动的伤害有划伤、扎伤、擦伤、挫伤、夹伤等，只要不严重，家长对这些小伤处理的原则有一定的了解，还是可以自行处理的。

常见外伤的原因、症状及家庭处理方法

类　别	破损原因	主要症状	家庭处理方法	愈合情况
划　伤	皮肤与带刺的、粗糙的零件等摩擦而致，或是被小动物抓伤	出血较少，表皮有些破损；由于接触物较脏，伤口容易感染	用干净凉水或凉开水冲洗伤口，涂一些碘伏或酒精进行局部消毒后贴上创可贴，不出血即可取下来，保持干燥，以免引起继发感染；宠物抓伤要及时医治	预后好，一般不留瘢痕

续表

类 别	破损原因	主要症状	家庭处理方法	愈合情况
扎 伤	皮肤组织被针、钉子等较锐利物刺入	因物体刺入深浅而出血不同，但伤口易感染	将刺入物取出，并用力在伤口处挤压出瘀血和污物，用酒精消毒，亦可去医院对伤口进一步处理。若伤口周围出现红肿，应及时就诊	扎伤不深又无继发感染，一般不留瘢痕
擦 伤	常由于摔跤而引起皮肤表面磨破，多见肘、膝关节及手掌处	渗血，表皮破损，若沙土嵌入伤口内，易引起感染	凉开水清洗伤口，用消毒棉或干净手帕压在伤口上，抬高患处，立即去医院处理	渗血所结痂易因活动而裂开，造成反复渗血，愈合过程较长
挫 伤	常由于摔倒时皮肤碰到硬而钝的物体上所致	损伤较重部位，皮肤可破裂，周围可出现青紫（瘀血）	瘀血初期，冷敷瘀血部位，可以促使局部血管收缩，减少血液向伤口渗出，减轻肿胀，缓解疼痛	预后好，但瘀血的吸收需要一段时间
夹 伤	开关门时没有注意而被门挤到或被重物所砸，手、脚居多	夹伤后，可能破皮流血，也可能皮下瘀血，严重的可出现指骨骨折	单纯夹伤，没有破皮流血和骨折（手指活动自如）时，应立即冷敷，然后去医院进行检查。恢复阶段，要将伤手高举，睡觉时，可在身旁放一高枕，将伤手搁在上面，以减轻肿胀。若伴有其他伤害，应用干净手帕简单包扎后立即去医院处理	单纯的夹伤，指头会肿胀、疼痛，三四天后即可好转

该如何预防孩子户外活动时发生意外伤害呢？

家长应根据孩子的年龄和发育程度选择适宜的户外活动场所和大型玩具。玩滑梯时，孩子的衣服要扣好扣子，以免下滑时衣服被挂住而造成危险；玩转椅时要嘱咐孩子扶好把手，转的速度不要太快；嘱咐孩子不要从高处往下跳。另外，注意检查孩子进行跑跳活动的环境、场地要干净、安全，没有杂物。不要带孩子到施工地以及常有机动车、非机动车经过的道路附近玩。带孩子在游乐场玩耍时，要远离悠荡的秋千和快速奔跑或踢球的大孩子们。在与同龄孩子追跑时，手里不要拿东西，尤其不要拿尖锐的东西。

孩子为什么在春季长得快？

天气越来越暖，出差1个多月后回家一看，感觉孩子好像突然长了一截。许多人都说，春天是长个的季节，家长应该注意一些什么，才能顺应孩子的快速增长？

春天是万物复苏的季节，孩子也与自然界的万物一样，长得特别快。经过“冬眠”的孩子，可以在春暖花开的日子里，充分地享受阳光的沐浴，骨骼发育明显加快，而且，此时的孩子胃口大开，吃得多，家长很容易发现孩子突然长高了。这时，家长在欣赏快速成长的孩子的同时，还要做到强化营养、注重睡眠、合理运动、注意防病。

• 强化营养。要保障营养的摄取。根据儿童的生理特点和季节性食物的情况，在儿童膳食中适当增加奶类、蛋类、鱼类、动物肝及豆类，多吃各种新鲜蔬菜、水果以及芝麻、枣、玉米、花生、海产品等，力求品种多样，让孩子有好胃口。日本专门从事矮身材研究的专家特别推荐牛奶、鱼、菠菜、胡萝卜、柑橘等5种食品。长期从事儿童营养研究工作的丁宗一教授在谈到影响儿童生长发育营养问题时说，营养素（孩子要吃什么）、营养行为（孩子怎么吃，包括食物怎么做）、营养气氛（孩了在一种什么环境中饮食最易吸收），这3点都很重要。

• 注重睡眠。科学家发现，孩子深睡眠时脑垂体分泌的生长激素要比浅睡眠时多。因此，专家建议，1—3岁的孩子睡眠应在11—12小时以上，最好晚上8点就上床睡觉，这样能保证孩子深睡眠时间。睡眠不足还会影响食欲，必然也会影响到营养素的吸收。

• 合理运动。要适当增加孩子的户外活动。孩子接受日光照射，有利于机体对维生素D的合成和胃肠对钙、磷的吸收，同时跑、跳等游戏活动能舒展孩子的筋骨，增强血液循环，保障骨骼的生长正常发育，进而加快生长。日光浴、空气浴不仅能增强孩子皮肤的抵抗力，活跃身心，又可促进孩子的食欲和胃肠吸收功能，白天吃得香，晚间睡得稳，有利于生长发育。

• 注意防病。春天是各种传染病，如麻疹、流行性腮腺炎、肝炎、猩红热、流感等易发的季节，孩子一旦感染，会影响生长发育。因此，要做好预防工作。在乍暖还寒的时节，把握住变化无常的早春气温特点，就能通过多种保健手段促进孩子的生长发育。

春季应该怎样调理孩子的饮食？

老人们都说，春天是孩子个头长得最快的季节，为了保证孩子正常发育，我该如何调理孩子的饮食呢？

春天，万物复苏，生机盎然，也是孩子生长发育的“黄金”季节。随着气候由寒转暖，孩子的消化吸收能力将会增强，活动量增加，使孩子的进食量也随之增加。营养是孩子生长发育的基础，爸爸妈妈要抓住这一关键时机给孩子增加营养。

按照我们传统医学的“春夏补阳”饮食调理原则，多给孩子吃一些能温补阳气的食物，使阳气充实，以增强抵抗春季风邪为主的疾病的能力。

在给孩子的食物选择上，每日饭食不可少的是蛋、豆制品、乳制品；五谷杂粮是食养的首选，无论春、夏、秋、冬哪个季节都要把它放在第一位。可以煮制含大枣、山药、木耳、葡萄干的粥给孩子食用，以增加孩子谷类的摄入。同时，春季还要吃一些牛肉、兔肉、虾、鳝鱼，多吃一些扁豆、冬瓜、芹菜、胡萝卜、山药、海带、西红柿、苹果、梨、大枣、桂圆肉、蘑菇、香菇、木耳等。

◆ 3款春季滋补小食谱

◇ 莲子山药糯米大枣粥

取莲子10克，山药10克切片，糯米适量，枣5枚，洗净后放入开水锅中，小火熬成粥。

此粥既好喝又可以健脾胃，滋阴益肾。

◇ 罗宋汤

• 取牛肉 250 克，炖成清汤。

• 葱头、圆白菜、芹菜、土豆等适量，洗净后切片，用少许黄油煸炒后放入牛肉汤中煮熟。

• 将番茄沙司倒入汤中，放入少许盐、糖即可。

牛肉味甘，性平，营养价值甚高，加之葱头、圆白菜、芹菜、土豆等含有较多营养素的蔬菜，使得这道菜能补脾胃，具有很高的营养价值。

◇ 鱼肉花豆腐

• 取鱼中段 100 克，留下净鱼肉，剁碎成茸，分成 3 等份，一份加入煮熟剁碎的胡萝卜泥（50 克），另一份加入玉米粒剁碎的泥（50 克），最后一份与煮过的豆腐泥（30 克）混合，分别调味加葱姜汁、盐、黄酒、蛋清、淀粉并搅拌均匀。

• 一方盘，底部涂少许油，将白色鱼茸豆腐泥平铺盘底，先后放上胡萝卜鱼茸、玉米鱼茸，铺平，上笼蒸，中大火蒸熟取出，切成片状。

• 在炒锅中加鲜汤、青菜叶、盐烧开，放入鱼片，湿淀粉勾芡即可。

此菜含有丰富的蛋白质、脂肪、碳水化合物、维生素和钙、磷、铁等矿物质。豆腐与鱼一起吃，使鱼体内富含的维生素 D 帮助孩子吸收豆腐内所含钙质。因此，这是一道营养丰富、搭配合理、易于吸收，非常适于婴幼儿食用的菜肴。

夏季怎样让孩子免受蚊子叮咬？

邻居向我介绍了一种防蚊液，据说抹上后蚊子就不再叮咬了，我也很想买来给孩子用，又不知是否对孩子有害，用的时候该注意些什么？除了用防蚊液，还有没有别的办法？

蚊子在夏秋季最多，也最厉害，它们叮人吸血，且最喜欢叮咬幼小的孩子，轻的奇痒难忍，重的还可能会传播乙型脑炎、疟疾等虫媒传染病。在炎热的夏季里，家长如何帮助孩子躲避孩子的敌人——“嗡嗡”叫的“蚊子”呢？

既然家长提到了防蚊液，这里先介绍一下防蚊液的选购和使用。

市售防蚊液的主要成分 DEET（待乙妥）系人工合成的化学物质，它有一种令昆虫不快的气味，让昆虫不敢靠近。将防蚊液涂抹在皮肤上后，药剂就会随体温的蒸发形成保护膜，使蚊虫不敢靠近。在选择防蚊液时，先要了解防蚊液的 DEET 浓度后再购买，不要舍本逐末去注意防蚊液中的天然植物萃取成分或保湿、润肤等不重要的配方，防蚊液中的 DEET 才是我们真正要使用的部分。婴幼儿最好使用 DEET 浓度小于 10% 的防蚊液。浓度愈高，停留在皮肤上的时间愈长，就愈容易造成过敏。

防蚊液的持续时间与 DEET 含量及活动环境有关。如太热流汗过多、太阳太大，也会造成防蚊液的效力不如预期而需要补喷。

在给孩子使用防蚊液前，应先在孩子上臂内侧（此处的肌肤最为娇嫩，也最敏感）试用一下，确认无不良反应后才能使用，且不要全身使用，只涂抹在孩子衣服和裸露在衣服外的皮肤上（不要忘记耳朵）。涂抹时，应避免擦在孩子的手上，以防孩子误舔。此外，涂防蚊液外出回来后，如不需防蚊液继续保护皮肤，应马上用肥皂及水将防蚊液洗掉。

防止蚊子叮咬孩子，除选用防蚊液外，还可从以下几方面着手。

• 注意家庭周围环境的卫生。存放的垃圾和积水都可滋生蚊蝇，要及时清除。经常检查家庭中的纱窗、纱门有无破损处，并及时修补。定期在室外墙壁、纱窗、门框喷洒杀蚊药进行灭蚊。

• 与成人相比，孩子皮肤的冷热调节能力较弱，更易出汗，而汗液中的乳酸对蚊子最具有吸引力，这也是孩子更易遭蚊子袭击的原因。所以若孩子身上有汗，家长一定要及时为他擦干净，并注意勤洗澡、勤换衣，保持皮肤清洁。

• 户外活动时，白天选择有树荫、通风好的地方。傍晚要在空旷之地，尽量避开树木、花坛和草地，最好选择在下午 5 点到晚上 7 点半。因为这段时间相对白天凉快，蚊子相对较少。天黑以后蚊子活动频繁，尤其是在有亮光的地方。

• 按时为孩子接种乙型脑炎疫苗。

夏季孩子应该喝什么？

炎热的夏季，孩子出汗多，为了让孩子能多喝一些水、增补一些维生素，每天我都会给孩子喝一些果汁，但不知这样做是否对孩子有好处？

人体是水的王国，水在人体组成成分中占首位。人体消化食物、新陈代谢及通过肾脏排泄废物都离不开水。儿童身体中含水更多。

从科学的角度讲，白开水应该是孩子主要的和不可替代的最佳饮品。喝白开水最能解渴，所谓解渴，就是满足人体对水的生理需要。白开水是由自来水煮沸而来。自来水中还包括多种人体所必需的矿物质和微量元素。烧开的自来水冷却到25℃—35℃，此时氯含量最少，水的表面张力、密度、黏滞度等都会发生变化，增加了水的生物活性，最适合人的生理需要。

在夏季，人体更离不开水，每天都要吸收大量的水，所以，商家们利用外包装、广告、口味，推出五花八门的饮料，来吸引着孩子和疼爱孩子的家长。但是，家长要切记：饮料不能替代水。饮用水是为了解渴，也是为了满足身体对水的生理需要，而长期以饮料代水则会影响孩子的身体健康。

- 嗜饮果汁型饮料易使孩子发生营养障碍，其体格发育呈现两极分化：过瘦——孩子从饮料中摄取了过多的“虚卡路里”，导致不能正常进食，缺乏所需的脂肪和蛋白质；过胖——如果喝饮料没有影响孩子的正常进食，则大量的饮料会使孩子的热量过剩，不仅扰乱消化系统的功能，孩子在不知不觉中也变得肥胖起来。
- 长期以果汁为饮品，不仅其中所含的人工色素和人工甜味剂会损害孩子的健康，使孩子身体内的免疫功能减退，抵抗疾病的能力下降，同时果汁中所含有的大量果糖也会阻碍人体对其他营养素的吸收，造成孩子营养素摄入的不均衡。
- 由于饮料中含有过多的糖分，进入体内后就要消耗一定的水分，使孩子越喝越渴，越渴就越要喝水，导致饮水过度。

此外，市场上饮品及包装的质量也非常令人担忧，如某些饮品中细菌量超标，果汁型饮料中的人工色素、人工合成甜味剂添加过多并且不在标签中注明，饮品包装质量不合格，易拉罐饮料铝的含量高等。

假如为了补充孩子由于出汗损失的维生素，可以给孩子喝一些果汁，不妨试试家庭自制果汁和蔬菜汁，既不加任何色素、糖精，又可少加糖，孩子在饮用中可获得足够的维生素、矿物质和微量元素，同时又能保证清洁、卫生，何乐而不为？但同时还应牢记：孩子的饮料首选应是白开水，喝白开水最好！

孩子"苦夏"怎么办？

我的孩子1岁了，进入夏季以后，吃饭特别不好，能感觉出来孩子瘦了。奶奶说孩子这是"苦夏"。都得"苦夏"吗？孩子的夏季饮食应该注意什么？

夏季，总有一些孩子出现如食欲不振等一系列症状，严重的会出现中暑，这就是俗称的"苦夏"。

孩子"苦夏"是由于机体为了调节体温，较多血液流向体表，内脏器官供应相对减少，以致影响消化功能；天气闷热致睡眠不足，干扰了体内正常的分泌功能；夏天出汗多，导致水盐代谢紊乱；白昼长，活动时间久，体力消耗大。因此，要针对夏天的特点，合理地安排好孩子的饮食，才能保证孩子免于"苦夏"之苦。

• 饭菜要营养丰富，多吃新鲜蔬菜和水果。牛奶、鸡蛋、瘦肉、鱼、豆制品，要保证每天均衡。在烹调中，宜清炖，不宜用油煎炸，注意食物的色、味、香、形，变换花样品种，以增进孩子的食欲。

• 注意补水。夏天机体失水多，要及时补充，不要到口渴时才喝个够。家长要时常提醒孩子少量多次地喝水，以满足人体代谢的需要。可以喝一些如绿豆汤、大麦茶、西瓜汁等自制饮料。

• 少吃冷饮。儿童大量吃冷饮易伤脾胃，影响食欲。

• 注意饮食营养卫生。给孩子生吃瓜果一定要洗净、削皮，注意孩子的小手要洗净。

此外，盛夏时节注意孩子补觉，以免睡眠不足导致其大脑缺氧。

◆ 几款夏季小食谱

◇ 鱼肉苋菜饭

• 鱼蒸熟后拣出鱼肉弄碎，佐以调料。

• 蔬菜洗净，放入滚水中焯软捞起，滴干水剁细。

• 米洗净煲成浓糊状的烂饭。

• 在软饭中放入鱼肉及苋菜搅匀煮黏，加入极少的盐和橄榄油搅匀，煲滚即可。

苋菜所含的铁质、钙质、蛋白质均非常丰富，在药用方面，对肠炎、便秘、甲状腺肿大，都有食疗功效。但苋菜含草酸较多，煮时最好先用滚水焯过。其他适合幼儿吃的蔬菜都可以用此方法烹调。

◇ 蛋奶软饼

将 10 克黄豆粉用凉水稀释后，充分加热煮沸，略放凉，再将牛奶倒入，并磕入鸡蛋，调匀备用。将晾凉的豆奶蛋汁倒入面粉中，加入适量细盐和水充分调匀成糊状。平锅加热后放点儿橄榄油，将面糊摊成软饼即成。

◇ 虾皮紫菜蛋汤

• 虾皮洗净，紫菜洗净撕成小块，香菜或小油菜择洗干净切小段；鸡蛋 1 个，打散备用。

• 炒锅加少许油，下入虾皮略炒，加水适量，烧开后淋入鸡蛋液，随即放入紫菜、香菜等，并加入香油适量即可。

此汤口味鲜香，含有丰富的蛋白质、钙、磷、铁、碘等，对孩子补充钙、碘非常有益。

秋季孩子为什么爱腹泻？

秋高气爽，孩子吃饭明显好转。本想给孩子补充因“苦夏”而缺少的营养，谁知，这几天孩子又拉肚子了。为什么孩子会这样爱拉肚子？怎样预防？

腹泻（拉肚子）是婴幼儿时期的常见病，许多原因都可以引起孩子腹泻，以下几个原因比较常见。

• 消化不良。孩子的脏腑很娇嫩，胃肠功能发育不成熟，而孩子正处于快速生长阶段，身体所需的营养多，相对使胃肠道负担较重，加之孩子寒暖不能自调，饮食不会自节，暴饮暴食或饥饿都可以引起腹泻。

• 感染。孩子吃了被细菌、病毒污染的食物引起腹泻。有时孩子患了感冒、肺炎、中耳炎等疾病时也会发生腹泻。

• 着凉。忽视了孩子腹部的保暖，受凉后肠蠕动增加，也可引起腹泻。秋季气候变化无常，也易加快肠蠕动。

不同病因所致的腹泻表现也各不相同，家长要细心观察孩子大便的次数、颜色、气味，及早发现问题，及时调整饮食，尽快接受治疗。

• 细菌感染性腹泻。主要表现为大便次数增多，每天数次至十余次，大便多有泡沫、黏液并呈黄绿色，还伴有发热、腹胀和呕吐。如果孩子大便次数频繁，但量不多，呈黏液脓血便，臭味较重，同时发高烧，那可能是细菌性痢疾，应赶紧去医院。

• 病毒感染性腹泻。多发生在秋季，也叫秋季腹泻。早期多有发热、呕吐、流涕、咳嗽等，像是得了感冒。除此，大便次数增多，蛋花汤或米汤样，无腥臭味，但容易发生脱水。

• 非感染性腹泻。多由喂养不当致使胃肠功能紊乱，如过早、过多地添加大量淀粉或脂肪类食物。孩子往往肚子胀、肚子痛，大便酸臭，同时伴有呕吐，无食欲。如果是由长期滥用抗生素引起的继发性腹泻，大便则呈豆腐渣样。

无论是哪一种腹泻，如果孩子大便次数频繁或精神不好，都应及时去医院，不要忘记带新鲜大便标本，以备化验用。

孩子如果患了秋季腹泻应该怎样护理？

在护理上，如果孩子有食欲，就让他吃，母乳期的婴儿要坚持母乳喂养；人工喂养的孩子，应吃去乳糖的奶粉，或将牛奶稀释一半后喂孩子；已添加泥糊状食品的孩子可吃稀粥或面片，吃过后粪便量增加也没关系，因为腹泻的孩子仍多少吸收一些糖、蛋白质和脂肪，所以继续喂养对腹泻的孩子是有利的。其实，婴幼儿腹泻完全可以预防，只是家长应在养育中把握好以下几点。

• 合理营养。鼓励母乳喂养，最好不要在夏季给孩子断母乳，添加泥糊状食品进度不宜太快。

• 堵住病从口入关。注重饮食卫生，玩具与食具定期煮沸消毒，给孩子喂奶前妈妈最好用温开水洗净乳头等。同时，应搞好环境卫生，消灭苍蝇等传播病毒、病菌的媒介物。此外，发现病儿立即隔离治疗，处理好排泄物。健康儿童应避免与病儿接触。

• 根据季节添加孩子的衣服，注意腹部保暖。

• 避免长期滥用广谱抗生素，以免孩子肠道菌群失调。

“贴秋膘”适合孩子吗？

夏去秋来，孩子终于有些胃口了，家里的老人说，秋季正是“贴秋膘”的季节，应该抓住这个季节好好补营养。这“秋膘”该怎么个贴法？孩子能不能承受？

炎热的夏季使孩子的饮食与睡眠受到不同程度的影响，生长发育的速度明显减慢。进入秋季后，家长都想利用孩子良好的食欲，将夏天的损失补回来，于是，想方设法地为孩子“贴秋膘”。

“秋膘”不能乱贴。要根据自己孩子脾胃接受能力和季节的特点，按照传统医学“春夏养阳，秋冬养阴”的原则，为孩子“进补”。立秋后，随着天气变冷，气候也变得干燥起来，随之而来的是皮肤干燥或皲裂、口鼻干燥、大便燥结等，出现了人们常说的秋燥现象。因此，贴膘时要注意选择能够驱走秋燥的饮食，使孩子顺利度过美丽而干燥的秋天，为进入冬季打下良好基础。

• 补水养肺。干燥的秋季会影响孩子皮肤和呼吸道黏膜的湿度，肺功能受抑，容易引起呼吸道炎症。因此，水的补充非常重要。家长更要注意常常提醒孩子饮水，少量多次。保证房间通风的同时要有一定的湿度。

• 适时调养。秋天到了，机体逐渐恢复到良好的运作状态，此时应利用孩子食欲与消化功能好转的时机，强化营养供给，为孩子的生长加“油”。根据秋天“燥”的特点，应以平补为宜。肉、蛋、奶、豆制品等固不可少，蔬果一类也应增加，可多进食如茭白、南瓜、梨、葡萄、柑橘、甘蔗、荸荠、银耳、百合、萝卜、红枣、莲子、桂圆、黑芝麻和核桃等食物，做到主食与副食、荤与素、粗与细、干与稀的合理搭配。

• 及时驱虫。蛔虫是危害孩子健康的“要犯”，它掠夺营养，诱发贫血、营养不良等疾病。趁着虫卵大多变成了成虫、寄生于肠道之时，常规给孩子服用一次驱虫药（如肠虫清等），可将其一网打尽。

◆ 预防秋燥小食谱

◇ 冰糖银耳百合羹

银耳洗净发开，鲜百合掰开洗净。将发开的银耳放入冷水中，用小火煲至黏烂后放入洗净的百合、冰糖煮软即可。

◇ 防燥保健粥

什锦栗子粥：将大米、小米、红小豆、小枣和栗子一起煮熟，红、黄与白色相间，色味俱佳。

梨子粥：梨两个，洗净后连皮带核切碎或擦成丝（避免梨汁损失），加糯米、粳米各30克，煮粥。

适当食粥，可以和胃健脾，润肺生津，养阴清燥。在煮粥时，可加入碎肉、蛋花，也可随意加入梨、萝卜、芝麻、山药、栗子等药食俱佳的食物，更有滋补、益肺润燥之功效。

冬季孩子的皮肤护理怎样更科学？

孩子能走会跑了，虽然天气越来越冷，我还坚持每天带孩子到户外去活动。孩子一直也不病，身体好极了，就是小脸给吹得红红的都有点皴了，我应该怎样在冬天保护好孩子的皮肤呢？

皮肤是保护人体免受外界细菌、真菌感染的一道天然屏障。孩子的皮肤娇嫩，在冬天易干燥、发痒、裂开小口子，因此在关注孩子不患感冒的同时，也要关注孩子皮肤问题，使孩子轻轻松松过好冬天。

室外寒冷的气流和室内干燥的空气不可避免地会引起孩子的皮肤干燥和发痒，有的孩子反复用舌头舔口唇周围的皮肤，引起唇周皮肤炎症，出现红色小斑疹、小丘疹、皴裂甚至皮肤有细小的脱屑，最后形成黑褐色的色素沉着。这些现象的出现一方面与气候有关，另一方面，也与有些孩子偏食挑食、不爱吃富含维生素的水果和蔬菜有关。

• 纠正孩子挑食、偏食的毛病，在秋、冬季要让孩子多喝白开水，多吃富含维生素的食品，如多吃新鲜的蔬菜、水果，补充水分，根据医生的指导服用一些维生素 C 及维生素 B，保持孩子的大便通畅。

• 冬季天气寒冷，孩子的活动明显比夏天要少，从而出汗和皮脂分泌也都没有那么旺盛，所以清洁工作也不用做得太频繁。过度清洁会把起保护作用的皮脂都洗掉，孩子反而可能出现皮肤干、裂、红、痒等症状。对于小孩子来说，每天早、晚用清水各洗一次脸就够了，注意水温不要过高。如果家长觉得孩子实在玩得太脏，可以给孩子使用温性、富含滋润成分的香皂进行清洗。大多数香皂，特别是具有除臭功能的香皂，会使皮肤干燥产生紧绷感。

若孩子有每日洗澡的习惯，不要每次都用香皂或沐浴液。对于孩子来讲，清水其实是最好的清洁剂。在给孩子洗澡后，要给孩子抹上适量的润肤露（市场上有专门为孩子制作的润肤露，无味无刺激，适合孩子使用），特别是脸部、腋下、腹部、膝盖、脚后跟等最易发生干燥的部位。若发现孩子的皮肤有严重的干燥现象，应在孩子洗澡后将含有特殊成分、可以渗入皮肤表层的油脂，如润肤用的橄榄油均匀涂抹在孩子的皮肤上。

• 适当给孩子用一点无色无味的润唇膏，可以保持唇部的滋润。嘱咐孩子不要经常用舌头舔嘴唇，这样会使嘴唇更干燥。若皲裂的嘴唇发生感染，形成了唇部疱疹，应注意不让孩子用手去抓，外出时应给他戴口罩，并在医生的指导下用药治疗。

• 为孩子挑选质地柔软舒适的内衣，并用中性或温性洗涤剂洗衣，反复用水冲洗，这样可以避免洗涤剂残留物刺激皮肤。

冬季孩子吃什么能抗寒？

寒冷的冬季，我该怎样为孩子设计一天的饮食，使孩子顺利度过？

冬天是收藏的季节，是积蓄力量待萌发的季节，也是为迎接转年五月份儿童身高增长最快时期的营养储备阶段。家长应当抓住这个良好的时期，为孩子提供适当的营养。

在寒冷的冬季，人体自我保护机制会使孩子自然摄入更多能量来维持冬季热能的更多支出，以提高机体的抗病能力。那么，如何更好地化食物为能量而不是化美味为脂肪？根据中医关于“调其饮食，适其寒温”的论述，冬季饮食提倡保温、御寒，外加进补。

“保温、御寒”就是在饮食上通过增加热能的供给以保持体温，并通过饮食以抵御寒冷，即冬天营养应以增加热能为主，可适当多摄入富含碳水化合物、蛋白质的食物。如果孩子不胖，适当吃一些含脂肪的食物是可以的。

• 在给孩子吃米、面的同时，冬季可增加薯类，如甘薯、马铃薯等。

• 富含优质蛋白质的食物有肉类、蛋类、鱼类及豆制品等。在肉类中，牛肉、羊肉、鸭肉和兔肉更好。

• 适当增加油脂，其中植物油最好达到一半。

• 饮食中在注意供给热量的同时，应注意维生素、矿物质的补充，防止由于冬季干燥而出现的皮肤干燥、皲裂和口角炎等症。一般来说，孩子如果不偏食，每日的饮食是可以保证人体对钾、钠、铁等元素的需求的。此外，可以多补充些南瓜、藕、莴笋、圆白菜、心里美萝卜、白萝卜、胡萝卜、黄豆芽、绿豆芽、油菜、香蕉、柑、橙、猕猴桃、虾米、虾皮、芝麻酱、海带、黄豆、豆腐、木耳、核桃、栗子、蘑菇等富含维生素的食物。

◆ 冬季儿童一日营养食谱举例（1—2岁）

◇ 早餐（7：30—8：00）

小蛋糕一块，煮鹌鹑蛋1—2个；一碗热热的麦片奶（250毫升牛奶煮开后加入营养麦片一勺）；苹果半个。

◇ 上午加餐（9：30—10：00）

香蕉1根或猕猴桃1个。

◇ 午餐（11：30—12：00）

软米饭一小碗。

焖鱼（沙丁鱼或其他刺少的鱼，用油稍煎一下，加入番茄沙司小火焖烂），素炒圆白菜丝。

菠菜蛋花汤（菠菜要先用开水焯一下）。

◇ 下午点心（14：30—15：00）

酸奶、小饼干。

◇ 晚餐（16：30—17：00）

小豆包。

萝卜氽豆腐肉丸子（肉末20克、豆腐少许，放好作料搅匀，萝卜切片煮熟后氽下丸子，调好作料，放入少许香菜即可）。

◇ 睡前晚点（20：00—20：30）

牛奶250毫升。

注意，为孩子制作食物不要过于精细，要注意粗细搭配，适当摄入粗粮。冬季晚餐以菜汤和菜粥为首选，因为它们不仅能暖胃，还能提供丰富的营养，虽然吃了之后挺饱，可是实际落肚的东西并不多，不会由于晚餐热量过剩、活动少而使孩子肥胖。

另外，增加孩子营养的同时，不要忽略孩子的户外活动，因为，运动不仅可以保证营养素的很好利用，还可以锻炼儿童的体魄和毅力，同时可增加紫外线的照射，这样可以保证钙质的有效吸收。

孩子应不应该穿袜子？

我是一个新手妈妈。老人说："孩子要穿袜子。"朋友说："孩子不用穿袜子。"可是，想一想大人一般都穿袜子，只有在夏天不穿袜子。孩子应不应该穿袜子？

这个袜子的问题是个开放的问题，应该根据季节、月龄、场合的不同，灵活变化。应该说小小婴儿袜，穿穿脱脱皆学问。

• 周岁以内婴儿袜子的穿与脱。

穿：中医讲"寒从脚下走"，说的是脚在人身体养生保健中的重要性。所以新生儿期我们会从养生保健的角度出发，给在摇篮里、襁褓中安卧的小宝贝穿上孩子袜，为他循环较差的肢体末梢保暖。婴儿坐在童车里外出时，因为静坐没有运动，要给他穿上与季节匹配的婴儿袜，既保暖又护脚，还可避免童车上的金属器件毛刺划伤他，在夏季还可以吸附汗水，防蚊虫叮咬。

脱：当婴儿在床上蹬蹬踹踹、地垫上匍匐滚爬、地板上蹒跚学走的时候，光脚能促进婴儿在动作中的肤觉感受，从而更有利于孩子本体运动经验的习得。特别是由于婴儿的足弓尚未形成，赤足活动能让脚趾、脚掌增加与地面、床面的摩擦，稳固的着力方式能推动身体运动同时也促进足弓的发育。有些人习惯在孩子晚上睡眠时给他穿上小袜子，这样其实不一定适宜。因为妈妈一般会选择袜口稍紧或袜筒较长的款式，殊不知夜间我们对婴儿的照料频率远低于白天，长袜筒、紧袜口对孩子的小腿或脚踝的包裹会影响到他的末梢循环。

• 周岁以上婴儿袜子的穿与脱。

穿：当孩子能够行走自如，随意在户外运动的时候，给孩子穿双袜子能够为小脚丫提供一层贴心的保护，不仅能避免磨伤孩子脚部娇嫩的肌肤，而且也可以吸收脚汗，为安全攀爬、跳跃提供"装备上"的保障。

脱：家长可以根据孩子的游戏内容和环境，结合孩子的发育与健康状况自如选择。由于足底密布穴位，孩子在洁净、安全的环境中赤足游戏能为神经系统的发育提供积极丰富的刺激，因此是有益的。如在家中、在沙水池、在小卵石甬道上行走等，通过足底肤觉体验不同的温度、湿度、硬度、质感等，不仅提高孩子足底皮肤对不同环境的适应力，也能丰富孩子的直接经验。

• 应该为孩子选择什么样的袜子？

根据不同季节的温度，选择柔软、透气性好的纯棉或羊毛等质地的袜子。袜口松紧适度，以脱下时孩子脚踝处没有勒痕为准。袜筒宜短不宜长。新生儿脚趾长、皮肤娇嫩，买回来的袜子可以翻过来穿，避免线缠绕脚趾。有的妈妈买袜子会同花色多买几双，万一丢掉一只还可重新配对。这也是很不错的做法，值得借鉴。

三 疾病预防

疾病有如蛇蝎，虎视着我们的孩子。一根上升的汞柱能揪紧全家的心。面对易感的孩子，家长经常深感护卫无力，躲避无门。其实，预防疾病的关键就是加强锻炼、营养平衡……

如何观察孩子的大便？孩子为什么总拉“奶瓣”？

快出满月的孩子近来大便里时不时有灰白色、疙疙瘩瘩的东西，是不是因为孩子消化不良？还是我喂养得有问题？

细心的家长会在将孩子粪便处理干净的同时，仔细地观望一下孩子的粪便，这是一个非常好的习惯，因为，大便是反映孩子消化系统生理和病理状态的指标之一，是一面镜子，能反映出喂养中存在什么问题，告诉家长该如何及时调整。

一般来讲，小儿出生10小时后开始排出墨绿色的黏液便，通常称为胎便，这种粪便没有臭味，但紧紧地粘在尿布上，不易洗净。出生后2—3天，孩子的大便即转变为黄色的“真粪”。单纯母乳喂养的孩子，其粪便呈黄色或金黄色，黏稠度均匀，软膏样，有酸味而不臭，孩子每天排便1—4次。若粪便中偶尔含有少量奶瓣或稀薄一些，略带绿色，不能算是营养不良。人工喂养的孩子的粪便，多为淡黄色或土灰色，硬膏样，比吃母乳孩子的大便稍干燥一些，带有轻微的臭味，粪便中常混有灰白色的“奶瓣”，孩子每天大便1—2次。如果奶中加糖较多，则大便柔软些，便次也会增加。混合喂养的婴儿，粪便量较多，柔软，呈黄色或淡黄色，臭味也较大，孩子每天可排便1—3次。

如果喂养不当，孩子的粪便就会发生改变。

• 妈妈吃得过油，奶中脂肪过多，孩子大便次数就会增多，呈淡黄色、糊状，外观油润，内含较多的“奶瓣”和脂肪小粒，漂在水面上，这说明孩子可能为脂肪消化不良。

• 若奶中蛋白质过多，糖量过少，大便就易干燥，或有奶块。若糖分过多，则大便发酵、稀，多泡沫，呈绿色，酸味重，这说明孩子腹部胀气。

• 如果大便呈绿色、黏液状，不到吃奶时间就哭闹，这是饥饿的表现，需要增加奶量或调整奶的质量。

• 如果粪便呈颗粒状、棕黄色，多为饮水过少，或在热天衣着过厚，孩子出汗失水过多所致。

• 如果孩子着了凉，大便可能呈稀糊状，不带黏液，每日排便次数增多，这时应采取保暖措施。

• 如果大便水分增多，有酸臭味，粪便里多泡沫，呈蛋花汤样，吃啥拉啥，孩子同时伴有腹胀、肛门排气多，或哭闹不安，那就是病态了，需要请医生对其诊治。

为什么该吃的都吃了，孩子还会有枕秃？

我的孩子快 1 岁了，圆圆的脑袋、黑黑的头发，可爱极了，就是后脑勺有一圈秃发区，大夫说叫“枕秃”，是因为缺钙造成的。可我的孩子不太挑食，我也是按照选择食物要杂、要多样的原则，什么都给孩子吃，怎么还缺钙呀？

两岁以下的孩子身上，经常可以见到后脑勺出现一圈环状无头发的现象，俗称“枕秃”。由于枕秃是临床医生诊断佝偻病的首位次要体征，因而，孩子一出现枕秃，通常会被认为是缺钙。

其实，枕秃并非均由“缺钙”所致，如果细致观察还会发现，孩子出现枕秃与其他一些原因有关。

• 枕秃的发生可能与孩子使用枕头的硬度有关。有统计显示，枕头质地越硬，越易发生枕秃。米、豆类制作的枕头最硬，糠壳、茶叶、艾叶制作的枕头次之，棉质枕头最软，也最不易使孩子出现枕秃。

• 枕秃的发生与头部出汗有关。孩子睡觉爱出汗，由于头上的汗多，刺激头皮发痒，孩子在枕头上来回摇头，使劲摩擦，导致孩子枕部脱发，出现枕秃。

• 枕秃的发生还与睡眠姿势和夜惊有关。趴着睡觉的孩子发生枕秃的机会就比其他姿势睡眠的孩子少。容易夜惊的孩子，头部与枕头摩擦的机会增多，就较容易发生枕秃。

因此，家长应根据不同原因采取相应的措施，如给孩子调换软枕头，常把孩子头上的汗水擦干。随着孩子年龄的增大、睡眠姿势的多样化、睡眠时间的缩短，枕秃的现象会有所改善。

但在佝偻病的初期，由于低血钙可以造成孩子夜惊、多汗，刺激孩子头部皮肤发痒，来回摇头摩擦枕部，同样会出现枕秃。因此，如果家长未找到造成孩子枕秃的环境因素，就应该带孩子到医院进一步检查，明确诊断，不能擅自给孩子服用不必要的钙剂或补充大量维生素D，以免造成维生素中毒。

特别提示：在医生为孩子开钙剂和维生素D药方的时候，家长一定要告诉医生，你现在给孩子吃的钙的品种和剂量，以及配方奶粉等食物中大概含有多少钙和维生素D，使医生可以根据具体情况决定应该再给孩子补充的剂量。过量服用同样对孩子的生长发育有害。

春季常见哪些婴幼儿传染病？

春暖花开时，我经常爱带孩子到户外和别的小朋友玩，可又常常心有余悸：邻居家的孩子刚刚得过水痘，我孩子特别爱和他玩，会不会被传染上水痘？常和小朋友玩是否会有被传染的危险？春季都有哪些传染病？家长应该怎样预防？

春天气候乍暖还寒，确实是儿童传染病多发的季节。春季易发生的传染病有流感、猩红热、百日咳、水痘、流行性腮腺炎、麻疹、流脑（流行性脑脊髓膜炎）、甲肝等。这位家长的担心有道理，因为1岁以后的孩子，由于从母体带来的免疫力已逐渐用尽，而自身的免疫功能还不完善，因而容易患多种传染病。但是，了解到春季常见传染病的特点和预防措施后，家长就可以变被动躲避为主动防范。

• 流行性感冒。流行性感冒（流感）是由流感病毒引起的急性呼吸道传染病。这种病毒主要通过说话、咳嗽、打喷嚏，随飞沫散布，借空气传播，并且传染性强。得了流感的孩子一般会有高热、哭闹、不爱吃东西、鼻咽部疼痛等症状。

预防：流行期间，房间要注意通风换气，也可进行疫苗接种。

• 水痘。水痘是由带状疱疹病毒引起的儿童急性传染病，以全身出现小疱疹为特征，通过呼吸道传播。发病早期可有低热，1—2天后身上分批出现大小不一的小水疱，主要分布在胸部和腹部。水疱壁很薄，容易破，里面含有透明的液体，大约1周后水疱干燥结痂。水痘会发痒，如果挠破可造成继发细菌感染。

预防：接种水痘疫苗可以预防水痘，此外要注意不要与病儿接触。

• 麻疹。麻疹是由麻疹病毒引起的急性传染病，俗称“疹子”。病儿的口、鼻、咽、眼结膜分泌物和痰液中都有病毒，可通过咳嗽、打喷嚏将病毒传染给别人。孩子患麻疹后最初很像感冒，发烧、流鼻涕、咳嗽，两眼发红、流泪、怕光，发病后3—4天病儿口腔两颊黏膜上出现针尖大小的小白点，以后自耳后向头面部，直至四肢和手脚心逐渐出现红色斑丘疹。再过5天皮疹消退，症状减轻。引起死亡的主要原因是麻疹并发症如肺炎等。

预防：接种麻疹疫苗可有效预防麻疹。

• 流行性脑脊髓膜炎。流行性脑脊髓膜炎是由脑膜炎双球菌引起的急性呼吸道传染病，一般表现为突然高烧、头痛、呕吐、颈项强直、皮肤黏膜有瘀点瘀斑，继而出现惊厥、昏迷。病死率较高。本病多发于冬、春季节，15岁以下儿童居多。脑膜炎双球菌存在于病人和带菌者的鼻咽部，借飞沫直接经空气传播，密切接触如同睡、怀抱、喂乳等有较大传染性。发现病人后应及时送医院。

预防：在流行季节和流行地区要避免到公共场所，居室要注意通风。流脑疫苗有预防效果。

• 流行性腮腺炎。流行性腮腺炎是由腺炎病毒引起的急性传染病，主要发生在 15 岁以下儿童，感染 2—3 周后发病。先有全身不适、发热、乏力，随后耳朵前、后、下方肿大，疼痛，先是一侧，然后两侧都肿痛起来。病毒存在于病人的唾液里，病人说话、咳嗽时唾液形成飞沫会引起传染。

预防：病人应当隔离在家直到腮腺完全消肿。注射腮腺炎疫苗可以预防流行性腮腺炎。

• 猩红热。猩红热是由乙型溶血性链球菌引起的急性呼吸道传染病，2—10 岁儿童最多见。冬、春季节多发。其主要表现有：发热，咽痛，起病 1 天内全身皮肤弥漫充血，并出现密集的鲜红色皮疹，皮疹消退后出现脱屑。

预防：避免接触患病孩子，清早用盐水漱口。

孩子便秘怎么办？

我的孩子有时两三天才有一次大便，我挺着急的，因为只要大便不好，就可能要生病。可我也不敢给他吃泻药，该如何才好呀？

孩子便秘确实是让家长挺头疼的一件事，特别是在秋天，气候较干燥，孩子就更容易便秘了。便秘虽然不像急症那样让孩子疼痛不堪，但看着孩子被憋得难受的样子，妈妈们也是愁上眉头。

孩子便秘除了与气候有关以外，与孩子饮食摄入纤维和水分不足、没有养成良好的排便习惯有关。大量摄取食物纤维和白开水是软化并促其通过结肠所必需的。依照体内的反应，选择肠蠕动的最佳时机——早晨一起床和饭后是最自然的如厕时间，“忍便”会逐渐导致便秘。

此外，还有较少见导致便秘的原因，如肛周炎症、先天性巨结肠和甲状腺功能不全等。该如何预防孩子便秘呢？关键在于改变膳食和养成良好的排便习惯。

• 科学合理地搭配饮食。

肉吃得越多越好，孩子爱吃什么就给他吃什么，不爱吃的就不吃……这是许多家长的“曲线救国”战略。但如果长此以往，孩子饮食中的蛋白质过高，易使大便呈碱性、干燥且大便次数减少。另外，大多数孩子不爱吃粗粮和绿叶菜，有的孩子还不爱吃水果。要帮助孩子逐渐接受一些既有营养又富含纤维素的食物，如谷类、豆类、银耳、冬菇、黑芝麻、红薯、韭菜、芹菜、枣、红果、西梅、葡萄、苹果、梨及坚果类。膳食中的纤维可增加肠腔内残渣，有利通便。另外，还可以尝试着每日早晨空腹喝一杯白开水，既可清洁消化道又可协助通便，大便干燥期间（周岁以上儿童适用）可喝一小杯调水的蜂蜜。也可以每日饮榨好的果汁两次，每次 20 毫升，果汁不加水，果肉和果汁一起喝。在便秘好转、大便只是稍稍有些干时，就不必饮纯果汁，将榨好的果汁 40 毫升加入 40 毫升凉开水，摇匀饮用。

• 养成良好的定时排便习惯。

训练孩子养成定时排便的习惯，可根据孩子自己的情况，将时间安排在适宜的时候，使孩子能在较宽裕的时间里轻松大便。对于那些有便秘史的孩子，不管是否有大便，依照体内肠蠕动的规律，每餐饭后，都要让孩子坐马桶 10 分钟，形成一定的条件反射，逐渐养成定时排便的好习惯。

若孩子连续两天没有大便，一定要找出原因。若孩子有便意却大便困难，一定要帮孩子解决，如喝 100 毫升左右的蜂蜜水或 5—10 毫升熬过的麻油。也可使用开塞露 5—10 毫升注入肛门，停留几分钟让药液软化粪块，再让孩子坐盆，以刺激直肠，引起排便。有的家长喜用手指抠粪块，那就要十分小心，千万不要用食指，只能用小手指，还要蘸些凡士林润滑剂，以免不慎撑坏肛门括约肌，造成以后大便失禁。这些方法不能经常使用。也不要轻易给孩子吃泻药，因孩子消化功能不完善，吃泻药易影响孩子正常的消化功能。孩子便秘，还是要从根本上解决。

如何对待孩子的腹痛？

我的孩子两岁了，最近总对我说肚子疼，有时疼起来脸都白了。起初，我会迅速带他上医院，可到了医院孩子又不疼了，大夫也没检查出病来，不知是怎么回事？

腹痛是小儿较常见的症状之一，因多数孩子不能准确地表达疼痛的感觉、性质及部位，只能以哭闹来表示，所以常常弄得家长不知所措，无计可施。

孩子腹痛的原因很多，可以是急性的，也可以是慢性的；可以是内科腹痛，也可以是外科腹痛；可以是病理性的，也可以是功能性的。孩子腹痛，家长首先要通过观察寻找原因。

幼儿期常见腹痛的病理性原因有急性肠胃炎、急性阑尾炎、肠道寄生虫等。它们的疼痛方式及表现症状因发病机理不同而有所不同。

常见急腹痛的鉴别

病　名	症　状	腹部表现	其他检查
急性阑尾炎	上腹痛转移至下腹脐周痛，呕吐，发热，但也有典型症状不明显者	有压痛、反跳痛（手压腹部再迅速抬起后有疼痛）	化验血时可见白细胞增多
细菌性胃肠炎	发热，呕吐，腹痛，腹泻	左下腹有压痛	查大便有脓血，大便培养为阳性
肠道蛔虫病	恶心，呕吐，食欲不振或多吃易饿，腹痛	疼痛的部位较固定，多发生于脐周围，疼痛常反复发作，但每次持续的时间不长	粪便检查可检查出虫卵

有的孩子在早晨起床后，或在进餐中、玩耍时突然肚子疼。疼痛的部位有时在脐部，有时在脐周围，有时在心窝部，有时在左下腹。肚子疼起来时，孩子脸色苍白，弯着腰，用手捂着肚子，甚至出现恶心、呕吐。按压孩子的腹部，局部会有压痛，痛过一阵后即好转。有的在排便后即好转。好转后，孩子一切如常，一点儿有病的迹象都没有，可能第二天又有同样的发作。这时，妈妈心急火燎地带孩子到医院去检查，但经医生检查，甚至照腹部X光片，或者做胃肠造影、腹部B超等检查均正常。这种腹痛我们称为功能性腹痛（又名复发性腹痛）。两岁以上的孩子这种功能性腹痛不仅常见，而且还有

许多是找不到原因的。最常见的原因有食物过敏、心理情绪的紊乱等。

遇到孩子出现腹痛，家长一定不要着急，用上述的鉴别方法确定无上述内、外科疾病的基础上，自己要结合孩子的生活经历，找找原因。

如果是喝牛奶、吃蛋类或鱼虾等类食物以后发生腹痛，可能为过敏性腹痛。只要停止食用这类食物后，腹痛可能就会好转。待腹痛好转一段时间以后，再一点点地尝试给孩子吃这些食品，但要注意，每次只给孩子一种“可疑”食品，以便找出致敏性食物源。

有的孩子常会因心理的紧张或压抑而腹痛，这属于神经质性腹痛。对于这类孩子，家长一定不能要求过高，给孩子创造宽松的环境，孩子腹痛可能会好转。

饮食不当，如暴饮暴食，或者吃冷饮过多，均可造成腹痛，消除上述原因即可避免腹痛的再发。

家长还要特别注意以下两点。

• 不要盲目给孩子吃止痛药。孩子腹痛确实难受，有的家长不忍看到孩子腹痛的痛苦，在就医之前就给孩子服用止痛药。其实这种做法是非常错误的。服用止痛药，虽然能够缓解孩子的疼痛，但却掩盖了症状，常常会延误诊断和治疗。所以，在明确诊断之前，禁止使用止痛药。

• 孩子腹痛时，不可揉腹止痛。常会看见奶奶给小孙子揉肚子的情景，可是值得注意的是，不是所有的腹痛都能通过揉腹来解决，如肠道蛔虫病、化脓性阑尾炎、肠套叠等。只有在孩子进食过多，因腹胀而引起腹痛的情况下，可以通过揉肚子加快胃肠蠕动的方式减轻腹痛。

“小孩子没耳朵，不怕吵”的说法对吗？

我们家朋友非常多，每到周末家里是宾朋满座，朋友们聚在一起唱唱歌、跳跳舞，常要欢乐小半夜。有人说这样的嘈杂环境会影响孩子的听力发育，能有这么严重吗？

处在生长发育中的孩子各个脏器都是非常娇嫩的，接受声音的听觉器官同样需要爱护。

耳朵好比人体的“收音机”，它由3部分组成：外耳、中耳和内耳。外耳如同收音机的喇叭，收集声音和辨别声音方向；中耳负责把声音经过耳道传到中耳的鼓膜，使耳骨振动再传到内耳；内耳里面充满液体，能将振动转变为神经冲动，传入中枢神经系统，便产生了听觉。

听力受到损害最严重的后果是聋哑。聋哑有先天和后天之分。造成先天性聋哑的原因有：①家族史、近亲结婚、母子Rh因子不合等；②母亲在怀孕期间患风疹、肾炎等疾病，或者服用了奎宁、乙胺嘧啶等对听神经有害的药物，或大量饮酒及早产、难产等都可损害胎儿的听觉器官。

后天性耳聋常发生在孩子5岁之前，造成耳聋及影响听力的主要原因有疾病、药物、外伤及环境的噪声。

• 疾病。孩子感染了某些疾病如中耳炎及一些常见传染病，如麻疹、流行性脑膜炎、猩红热、流行性腮腺炎等，都可引起耳聋后听力迟钝。孩子很容易患上耳部炎症，其主要原因与婴幼儿耳的解剖、生理和病理特点有密切的关系：①孩子咽骨管较短、宽而平，位置较低，在患呼吸道感染或隐性传染病时，病菌易经咽骨管进入中耳腔；②孩子抗感染能力差，感染后易化脓；③孩子的中耳黏膜细胞娇嫩，淋巴、血管组织丰富，感染后易水肿、充血，影响中耳腔的通气和引流功能，从而影响了声音的传播。

• 药物。有些听力语言残疾的人是由于儿童时期用药不当造成的。能够引起耳聋的药物主要是一类被称为“氨基糖苷类抗生素”的抗菌消炎药，如链霉素、卡那霉素和庆大霉素。另外，速尿和利尿酸等利尿药也可引起耳聋。发生药物性耳聋多数是在用药过程中或停药不久，但也有少数患儿是在停药后几个月才发生。小儿较成人更易发生药物性耳聋，其主要原因是：①小儿患发烧感冒和其他感染性疾病的机会比成人多；②小儿内耳及听神经处于发育时期，对有毒性药物更为敏感；③小儿肾脏处于发育阶段，其功能不健全，对药物排泄能力较差，更易发生药物性耳聋。

• 噪声。噪声也是吞噬孩子听力的一个主要原因，有的孩子说话并不晚，也听得见别人说话，但却被检查出患有“听力损失”，符合噪声致聋的早期特点即对高频声不敏感，进一步便是对语言频率的接收迟钝。

因此，环境对孩子耳朵的正常发育有着非常重要的影响，要注意对日常生活中的各个环节进行把关，去除对孩子成长发育的一切不良因素，保护孩子的听力。

• 减少噪声对孩子的刺激。噪声是指不同频率、不同强度的声音无规律地组合在一起。长期处在噪声的环境中，持续不断地接受刺激，就会引起听觉疲劳，听觉器官和神经系统都很娇嫩、敏感的孩子，更易受到影响。

在家中，听音乐、看电视的声音不要太大，尤其不要让孩子和老人一同看电视。耳背的老人一定会把电视声音开得很大，自己还不觉得这样对孩子的耳朵不好。可以劝孩子与老人分开时间看电视。另外，不应因孩子觉得好玩而让他戴着耳机听音乐，这会使孩子的听力衰退。在给孩子买带响玩具时要加以选择，不要买那些声音尖利或很吵的玩具。此外，孩子的房间不要存放如冰箱、电视及刺耳报时的钟表。

如果住房靠近马路，可以将通向马路一边的窗户改造成双层玻璃窗或中空玻璃窗，还可以用吸音性较强的厚重纺织品制作窗帘。除必要的通风以外，减少开窗的机会。由于任何声音都会产生回响，所以，家庭墙壁表面可以弄得粗糙一些，或在墙壁上挂一些画框，使声波产生多次折射，从而削弱噪声。同时，应将孩子的居室安排在远离马路的一侧。

再有，外出时常会听到有些公共汽车和电动自行车刺耳的刹车声，躲都没处躲，此时可以试着教孩子捂住耳朵张开嘴。有过几次训练，遇到类似的情况，孩子自然会用已掌握的方式来保护自己的小耳朵了。

• 养成孩子小声说话的良好习惯。家长一定要注意营造一个轻柔、宽松的生活环境，尽可能地减少孩子环境中的听觉污染，说话声音要小、要轻柔，不要大喊大叫。叫孩子时，可以走近孩子轻声说，有时往往轻声讲话更能引起孩子的注意。遇到家中有耳背的老人，可以教会孩子用语言和手势并用的方式与老人交谈，而不是喊着与老人讲话（大人要以身作则），否则时间长了孩子就形成大喊大叫的讲话习惯，同时也会影响孩子的听力。尽量少带朋友在家中娱乐和玩耍，大人们不知不觉地大喊大叫会增加室内的噪声。

• 谨慎使用有毒性药物。严格在医生的处方指导下用药。服药前还应细读说明书，进一步了解适应证、副作用，结合孩子既往健康史与医生做必要的交流。切忌家长自行决定用药。慎重使用有毒性的药物。

• 注意孩子耳朵的日常护理和观察。给孩子洗脸、洗澡时注意不要将水流入耳朵。洗头、游泳后可以用小棉签轻轻地将耳中的水沾出来。教育孩子不要用手挖耳朵，不要往耳朵里放东西。不要经常让孩子擤鼻涕，以防鼻腔分泌物通过耳咽管进入中耳。不要和孩子玩架双臂兜圈游戏，这样容易引起内耳淋巴液失衡。另外，一旦发现孩子耳朵流水、疼痛或听力有异常时，应及时去医院检查治疗，早发现，早矫治。

孩子脾虚怎么办？

孩子近来不爱吃东西，有时一天大便好几次，小脸黄黄的，看着真心疼！医生说这是因为我喂养不当造成孩子脾虚。脾虚应该怎样调理？

孩子正处在生长发育时期，其消化器官发育还不完善，可对于营养的需要量相对成人更多一些，因此，孩子消化器官的任务就相对重一些。如果此时家长只顾为了让孩子多吃快长，而不注意孩子是否能够接受，就会导致孩子稚嫩的脾胃受损，出现一系列胃肠症状，如食欲减退、腹泻等，日久则耗伤正气，以致形成疳积。

中医说，脾胃是后天之本。若脾胃虚弱，不能受纳运化，所吃的食物不但不能被吸收，反而增加脾胃的负担。因此，若孩子由于脾胃受损，导致脾胃虚损，运化失职，津液耗损而影响生长发育，除运用中西药物治疗外，饮食调理也是十分重要的。要知道恢复孩子的脾胃功能是慢功，不是一朝一夕可以完成的。

孩子宜食具有补脾益气、醒脾开胃的食品，如粳米、糯米、薏米、玉米粉、马铃薯、牛肉、鸡肉、兔肉、鹌鹑、鸡肝、熟胡萝卜、藕、栗子、山药、扁豆、豇豆、梨、苹果、葡萄、红枣、金橘、莲子、香菇等。

孩子应忌吃性寒凉、难以消化、易损伤脾气和不洁之物。如忌食油炸之品以免助湿生热；忌吃生冷瓜果，因性寒滋腻、肥甘黏腻等会损害脾胃。

◆ 调养脾胃小食谱

粳米粥：粳米 50 克，葡萄干 10 克，以适量清水先煮粳米至九成熟，加入葡萄干，共同炖煮至稀烂即可。

山药糯米粥：粳米、糯米、山药适量，加水煮烂。

百合粥：百合、莲子、薏米各适量，加水煮烂，加冰糖或白糖调味食用。

栗子煲粥：栗子肉少许，大米适量，加水煮烂，加白糖或油盐调味食用。

香菇牛肉汤：牛肉 500 克煲汤，加入泡好的香菇 10 克，用此高汤煮面条，单喝都可以。

扁豆馅包子：鲜扁豆两份，鸡肉一份，剁碎后用调料拌匀作馅，捏成包子后，置笼中，旺火蒸 20 分钟。

胡萝卜汁：胡萝卜洗净剁碎，加少许水煮烂，滤汁，加糖再煮沸即可。

两岁多的孩子晚上尿床正常吗？

我的孩子已经两岁多了，白天如果有小便就去找小便盆，但晚上睡着了不知道说，常常会尿床。麻烦是一方面，但重要的是会不会养成尿床的毛病？

2—3 岁的孩子，已能够主动坐盆小便了，一般每日排尿 10 次左右。但由于膀胱储尿机能和神经系统对排尿的调节作用均较差，使得幼儿的小便控制较困难，所以，3 岁以内的婴幼儿入睡后尿床，多是一种正常的生理现象。随着年龄的增长，遗尿现象会逐渐减少。但是几乎所有的妈妈都对孩子的尿床问题感到苦恼，谁也不愿意看到孩子夜间画的“地图”！

引起孩子夜间尿床有哪些原因呢？

从生理角度讲，孩子大脑功能的发育尚未健全，指挥控制排尿的本领还不是太强，故有些孩子就会发生夜间尿床现象。随着孩子的长大，夜间睡眠时无意识排尿现象会有所改变。

有些孩子的夜间尿床与家庭教养方式有关，如家长从小没有培养孩子良好的定时排尿习惯，而是任由孩子无控制地随时、随意、随地大小便，有时孩子玩得太高兴了，家长也忘记提醒孩子小便等，使孩子没能养成良好的排便习惯，尿床在所难免。还有，孩子白天贪玩，过于疲劳，夜间睡眠深沉，加上睡前饮水多一些，入夜后无法对便意有所感觉，便在床上画了“地图”。此外，家长过于严厉、失去家人的照顾也会引起孩子由于精神紧张而尿床。

少数孩子是因为患病，如蛲虫病、脊柱裂或大脑发育不全等疾病而夜间尿床。这需要及时去医院治疗。正常孩子的排尿有个特点，就是不尿则罢，一尿就不会中断，直到尿完为止。如果孩子排尿时断时续，总是尿不停，或者常常排一点，弄湿裤子，说明孩子可能患有疾病，也应及时到医院进行检查。

孩子尿床可有如下对策。

家长首先要摸清孩子尿床是否有一定的规律，注意观察，了解孩子何时尿床，以便有针对性地定时在尿床前半小时叫醒孩子小便。此外要注意以下3点。

• 孩子生活要规律。白天不宜睡得过长，一般午睡时间为1.5—2.5小时，且不要睡太晚，以免离晚上睡觉时间过于接近。白天不要让孩子无节制地玩，一日活动要动静结合，在运动之间穿插一部分安静的活动，如讲故事、看图书、画画等。晚上临睡前不要造成孩子过度兴奋，以至于不能按时顺利入睡，导致夜间睡觉过沉。晚餐的菜不可过咸，也要少吃流质饮料。晚上尽可能地少喝水，但白天一定要保证孩子水的摄入量。

• 培养孩子良好的排尿习惯。孩子有规律的排便训练需要经过一段较长的时间。孩子控制排尿的功能毕竟还不太完善，家长要督促孩子，时常观察。若孩子玩得起劲，就要及时提醒。

• 对于两岁多仍然尿床的孩子，家长一定要有耐心，不要简单训斥或讥笑羞辱，以免造成孩子的精神紧张。孩子尿床了，要正面告诉孩子这种行为不好，并要求孩子一起整理弄脏的被褥，让他体会到大人的辛苦。在孩子未尿床时要鼓励、表扬孩子：“你真棒！今天没有尿床。”家长的鼓励会让孩子更加自信，也能做得更好。

四 体能锻炼

让孩子永远拥有健康，是为人父母的愿望。孩子从柔弱无助、依附于人，到自主活动、尝试“独立”，既有岁月赋予的自然成长，更有家长对这个生命的精心呵护。虽然我们无法改变孩子的成长发育顺序，但是可以确信能积极调动他的潜能。

襁褓中的孩子应该怎样锻炼？

我的孩子还没有出满月，可是我听说孩子一出生就能够进行锻炼甚至是训练。一点点小的孩子这么软，会不会练坏？有什么好的方法吗？

首先，我们认同“孩子的锻炼可以始于襁褓之中”这一说法。有些锻炼能通过专门的妇婴保健机构进行，如新生儿游泳，也可利用自然环境，如进行空气浴、日光浴等，还有的妈妈、爸爸对新生儿进行的抚触也是一种锻炼。至于选择哪种锻炼方式、从什么时候开始锻炼，家长可以根据自己的具体情况灵活选择、安排。小孩子喜欢活动自己的身体，即便是未满月的新生儿也喜欢划动四肢甚至是缓慢地转动头部、用嘴巴吸吮贴近面颊的物品。

假如孩子出生在温暖的季节，可以在每天上下午利用（两次）换尿片的时候进行锻炼。一方面，可以轻轻地用手或柔软的布摩擦孩子的身体，通过对孩子体表的刺激使孩子肌肉收缩，帮助孩子获得身体意识的最初感受。另一方面，可以做短暂的日光浴。从两个月左右，就可以每天坚持做日光浴，天气晴好室温适宜时，将孩子身体裸露或用一块小毛巾盖住肚脐即可，时间一般为 10 —20 分钟。随着月龄的增加，时间可逐渐延长至 30 分钟。

3—4个月，可通过婴儿体操进行锻炼。这样既能培养亲情，又能通过被动锻炼提高孩子的肢体动作、语言知觉。具体方法如下。

• 上肢活动——妈妈将拇指放入孩子掌心使其握住，食指等其他指轻轻握住孩子手腕，将孩子的手臂向两侧平行打开、收拢。活动时，妈妈要温柔地与孩子对视，并配以和缓的语言向孩子解释动作“打开、合拢、拉拉手……”。孩子在生动的视觉形象、悦耳的语言信号的刺激下，情绪会变得积极活跃。

• 下肢动作——妈妈轻握孩子的脚腕，垂直向上抬其腿，将其膝盖弯曲、向下伸直，重复数次。同样配以语言提示或儿歌短句：“小腿弯弯，小腿伸伸，长长长！”接下来还可以做些为翻身奠基的练习：孩子躺好后，妈妈将孩子的两腿左右交叉，“小腿搭好，咕噜翻身”！妈妈一只手托在孩子臀部、背部，另一只手顺势推转孩子下肢成俯卧，趴着躺好，将孩子双臂放在体侧后，从背部自上而下按摩至双脚脚腕，还原成仰卧。

总之，在和襁褓中的孩子共同锻炼的时候，家长应该把握住以下几个原则：按摩的手法要轻柔，活动时婴儿手脚的拿法正确；要坚持边做边说，营造愉快的气氛；婴儿身体或情绪不佳时，不要勉强做；餐后一小时内，不适宜进行这类锻炼。

给小小孩做抚触有什么好处？

我的孩子才两个月大。一些有经验的妈妈告诉我，应该经常给孩子做全身按摩，对孩子的发育特别有好处。可我不敢动这娇嫩的孩子，怕伤了他。请问这种按摩对孩子有什么好处？

大量研究与实践证明，新生儿神经系统通过触摸而受到刺激，会得到更好的发展。因为轻缓舒适的抚触能使婴儿感到舒适和快乐，降低幼小婴儿对新环境的不适应。一般来讲，母亲的爱抚不会造成新生儿的伤痛，假如没有十分把握的话，可以从手指抚触按摩做起。

手是婴孩最先接受感觉的本体器官，也是人类功能开发最早的认识事物、了解事物的感觉接触器：懵懂之中襁褓里的他在无目的地划动肢体，偶然间手与嘴巴相遇，便开始了零距离的感受体验——塞进嘴巴里吸吮，吃手可以说是人一生“社会实践”的开端。在人的发育成长过程中，脑与手之间有着密切的关系。现代脑科学的研究证明：在人的大脑皮层解剖图中，手区所占的面积最大（约为 3/4），而 3 岁以前是脑发育的奠基时期，因此“智慧在手指尖上”的观点为越来越多的人所接受。在养育孩子的过程中，妈妈可能会惊喜地发现，把手指贴近婴孩时，他会突然紧握不放，这种先天的反应被称为“达尔文反射”。如何通过手指抚触按摩，促进婴孩的脑发育呢？

妈妈把自己和孩子的手擦洗干净后，涂上润肤油，以便按摩时使孩子更舒适。同时还可以播放舒缓的音乐，营造愉快的氛围。也可以通过语言刺激孩子的听觉，使他感受到被安抚的愉快。

• 按摩的部位：婴孩双手的手指、手背、手心，左右手交替进行。

• 按摩时间：每个部位两个四拍即可。

• 手法顺序：抚摩（妈妈手指及掌心贴于婴孩手部自上而下抚触）、按压（妈妈拇指、食指向中指合拢，逐个捏压婴孩的手指至指尖）、搓揉（将婴孩的小手置于妈妈的两掌之中轻搓手心、手背）、点触（妈妈用五指分别点触婴孩双手五指）。

特别提示：当孩子能够将手掌从终日紧握的拳状，变为自然弯曲打开的掌状时，可通过简短儿歌再逐步加入击拍（握住孩子双手手腕模仿拍手）、抓握（将 3 厘米左右的球放入孩子手掌心，刺激孩子握紧、打开）、合拢放开（妈妈一只手握住孩子手腕，另一只手掌心向上托住孩子的手背，伴随语言指令五指做合拢放开动作）等需要更高控制能力的手指活动。

什么是被动操？适合多大的孩子？

我看过一篇文章，上面说“做被动操能促进孩子的智能发展”。什么是被动操？适合多大的孩子？能在家里做吗？

被动操是指孩子在外界条件的帮助下所进行的有计划、有目的的肢体、器官和专项动作的专门练习。如上述手指按摩就是其中的一种。被动操既可作为正常孩子的体能锻炼的干预形式，也可作为发育障碍孩子功能康复的训练手段。从这个角度说，被动操无疑是能够承付起促进孩子健康发展的重要使命的。

这里以正常儿童为例。被动操一般适合于2—18个月的孩子。不同年龄阶段的被动操有不同的训练重点。例如学步以前被动操主要以按摩婴孩的躯干、四肢、手指为主，通过伴随音乐或语言帮助婴孩建立本体感，提高肢体感觉分化能力。随着孩子月龄的增加，可以逐步增加操的节数和训练的内容。对学步以后儿童的被动操设计，主要是围绕大肌肉动作的准确性和柔韧度（如上肢伸展、弯曲；下肢蹲、踢、跳、踏；躯干的俯、仰），为孩子的独立活动奠定基础。

被动操简便易行，是一种非常适合在家庭中开展的体能锻炼运动。小小孩的被动操多以徒手为主，较少利用器械，但当孩子能独自站立、会蹒跚学步时，就可以更多利用辅助物品（如竹竿、长毛巾等）增加兴趣，通过条件练习法，进行训练和游戏。

◆ 竹竿操举例

适用年龄：15—22个月。

材料：准备80cm左右长的竹竿两根（如一时难以找到，也可用质地厚的旧挂历，卷成便于幼儿抓握的纸棍备用，但切记：一定要能承受住孩子淘气时趴附、悬吊其上的重量）。

预备：成人相对坐在竹竿两端（成人位置的高度与婴孩的视线平行为佳），两手握住竹竿，与孩子双肘同高。孩子站在竹竿中间面向发令者（以便更好地了解游戏要求，看清动作示范），手握竹竿、双臂下垂于身体两侧，待令（有条件可请另一成年人或4岁以上儿童陪着婴孩一起活动）。

◇ 第一节：抬抬胳膊。

动作要领：成人双手握竿，自婴孩身体两侧由下向肩上伸展：我是小鸟飞呀飞，飞呀飞呀飞。

提示：小孩子的自然动作幅度小，竹竿的牵拉强制能使孩子感受到自下而上的空间变化，提高肩、肘、腕在运动中的协调性。

◇ 第二节：小脚跳跳。

动作要领：成人持竿与孩子双肘平行，按节奏上下移动竹竿引导孩子双膝上下弹动模仿离地跳：我是小兔跳呀跳，跳呀跳呀跳。

提示：独立较稳定的双脚跳的动作一般要到两岁半左右才会出现，这里的跳只是感觉上的弹动体验，当孩子能借助竹竿的力量时，往往能成功地依靠支撑物，双脚离地“跳”起来。

◇ 第三节：蹲下、起来。

动作要领：成人将竹竿在孩子体侧从腰部高度向下降至地面后，再抬起至原高：老鼠蹲蹲站起来，蹲下、起来，蹲下、起来。

提示：1 岁 3 个月的婴孩一般能成功完成蹲站交替的动作。这里的价值在于锻炼孩子按照节奏运动，提高动作转换的稳定性。

◇ 第四节：划船。

动作要领：成人将竹竿沿孩子腰部高度前后水平移动，做划船状：前后用力划小船，划小船，嘿呦嘿呦！

提示：划船是全身的协调配合，通常孩子在前后大幅度的动作中，不能做到双脚在原地不动、躯干前后俯仰。往往孩子要跟随竹竿前后跑动以适应竹竿的前后水平牵动，因此成人最初动作幅度要小，孩子找到躯干俯仰的感觉后，再逐渐加大幅度或改变方式（如双手交替前后划），使孩子在活动中不断提高适应能力。

建议被动操的口令（儿歌节奏）不宜太快，最初可 4 拍一动，待儿童熟悉了这种活动方式后，可逐渐加快。语速太快不利于孩子充分利用语言信号调整控制自己的动作。另外，家长可以根据孩子的身体发展水平，灵活调整操节的编排。

孩子11个月了还不会爬怎么办？

我看书上说，爬在孩子的成长过程中特别重要，还听老人说“三翻六坐八爬”。可我儿子11个月了还不会爬。我在大床上训练，推着他的脚往前，可他要么就翻身躺着，要么坐着不配合，要么就只会往后倒……

11个月的孩子不会爬？不晚。在动作发展上，人与人之间存在差异是非常正常的。“八爬”，对一部分孩子适用，对另一部分就不一定。孩子1月出生，学爬时正好轻装上阵，占据天时地利。但即便是1月出生8个月不会爬也不用恐慌，因为8—12个月都是孩子学爬的时段，所以说11个月学爬来得及。

实际上在孩子的动作发展里，会翻身和独立坐，都是学爬的技术准备。俯卧，学会了挺起脖子抬头看；会坐，使躯干和四肢在活动中有了进一步分工。这样的基础为孩子爬提供了有效的帮助。11个月的孩子学爬的难点在于：他迈步走的欲望可能会强于爬。经常直立的他，已经知道高视点的精彩，再让他趴下去看地面的事物，可能不会很顺利。怎么办？不要让他回归床上，不要让他意识到我们企图要左右他的行动，用游戏吊他的胃口，通常都能收到预期的效果。

- 训练场地从床上移到地上：铺上地垫或凉席，妈妈和孩子一起玩老鼠钻洞洞。妈妈可以把大床单铺在地上，尝试从床单下匍匐前进，在共同游戏中孩子会受到感染，能不假思索地加入练爬的行列。
- 孩子学爬的最大困难，在于手脚之间尚未建立起协调运动的联系。特别是他的双腿经常不知如何动作，而上肢又比下肢技高一筹。他计划向前爬，胳膊一用力，胸部离开地面，但却后退了。你已经尝试的方法可以继续用，托住小脚引发蹬踹动作，唤醒孩子还没准备好的双腿，慢慢跟上胳膊交错划动的节奏。刚刚学爬的孩子开始会像海狮一样，左右摇滚摆动前进。但随着动作熟练程度的提高，会越来越协调。
- 孩子爬的动作发展，是随上肢支撑力的增长而变化的。当孩子的手臂能撑起腹部离开地面，就会告别毛虫蠕动般的匍匐，利用膝盖触地，使自己在爬行中，看得更远一些，移动更快一点。随后孩子还要改进“组合”。手臂有足够的力气支撑躯干时，他要从手膝爬进化到手足爬行。

11 个月的孩子，离直立行走还有最后一步，所以应该抓住爬行阶段的活动机遇，为学走储备实力。

锻炼提示：多样的爬行游戏能刺激孩子前庭器官平衡功能的提高，进而促进孩子的发育和成长。例如后退爬、斜坡爬、障碍爬（爬过枕头、大宠物等）、驮物负重爬、从高处向下爬……这些多样有趣的爬行游戏，能为孩子运动能力的提高、空间知觉的建立和全脑的发育提供丰富的养分。

孩子学走应该注意什么？

我的儿子 1 岁两个月了还不会走，可他的小表妹“抓周”那天就能独立走三四步了，我真着急。怎么教孩子学走啊？

看着孩子发展和别人有差距，假如母亲是我，我同样也会不安。这就需要我们更客观地分析原因，找出解决问题的途径。同时家长也不必过虑，因为孩子个体之间、性别之间在发展上存在差异是个不争的事实。在正常情况下，孩子到了基本条件具备时，一夜就有飞跃的前例并不鲜见。教孩子学走不妨从以下几个方面思考。

• 保证孩子充足的活动时间。14 个月以来，特别是满 1 周岁以来，孩子是不是有比较充足的时间进行活动？假如有，就不必紧张，因为孩子的发展是水到渠成的。如果孩子经常被专职照料的人抱着，经常坐在童车中玩耍，孩子走路就会因运动经验准备不足而延迟。假如孩子属于后面一种情形，家长就要从调整养育方式入手，为孩子学习走路提供充足的预备时间。

• 帮助孩子建立积极的学走经验。学走的过程中是否有过惊吓、挫折？如果有，那么教孩子学走的关键环节应该在成人身上。特别是由祖辈、保姆带养的孩子，一般所受的呵护要比父母带养的孩子更细致、更周全。学走的孩子实际比任何阶段的孩子都难带、不知深浅，所以看护时难免时时小心，处处防范。成人的这种焦虑，对孩子学走路、独自尝试走路都会产生一定的消极影响。

• 孩子精神状态是否良好？孩子平常活跃吗？假如孩子比较活泼好动，经常指挥着大人东走西走，家长就不必担心了，因为他对周围环境的关注充满了周岁儿的特征：对一切事物好奇。可以理解为他此刻正在熟悉地形，徒步征战即将开始。

• 孩子的发育评价结果是否处于常态？孩子的发育状况理想吗？假如他的身高、体重、营养、器官功能都正常，切莫着急，让我们再耐心地引导。假如孩子在营养、发育等方面有不尽如人意的地方，现在就进行有针对性的调整吧。

怎么教孩子学走？

• 在一天里尽可能多地把孩子从看护人的怀抱中解放出来。为孩子提供一个安全的、可以独立玩耍的环境：放置一些低矮的家具，如沙发、软折椅、低柜等，可以刺激孩子站着玩，在玩中依靠矮家具的帮扶学习走路。

• 多让孩子自己在地上玩。给他一些需要活动着玩的玩具，如发条车、小球等，家长还要适当和孩子拉开些距离，尽可能减少孩子不走、借家长达到目的的可能。同时注意多通过语言引导孩子，扩大活动范围，使孩子在学走中体验快乐。

• 精心创造能使孩子迷恋的运动环境。降低平常孩子青睐的各色器具物品——如化妆品包装、瓶瓶盖盖的高度，放置在“一米线”的水平高度。当环境里充满了诱惑时，孩子也会频频尝试。

• 做一个“助走肚兜”。孩子学走时重心前倾，容易跌倒。为了孩子户外练走，家长可以做一个“助走肚兜”（类似在孩子腋下横拦牵拉毛巾），穿在孩子身上，使看护人的牵拉力量从腋下分散开，减少孩子的不舒适感。肚兜既能助走又能保洁，做工精细些还有审美体验，一举多得。

• 帮助孩子克服恐惧心理。当孩子不慎磕碰时，看护的人既不要大惊失色，也不能不在意，因为两者都有可能增加孩子摔倒的恐慌。前者因人云亦云产生恐惧，后者因失去关心而心生悲哀。分析一下意外的原因：突发声响干扰？动作失去平衡？地面物品磕绊？一般孩子学走路时发生意外，不外乎是这些基本原因。不妨带着孩子一起分析原因：不怕，那是汽车，嘀嘀，孩子起来喽……谁绊了孩子？是孩子踢了脚垫！脚垫对不起，孩子没看清……边和孩子聊天，边根据具体原因再做相应的调整。

特别提示：孩子会独立平稳地走以后，还能先后掌握以下动作：能拉着玩具侧身走、倒退走、绕开障碍走、踮起脚尖走、扶着栏杆上下楼梯……家长可以在适当的时候，引导孩子的动作向新的水平发展。

为什么孩子不会走就要跑？

孩子现在13个月，会自己走。但是，他对我“慢一点，别着急”的告诫常常充耳不闻。大人一放手，他就会像醉汉一样跌跌撞撞地小跑，经常搞得我心惊肉跳。这是孩子淘气还是什么原因？怎么让他学会控制速度安稳地走？

的确，看到一岁多的孩子像刹不住闸的失控汽车“一意孤行”，真会很担心。其实孩子他自己未必没有同感，只是由于神经系统发育不成熟，徒有控制住自己身体运行速度的宏大心愿，心有余而力不足。

学走时期的孩子身高一般为70—85cm。这个时期的孩子头身比例“失调”，从视觉上就给人很强的“头重脚轻”的感觉。一般孩子在移动中身体重心前移，再加上平衡能力弱，为了使自己保持住直立姿态的运动，他必须通过高频率的移动，才能找到相对平衡的感觉。其实孩子也愿心无顾忌地安稳走，只是根本不能控制。就像成人初学自行车一样，越慢骑越爱摔。这就是孩子为什么越走越快、不听告诫的原因。

虽然担心，但是心惊肉跳大可不必。因为孩子重心低，即使摔倒也不会造成很大伤害。相反，大人不停地大声喊叫，倒会给积累经验的孩子帮倒忙。走多了，技巧也就应运而生。另外，你所说的“不能撒手”，除了有孩子动作不稳定、无法有效控制的原因，可能同时也不能排除“开心的挑衅”因素。你想，一个孩子从任人牵制到获得自由，那种释放、快乐难以言表，他得意于自己能跑在妈妈的前面。在“不听话”的实践里，他第一次体验到自己的力量。因此，大人越喊他越快，大人越追他越跑便是在情理之中了。

怎样让孩子学会控制走的速度呢？经典的信条是：实践出真知。

如果在家里，由于空间的限制，孩子不可能挑战极速，只要把电源、开水、易碎物品、刀剪利器、抽屉柜门拉手、有万向轮的活动家具等存在隐患的危险做好安全包装，就放手让孩子去“闯荡江湖”吧！孩子在相对狭小的空间中，即便有磕磕绊绊，他也会从中吸取经验。于是，在房间里，他不仅能练就控制速度，还能根据环境条件，避让障碍，保护自己。

在户外，家长一般可选择宽阔平坦、没车辆少行人的公园或休闲活动场地作为“训练”基地，有利于孩子将室内习得的经验迁移运用：没有东西挡得住我！凭他超速行驶一段后，再给他新的刺激回到“控制速度，能平稳地走”的训练主题上来。比如给他提个小布包，把小球装在里面去上班、给他一张报纸拎着走、头上顶块小丝巾……这些物品会使孩子多一分牵挂，多一分创造，同时也能在走中带给孩子更丰富的体验。

走是跑的准备。无论走还是跑，都需要孩子有较好的平衡感和协调性。当孩子自然出现不稳定的跑时，不要大喝“别跑”，否则跑动中的跌伤要比走不好的跌伤更疼痛，不愉快的经历也许会让孩子心生恐惧。当孩子不由自主地“跑”时，欣赏他、支持他、鼓励他，有意识地提高他的动作协调性和平衡能力，提前为他进入新的发展阶段储备运动才智，这样在成长中即便有些挫折或外伤，孩子都会平静、坦然地接受。

孩子现在快1岁了，老爱扔东西，这是淘气吗？

我的孩子是男孩，11个月。最近特别不听话，东西掉到地上，刚给他捡起来，又扔，再捡，还扔，气得我打他小手背，还不改。这是淘气，还是脾气？

应该肯定地说这不是脾气，但不排除有嬉戏的因素在其中。准确地说，这个阶段孩子爱扔东西不是毛病，而是孩子在长大的过程中，新技能逐渐形成时的外部行为特点。有些家长认为是孩子新添的坏毛病，其实这小手背打得还真有点“冤”！

孩子到了八九个月的时候，手已经会抓、会握、会捏、会放，也会倒手，此时又开始引发了“扔出去”的新体验。这个时期的扔和五六个月出现的扔相比，具有更积极的自主意义。孩子五六个月大的时候，假如手里有了一件玩具，再递给他另一件东西时，他会不假思索地松开小手，去接那件“新宠”。至于掉下去的是什么、是否珍贵，孩子不会关心，甚至没有意识到那物件曾经存在过。因此这种松手，不是孩子有意识的行为，只是为腾出小手而已。

孩子令人哭笑不得的扔，其实很有价值，他能够通过动作的练习，获得多方面的经验。

• 建立概念，了解事物的属性。在扔落东西的过程中，孩子会发现有的会发出声响，有的会滚动，有的扔掉能看得见（物体大且鲜艳），有的扔了却不见了（细小颜色不醒目）。利用孩子这个阶段喜欢扔的特点，我们可以为孩子提供不同质地的玩具，让孩子在扔的过程中，建立和形成新的概念。如可以滚动的球、色彩鲜艳的积木、可以发响的铃铛等，同时通过清晰的语言说出“球跑了”“积木、啪嗒！”“铃铛呢？”……这样，孩子就会在“自主淘气”中不断提高对概念的理解能力，增加认知经验。

• 通过动作理解空间、因果关系。随着孩子对“扔”的体验的增加，扔的动作也会日趋娴熟，会出现远近不同的距离上的变化，家长可以运用积极的语言强化孩了的体验——“用力！”“好棒！扔得真远！”，通过有趣的游戏，引导孩子探索，了解动作与结果之间的关系 。

• 体验环境的安全、可信程度，建立起最初的社会行为方式。游戏就是学习，在扔扔捡捡的循环往复中，孩子通过家长对自己行为表现的态度、语气、表情和动作的反馈，进一步建立起对周围环境的基本态度。在家长的欣赏支持中，孩子能建立安全感、信任，会更积极地吸纳成人的建议、解释、说明，情绪会积极、愉快、稳定。反之，成人的否定态度会直接影响孩子行为的性质和处世方式，甚至有可能导致孩子对抗或畏缩。

孩子长大，是每一位父母的期盼。孩子会淘气了，说明他在按着预定的轨迹发展。如今我们了解了其中的意义，就会全力支持、关心、参与他心仪的一切活动，在和孩子的共同活动里对孩子了解得更多、更深刻。

孩子两岁不会骑小车该怎么训练？

孩子还不到1岁的时候，我们就为他添置了可推可骑的两用小三轮车。我们天天盼着孩子快长，能自己骑小车到处潇洒。现在他两岁了，到了书上规定的会骑小车的年龄，可这“车”都1岁多了，主人自己却还没蹬动过一步。特别是听人家说早骑车长“长腿”，我们天天搬着孩子的脚，教他蹬、让他踹，可他那两条腿不是跟着较劲，就是面条似的，这么耽误事怎么办呀？！

要是因为怕小三轮车“年纪大”了而着急孩子的训练，大可不必。假如为了一双修长的下肢而紧锣密鼓，估计也不会“修成正果”。孩子的发育发展，除了有一般规律和发展顺序之外，还存在着不容忽视的个性化差异。特别是正常儿童的运动与动作，是建立在本体感基础上的有意行为。脱离了当事人的本体知觉，恐怕任何强化训练都会苍白无力。因此建议家长别着急，从实际出发，因人施教。

书上介绍的儿童发展模式，对于家长是一种参考，而并非“规定”。家长不必为某一阶段孩子没出现相应的变化而惴惴不安。因为孩子任何动作的发展，都要受来自主客观方面的多种因素的影响。现在我们要讨论的问题是：怎样帮助孩子。

首先宽容时限。一般24—36个月都是孩子逐渐掌握骑三轮车的基本技能的时间，但也有一些孩子要将近4岁才能掌握。在这个问题上，我们应该把握这样一个原则：只要孩子一般发展良好，我们就无须焦急不安。如能通过听、说，与人交流表达自己的需要、要求；会走、跑，能自如地在一定的空间中移动身体；经常能保持积极、稳定、愉快的情绪；身高体重处于同龄孩子的一般发展水平之中……因为，孩子能不能在某一阶段学会骑三轮车，实在不很重要。

其次要理解骑小车是以协调能力为基础的综合运动技能。因此，在促进动作形成的过程中，孩子积极主动的情绪、态度是非常重要的。成人出于良好愿望的强化训练，有可能会使孩子产生抗拒。再由于我们用其他孩子的长处比自己孩子的不足时，会非常恼火孩子“为什么不会”，一旦孩子在练习中力不从心或表现不佳，就会加剧成人的紧张、急躁，这种紧张又回传给孩子，形成负面影响。当家长的期待成为孩子成长中的负担和重压时，孩子放弃的唯有自尊和自信。这恐怕是我们日后很难弥补的。

因此，当孩子目前暂时掌握不了某种技能时，家长不妨回避开这个令人焦虑的话题，从其他相关的方面入手，调动孩子的积极性，引发孩子的兴趣。比如把自己变成笨手笨脚的爸爸，激发孩子超越自己，让孩子从中获得成功的快乐；把比较难掌握的本领，分解成几个容易达到的小单元，各个击破……当孩子有信心时，才能快乐地成长。

小孩子玩起来不知累好不好？

我的孩子3岁了，闲不住，活动量特别大，每次都是出去容易回来难，玩得头上、背上都汗津津的，也不说累。我觉得孩子玩应该有度，可他爸爸说“没事，小孩子都不知道累”。请问是这样吗？

要孩子在喜欢的活动里说“累”那是不可能的。但是作为家长关注孩子的运动量非常正确，同时也是十分必要的。

孩子喜欢运动是件好事，家长注意把握适度的活动量能够有效保护和积极促进孩子体质的提高。为什么呢？

• 孩子的神经系统兴奋强于抑制，过度持续的兴奋不利于孩子的健康。孩子一旦玩起来，会非常兴奋。特别是在较大运动量的活动中，孩子的高度兴奋，形成类似惯性般的冲动，神经系统的传导容易出现泛化，正如民间谚语“小儿发慌必有祸”。由于神经活动传导有误，所以常见孩子在游戏中躲让障碍失调、平衡能力下降、空间距离判断有误等。尽管这时候孩子看上去还是兴致很高，如家长不能有效通过转移、变换等方式帮助孩子及时调整活动量，游戏中的挫折会使孩子感到困惑、茫然：我会，我做过，可为什么……由于孩子的疑惑不能获得合理的解释，家长发出的“回家吧”的建议、提示也就不能为孩子所接受，于是，此刻亲子之间的矛盾非常容易激化，消极经验几经强化就形成了孩子“出去容易回来难”的行为方式。

•孩子机体脏器功能尚未完善，过度的体力消耗会导致意外事故的发生。孩子正在发育之中，机体耐受性低，运动中大量汗液的排出，导致体内水分的缺失严重，一方面容易脱水，另一方面由于身体控制能力的下降，有可能会使孩子在活动中险象环生。旁观家长会不断地提出要求和忠告，但兴奋中的孩子通常会充耳不闻，有时又会挑战示威一样地爬得更高些，跑得更远。

以下为控制调整孩子活动量的几种预选方法。

•约定法。活动之前做出约定，玩多长时间、玩哪些玩具，什么情况下（如爸爸手表指着6的时候、玩完两次秋千以后）要结束游戏，让孩子学着做出计划和承担责任。

•转移法。家长用事先备好的玩具或临时设计的游戏，转移孩子的当前兴趣，目的是调整活动量，降低由于过度疲劳有可能导致的其他意外。

•体验法。教给孩子关注身体发生变化的具体方法，如通过摸摸左胸感受心脏快速地跳动，摸摸额头、脖子知道汗水太多了，身体会疲劳必须要休息一下。

……

孩子是喜欢运动的，但孩子确实很难理智地主动终止喜欢的游戏，因此需要家长灵活机智地处理。

应不应该让孩子自己下楼梯？

我是一位姥姥，小外孙1岁两个月，能比较平稳地走路，但是上下楼梯还有困难。我女儿胆子大得很，主张让孩子自己下楼梯，可我看着非常危险，万一滚下去怎么办？所以我坚持抱着下楼。请问该不该让孩子自己下楼？

其实，该与不该，结论并不是绝对的。即便是同一个孩子面对不同的抚养人的时候，也会因为不同的抚养方式，表现出不同的行为。因为成人的养育方式和态度，对于孩子会产生直接的影响。

心理学家曾经做过一个有趣的测试：让孩子和母亲分别站在测试板的对面，请母亲呼唤孩子爬过一条看似艰难的窄道，回到妈妈的怀抱。测试开始后，研究人员观察到：神情焦虑、一声紧似一声地呼唤的妈妈，使孩子产生明显的犹豫，绝大多数孩子不安地在起点徘徊，不能完成这本不困难的任务。而那些面带微笑表情平和的妈妈只要轻轻地呼唤，他们的孩子都能轻松爬过窄道，与妈妈会合。这个测试给我们的启示是：成人的焦虑不安会成为一种消极的信息传递给孩子，并对他产生消极的情绪影响。反之，孩子会从成人的平和鼓励中获得力量，积极尝试完成具有一定挑战性的任务。

当孩子会走了，可以给他一个空间，让他有机会主动学习掌握新的本领。这位妈妈的养育态度是让孩子自己锻炼，前提是成人在密切关注，能保证基本安全，偶有失误，手疾眼快的妈妈也能化险为夷。姥姥的信条是：当我没有把握保证孩子的安全时，还是抱着下楼为好。因为姥姥的反应速度、肢体的灵活性都会不如年轻的妈妈，所以，姥姥可以抱着下楼，领着上楼。因为上楼相对安全些，孩子不易发生姥姥所担心的意外。

教可无定法，带能有不同。在家庭养育过程中，“小孩子能行，就尽可能地让他主动去锻炼”的养育原则只要能为所有成员接受，孩子就会在众多家庭成员的关爱里，茁壮健康地成长。

孩子不敢玩滑梯，应该怎样帮助他？

我的孩子两岁1个月，各方面发展都挺好，就是不像个男子汉，胆子太小，小得我无法接受。为了培养他，我们经常去游乐场所。可面对滑梯，他说什么也不肯上。我把他抱上去，放在平台上，但他抓住我不肯放手，紧张得不行。请告诉我，该怎样帮助我的儿子？

男孩像个男子汉是很多家长的希望，但是要求两岁多的孩子就要像个男子汉，有点太勉强。孩子性格特点不同，有时家长看来很容易的事情，在孩子眼里可能不亚于“决裂”自己。“不就是胆子小吗？练一练就行了。别人都行为什么你不行？上！上！”当我们把目光集中在单纯的动作训练上的时候，有可能会忽视孩子的情绪体验。几个加上重音符号的“上”，就足以把原本就对滑梯没有什么“雅兴”的孩子推向“悬崖边”。平台下边是吓人的高度，平台旁边是要把自己“推”下去的亲人，此时孩子没有选择，要想保护自己，只有抓住大人不放，虽是抓住了大人，但是日后他未必再会毫无戒备地信任你，因为是你一度使他陷入尴尬之中……

一位父亲介绍过自己儿子的变化过程。笑笑也是一个男孩子，胆小，3岁多了，依然很难胜任同龄儿童都能参与的娱乐游戏。爬山的时候，只要父母牵着他的手，路是否陡峭他都不在意，但是要让他独立站在哪怕是个小土坡上，他就会两臂颤抖，身体僵直，大惊失色地喊“救命”。妈妈问他为什么怕，他说“太歪了，要摔跟头”。一次散步，他和爸爸走在小路上。爸爸为了鼓励孩子挑战胆怯，把他抱上路边的长石条，并把大手托在孩子的小手下，孩子从最初的一步不走，到后来开心地自己反复独立地走了数次，前后大约经历了一个多小时。其实，孩子乐此不疲时，父亲很心痛自己丢失的时间，但看到了儿子痴迷于战胜自己心中的恐惧，这位父亲便慷慨地把时间留给了孩子，任他自由驰骋……笑笑的变化，带给我们的启发是，孩子对活动的兴趣、面对困难的态度，很大程度上都要受到家长自身行为的影响。没有催促、没有勉强，爸爸的掌心并不是牢固的安全带，但这些就足以使孩子信心满满地去迎战恐惧。“初生牛犊不怕虎”呀！孩子的恐惧很多是源于我们当初不经意间夸张的告诫……

在决定帮助孩子之前，我们一方面应该回忆或分析孩子拒绝的原因：孩子不敢滑滑梯，是否有过受到惊吓的消极经验？还是曾经目睹过其他小朋友的挫折教训？或是由于孩子尚未做好接受挑战的准备，就被心急的父母抱上了滑梯的高台？另一方面，我们还要反省自己，在培养孩子上是不是太急功近利？是不是当孩子比同龄儿童差一些时，我们有难以克制的失望？当孩子需要我们的提携时，我们能不能像笑笑爸爸那样，为他撑起可以展翅练飞的天空？

总体说来，恐惧首先源于对客观环境不信任的判断，其次才是对主观条件不信任（自己能力不足）的判断。帮助孩子战胜恐惧最有效的方法是让孩子在挑战中感受到安全，使孩子对家长的帮助产生信任。只有弄清楚孩子为什么害怕，才能通过有效的方式支持他、保护他、帮助他。

PART 2

性情，

培育积极稳定情绪的关键

积极稳定的性格，促发阳光般明媚的成长。

婴幼儿期是脑神经系统发育最迅速的黄金期，也是情感最脆弱、多变的时期。所有顺境、逆境都是孩子成长旅程的必经驿站。怎样让孩子适应生活中的变化？如何让暴怒的孩子懂些道理？……这需要我们从孩子蹒跚学步开始，赏识他的积极、爱心、独立，引导他守约定、不乱发脾气……用更多正能量影响他，生活就能成为孕育婴儿良好性格的温暖产床。

一 社会适应能力培养

社会就是一片湛蓝的海，孩子是刚刚出生的小鱼。风和浪的洗礼，使小鱼见识到海的辽阔。礁与暗流的凸显，使小鱼遇到适应生存中的危机。成人看似简单的事情在孩子面前就是一座高耸的山，在这巨山脚下，家长可理解孩子的处境？

孩子见到生人总是哭怎么办？

我的孩子 1 岁多了，是姥姥姥爷带大的。平常在家挺活泼，可就是不能见生人，一见生人总要哭个不停，为这我们大人的活动都受了限制。听人说这不好，会成为影响孩子健康发展的重要原因。我们不知该怎么办。请求帮助。

这种现象在很多孩子成长过程中都会有，不同的只是出现的早晚、持续的长短和表现的强弱而已。哭，有时是抗拒的表现，有时是悲伤的流露，有时是焦虑的宣泄。假如孩子在环境变化之后表现出持续的不安，家长则要仔细诊断“病原体”，然后对症下药。

• 是抗拒？抗拒产生于被剥夺、被限制。在陌生的环境和人的面前，孩子是否曾经被剥夺？被剥夺的是什么？可能有行动的自由：做客不能随便翻动物品，不能离开父母到处走，即便孩子不愿外出也要服从“赶快收起玩具”的指令。回忆一下是否某种限制令孩子不快？被限制的可能还有表达的自由：告诉阿姨几岁了，背一个“春眠不觉晓”，唱一个……说一个……亲亲我，不然就把你留在我家……分析一下，也许是这些强迫的感受令孩子恐惧？假如这样，我们可以坚持合理的限制，如“做客不能随便翻动物品”，使孩子通过参与社交活动，了解行为规则；消灭不合理的剥夺，不勉强孩子做他不想做的事。特别要事先做好防范，让积极愉快的社交活动在孩子心里留下美好的印象。

• 是悲伤？悲伤源自失落。当环境变化了，最亲近的人不再把视线聚焦在孩子身上的时候，他的一些要求或问题可能被忽略。也许出行之前恰好发生过不愉快的事，环境的变化使他愈发伤心。这时孩子会感到失落，或是迁怒于陌生的环境，通过哭催促父母早些离开，或是用哭来表达对客人的不满，诉说自己的满腹委屈。如果包含以上或类似的因素，最好通过积极的强化调整孩子的心态：既不能仍以孩子为中心组织成人间的话题，又不宜置孩子于不顾。可以尝试着把孩子介绍给在座的人，介绍他的优点，使他有理由对自己充满期望，同时切忌现场揭短“不许像上次……”“这孩子老……”。另外，家长也要根据孩子的情绪状态，适当控制出访时间，使孩子能逐渐适应。

• 是焦虑？焦虑中藏匿着不安。这种不安多和孩子身心需要满足度的变化联系密切，在内向些的孩子身上表现尤为突出。当孩子出门在外时，对于孩子来讲似乎整个世界都变了，周围没有一点熟悉的东西，就连最亲近的父母也和平日有了许多不同（要么是过度关注，要么就过于忽略），这一切使孩子感到失去了依靠，于是不安夹杂着无助，一次次地积攒，一回回地紧张。由于家长没能注意到，孩子表达能力又极有限，使焦虑不断加剧。如果孩子曾经出现过这类情况，无须紧张，当孩子平静下来的时候，可以通过交谈给予及时的疏导。

总之，有意扩大孩子的视野，增加社交实践的积极体验，孩子就能从容面对陌生人，迈出走向大社会的第一步。

孩子不会与小伙伴一起玩正常吗？

独生子女太孤独，我们几个同事常常为孩子发起小聚会，有时到家里，有时在公园。可我发现事与愿违经常是注定的结局，因为我那两岁 4 个月的孩子和别的孩子一起不是抢东西就是捣乱，现在发展到咬人了。同事劝我“大点就好了”，可我觉得这很难。是不是孩子有问题？

两三岁的孩子不会与小伙伴玩，是很正常的事情，家长不必过度焦虑，因为“不会”和“不愿”“不能”是不同的。准确地说，两三岁孩子的心理水平和活动能力，还处在以自己经验为轴心的独自游戏里，因此他们通常是倾向于自己愉快的自言自语、摆弄物体、东游西逛。小孩子之间偶尔有些交流，也不是为了维持共同的游戏所做出的有意义的合作。这个时期，小伙伴在他眼睛里的重要价值就是“不孤单”。

他为什么不会与小伙伴一起玩？为什么与小伙伴在一起总战火不断？因为他刚刚从父母的怀抱里“挣脱”出来，完成人生第一次“独立”的签约。他就像一个蹒跚学步的儿童，不会避让障碍，不能控制速度，把握不了方向，一切全凭运动的惯性——两个孩子坐在同一块地毯上专心地玩着自己手里的套叠玩具，其中一个（毛毛）的嘴巴里还发出满足的咕咕声，声音吸引了相邻的小雪。小雪发现毛毛头上套着小筐。小雪端详着。刚好小雪身边有一个空桶，小雪双手抱起塑料桶，一下套在了毛毛的头上，毛毛整个头被淹没在里面，光线突然黑了下来。毛毛针扎般地哭叫，小雪一脸疑惑。老师忙奔过来，帮助毛毛解围……

如果小雪 4 岁，她能把自己的发现告诉毛毛：“太小了，一点都不像帽子。”她会通过沟通，把自己选好的道具奉献给朋友：“看我给你找的帽子多大！”……假如毛毛是老师，他会瓮声瓮气地问：“谁呀？我都看不见你啦！”通过问话引发小雪自己去调整桶的位置，使桶里的人能看到自己，并接着聊下去。假如毛毛是大孩子，或许觉得桶在头上转来转去挺好玩，说不定还能创造一个捉迷藏的新游戏。可毛毛就是毛毛，一个两岁多的孩子不会有那么幽默——“没关系，她和你闹着玩呢！”小雪就是小雪，她没有足够的经验预料到桶与头的直径比——“玩，不能不管不顾。”我们深信：这就是小孩子不会和小伙伴玩的关键原因。

此刻假如我们认为共同游戏对孩子的成长有益，我们不妨从以下两方面着手。

• 多和大孩子一起玩，学习聆听和表达。大孩子游戏时是说、做同步，他会通过不断地询问、解释、征求、发布命令，控制游戏伙伴，使游戏按自己的设计发展，这对于小孩子以自己的经验为轴心的行为方式是个挑战。小孩子要玩，就必须接受和应对这样的挑战，慢慢地，他理解到一起游戏不能只是“我自己”。

• “列席”小小孩的游戏，给予引导和帮助。重点是在游戏的关键点上（如争夺、用力牵拉、动作失去平衡、妨碍视线、未觉察到对方的情绪变化等），通过成人的语言提示和行为动作方式，示范怎样和人相处，支持孩子积累间接经验。

孩子怕羞好不好？

我的孩子虽说比较聪明，学东西较快，从小受大家的宠爱，但她就好比别人所说，“在家一条龙，在外一条虫”，特别是在陌生的环境，她显得比较胆怯、怕羞，主动性较差，我们的鼓励说教收效甚微。什么事都非得别人长时间地去劝说、鼓励，她才去做。我该怎样树立她的自信心？

这种现象在很多孩子身上都有。在陌生环境里不很主动其实也不一定不好。试想成人假如在一个全新的环境里，多数人通常也要先洞察风向而后进行决策。因此孩子不主动表现不一定完全是缺乏自信。有时一些环境因素、情绪因素都有可能影响到孩子的参与状态、参与动机，重要的是我们应该搞清楚孩子为什么胆怯。否则，忽略了这个问题，不自信有可能会随着我们的“关注”“鞭策”而加剧。认真揣摩使孩子感到胆怯的原因，是我们确定援助引导方法的前提。

• 因对新的环境缺乏信任，感到不安而退缩。例如在成人“林立”的聚会中，不肯表演保留剧目。勉强会使退缩行为得到强化，所以大家别都一本正经地盯着孩子，孩子可能会渐渐放松下来……

• 把握不大而暂时回避。例如在很多孩子参与的活动中，我们觉得他会游刃有余，他却轻易放弃。此时家长暂时把视线从孩子身上移开，尝试“曲线救国”，极有兴致地议论游戏的要诀，多数孩子会在旁听中蠢蠢欲动……

• 对不熟悉的行为方式没有经验，没有主动尝试的兴趣。例如家长觉得没有压力的游戏，他只是观望，迟迟不肯尝试，此时可利用家长对游戏或活动的积极参与行为或欣赏态度去影响犹豫中的孩子，激活孩子的情绪……

• 在纷杂的环境里对不十分感兴趣的事有抵触情绪。例如在外出活动中孩子的关注点和成人有差异，我们认为有意义的事他反感介入。此时最好给孩子选择的自由，不妨松开牵拉的手，否则，孩子的消极经验多了，会形成抵触的条件反射。

为什么孩子在家说话很好，但在外人面前怕生，不肯讲话？

我女儿3岁了，除了和小朋友及家里的大人说话外，不敢和别的大人说话。在家里她挺活泼开朗，但如果和一大帮小朋友轮流表演节目，她就不敢。我有次问她为什么不敢和大人说话，她就说她怕。我担心她长大以后会有交往困难。我该如何引导她？

面对孩子这样的表现，家长往往都会着急：以后的社会是个竞争激烈的社会，从小就不能适应多样的变化，未来如何生存？家长的担心有道理，但假如过虑，反会增加孩子的心理负担。如何帮助孩子？

孩子的惧怕大多来源于被认同、接纳的归属需要。由于孩子对尚未展开的交流没有建立起信心，所以不敢贸然行动。家长不妨一方面为孩子提供一个宽松的心理氛围（不要孩子一问一答，否则他会对这种交流产生抵触），尽可能帮助孩子把“怕”的对象排排队：外表凶恶？发型古怪？语调特殊？音量过大？怕不会回答？……或许孩子根本说不清楚，但是我们可以通过闲聊帮助她释放畏惧。另一方面，为我们的孩子用心设计个“社交脚本”，有选择地让她同适宜的家庭之外的成人接触，使她感受到和别的大人说话是挺有意思的事。最重要的准备是，每次有了与外界接触的机会时，家长可以搂着或抱着她，郑重地把她介绍给交谈对象（只是介绍，不要附加回答问题的条件），使她在安全中感到有尊严并获得最初的喜悦。这样，孩子就有可能逐渐消除畏惧，对社会交往建立起健康积极的态度。

总之，孩子的惧怕来源于主客观两方面：是客观上的，创造条件去让孩子适应；是主观上的，就帮助孩子进行自我调整。除此之外，根据孩子的需要，提供一个和“怕”短兵相接的场景进行演练，也非常必要。

为什么孩子一换环境就赖在怀里不下地？

我的孩子有个毛病：在家里什么都挺好，就是不能出门。只要离开家，就一定要大人抱着，怎么劝都劝不下来。如果硬是把他放在地上，他会惊吓得不得了。这是怎么回事？

一些较小的孩子离开熟悉的环境以后，表现出这种行为，主要是对新环境的不适应。这种不适应形成的原因多受以下几个方面的影响。

• 因为害怕生人而恐慌。家里人口少，孩子与家庭之外的其他成人接触也少，当孩子走出家门，骤然间视野中平添了那么多陌生的人，使小孩子不由得紧张。所以最好、最安全的方式，还是让妈妈抱着。因为在妈妈怀里，他能从容打量每一个感兴趣的人，一旦与陌生的目光对视时，可以趴在妈妈肩头迅速逃避。而独立行走于地上，仅仅是成人与孩子视线、体位的差异，就足以使孩子感到“压顶之势”。

• 一些特殊的景物使他感到不舒服。孩子有时不习惯一些陌生的饰物。曾经有这样一个女孩，特别害怕挂在墙上的兽头。开始家长并不知道，只是每逢到了工艺美术商店都要大闹不止。开始家长责怪孩子，认为个性太强，只爱看玩具，应该制止这个坏毛病。几次进出商店，孩子都是哭闹不止，调教未果只得作罢。直至有一次进入朋友的客厅，孩子的惊恐才使家长明白个中因由。后来通过几次近距离欣赏、抚摸鹿头鹿角，才使孩子情绪逐渐稳定。家长不妨留意一下，孩子的"不下怀"是否有这类相似的因素。

•不愉快的经历使他有所畏惧，如社交压力。孩子其实是喜欢新异刺激的，但如果过度孩子就会厌烦。特别是把孩子带到成人熟识的朋友圈中，孩子遇到的压力往往更大些。比如有的叔叔伯伯喜欢吻孩子的面颊，孩子经常被扎得哇哇大叫。这种不愉快的经验可能会泛化：叔叔就是"扎扎"，靠近自己的人都可能会"扎扎"……因为"扎扎"所以怕所有的男性，看到男性就要躲避。这种消极的社交经历，多是造成孩子社会性适应能力下降的重要因素。

克服的方法主要有以下两种。

•顺其自然。当我们没有弄清楚孩子为何紧张时，孩子"不愿意"就是一个正当的理由，此时顺其自然是上策。因为越是强求，越可能强化消极经验。其实只要家长稍加留意，就能发现新环境中，存在着可以诱导孩子能够暂时离开你一刻的有趣的事物：造型独特的小板凳、低矮的小架子、可爱的小宠物……有了第一次成功的经历，孩子应对变化、适应变化的能力就会有新的提高。

•适度转移。当我们知道孩子的消极经验是什么之后，又不可能控制这类事情（例如有的孩子就是怕男士、怕带围巾的婆婆、怕戴墨镜的人），可以通过转移视线的方法，使孩子能够保持相对稳定的情绪。当孩子害怕的对象并没有形成对孩子的"侵犯"或与孩子擦肩而过时，要及时引导发现这一点或告诉孩子，有效降低孩子的消极反应。

二 良好个性培养

在孩子成长过程中，目不暇接的生活有时会令孩子产生疑惑。他对自己、对他人接触感知到的信息越多，带来的情绪变化就越多样。当孩子困惑时，我们体察到了吗？当孩子需要时，我们是否能够给予积极的回应？

哭用不用哄？孩子哭得坏吗？

我家三代单传。如今儿子 14 个月了，公公婆婆视他为掌上明珠，只要一哭就受不了，想抱怕我不乐意，不抱又从心里舍不得。我看书上说，孩子哭是正常的，可婆婆说孩子会哭坏。我也不知怎么是好。

哭是孩子的一种正常生理功能。在婴儿的抚育中，细辨哭声，有助于为孩子提供更适宜的帮助和照料。

应该说小孩子是通过“哭”这种特殊的语言，和养育人进行沟通，表达需要。所以成人对于孩子的哭声，应该给予积极的回应，如通过语言——怎么了？想抱抱？自己乖乖躺一会儿，妈妈现在很忙……还可以通过孩子能够感受得到的动作——摇摇小床、捏捏小手、抚触身体等，使婴儿感觉到你在关注他……再有，通过与婴儿对视也能收到镇静的效果——微笑地注视孩子，并劝慰：“不舒服吗？啊哦，不是？哭哭可以长力气……”总之，哭是孩子自主掌握的第一种语言，当他“发言”时，成人应该尽可能地不忽视、不怠慢。通过成人这种“闻风而动”的回应，孩子就能在襁褓中对与人“交往”建立起积极、信任的情绪体验。

至于孩子哭时哄与不哄，要具体问题具体分析。分析思考时我们不妨从以下几方面着手。

• 回忆。孩子是最近才哭得比较频繁吗？如果答案是肯定的，就应该引起足够的重视：最近到底什么原因致使孩子感觉不适而出现哭闹？孩子食欲有变化吗？进食不足或过量都会导致孩子生理上的不舒适，如腹痛、腹胀，并成为哭闹的诱因。孩子大小便正常吗？通过回忆判断孩子哭的原因，给予适当的安抚非常必要。

• 检查。孩子的穿着是否合适？特别是当襁褓中的婴儿反常哭闹时，看护者一定要细心检查孩子的衣物、卧具，排查隐患。曾经有过这样一起事故：婴儿反常地哭闹，妈妈抱起来大致看看尿布、床单，未见异常于是作罢。婴儿哭累了，渐渐安静下来……次日为孩子洗脸时才发现，孩子的小手指被纱布手套上脱落的线缠绕着，已经血肿几近坏死。所以当孩子哭闹反常时，周到细致地检查孩子的身体、用品、衣物也是非常重要的。

• 求医。如果依靠我们自己的力量不能确定孩子过度哭闹的原因时，最好求助儿科医生进行全面细致的检查。在求医的过程中，家长切忌概括简单。要把孩子哭闹的起始时间、表现（面色、情绪、食欲、排泄）等各方面情况，尽可能详细地向医生叙述清楚，以便于医生的检查诊断。

孩子哭了，是在表达一种需要。当孩子产生需要时，家长给予适当的关注还是十分必要的。虽说孩子一般哭不坏，但经常地忽视孩子发出的交流信息，对孩子积极健康的情绪培育不利。

如何培养乐观、开朗的性格？

我的孩子两岁多一点，特别“稳重”，没有特别高兴的时候，很少见他撒欢，经常是默默地自己在一边干自己的事。别的家长老嫌孩子闹，我倒是整天盼他“别太乖”。我们两口子都属于那种内向、腼腆的人，真不想让孩子随我们。请教教我们，怎样培养孩子开朗的性格？

内向不是缺点。往往内向的人都长于深入地思考问题，做事也更理性、更有条理。孩子承袭了家长身上的这些优点，应该是件非常好的事情。很多家长都期盼着自己的孩子会独立地选择一些玩具进行游戏而不是依附于成人。

家长希望孩子能在现有的基础上发展更好，这可以理解。的确，保持积极愉快的心境是孩子成长的精神食粮。怎样能让孩子活跃些、开朗些？不妨从以下几个方面着手。

• 多些幽默和玩笑。轻松愉快的氛围是培养乐观情绪的基础。家长和孩子相处时，开些小玩笑能使家庭气氛更活跃、融洽。假如每天能有一次开怀大笑，孩子的情绪就能得到有效的调节，开朗的性格就会在耳濡目染中形成。如多多的爸爸妈妈也是非常内向的一对，为了孩子能够活跃些，他们每天刻意营造欢笑，比如扮怪相、演“杂技”，用夸张的语气、动作讲述有趣的故事等，孩子渐渐地变得活跃了，会从生活中发现有趣可笑的事情，而且会在模仿创造的同时尝试评头论足……

• 发动全家玩游戏。全家总动员能建成最好的“快乐加工厂”。游戏不仅能使亲子情感进一步加深，同时能使孩子在玩中习得本领。比如蒙眼捉人、捉迷藏、玩纸牌、摸鼻子等都是非常有趣的家庭游戏，孩子会从爸爸妈妈游戏中的“频繁”失手，看到可笑的错误，并产生胜过爸爸妈妈的游戏冲动。如果爸爸妈妈能够带着孩子不断在游戏中捕捉到这种快乐，那么快乐就能在孩子的心中生根，成为源源不断的营养，培植起孩子积极活跃的情绪。

• 尝试着比孩子还“疯”。在孩子的成长中，家长的性格对于孩子具有深远的影响。经常刻意创造积极愉快的情绪，就是不断地为生活注入能够让孩子开朗起来的“空气清新剂”。特别是内向、含蓄、不善于表达和表现的家长，只要善于经营，就能把家变成“欢乐大本营”。比如通过故意说反话、做错事逗弄孩子，把纸片夹在鼻子下面当胡须假扮爷爷，瓮声瓮气地讲话“招惹孩子”，让他在迎战逗弄的时候感受幽默，模仿玩笑，品尝撒欢的快乐。

生活中不是没有快乐，只是没被发现、没被采撷。当家长有兴致地在生活中收集快乐了，肯定能够影响身边的孩子积极活跃起来。

刚过两岁的孩子为什么总是发脾气？

我的孩子刚刚过完两周岁生日。可我发现他最近经常频繁地发脾气：哭闹、耍小性子、听不进爸爸妈妈的劝告，只要是他要求的我们不答应，就会一闹到底直至胜利。我非常诧异，这个1岁多就特别善解人意的孩子，为什么现在突然变得判若两人了？面对变得暴躁的孩子，我该怎么办？

在生命第二年，当孩子能够理解、运用人称代词“我”时，独立随之产生。在他的成长词典中，“不”成为运用频率最高的字。由于我们初当父母，对孩子这种正常的心理发展准备、预见不足，经常会感到无奈。

因为是从这时起，孩子逐渐发现自己不再是世界的中心，他时时感到失望、害怕和孤独，于是想控制身边的事物，想让它们按自己的需要发展。所以，面对家长的很多要求，他都可能说“不”。另外，现在他可以自己吃饭，会说话，能走，会跑，随着他基本能力的增长，他意识到：自己可以是一个独立的人，就像爸爸妈妈那样，也能对别人提出要求，也能使别人受到影响。于是，对家长的劝告、提示经常是充耳不闻。孩子觊觎着煤气灶的开关，妈妈说“不许动”，孩子偏要把手搭在灶具上，两只眼睛望着妈妈，小手一点点地靠近开关……在一次次的明知故犯中，他体验到自身的坚持和退让对别人所产生的不同的影响力量。他渴望更独立，但时时又表现出强烈的依赖；他比幼时更勇敢，可难以摆脱羞怯的困扰；他感到自己长大了，无奈时又经常退行成婴儿。在这种矛盾冲突中，孩子情绪变化幅度大，一点点外界的异常刺激，都可能会引发他难以控制的激动。他非常在意家长对他的态度，非常在意大人的评价，非常在意最亲近的人对承诺的兑现，因为孩子是从这一切“在意”的反馈中，认识自己，体验认同，进一步建立起自信。这段成长的经历，会在孩子学习与人共同生活的实践中留下深刻的“行为印记”。

此时的家长有意识地通过日常家庭生活和亲子交往，强化孩子在自我表现中的积极情绪，帮助他积累经验，这对他的未来的健康发展重要且关键。“你想自己冲洗小便盆吗？真好。只是小心衣服别弄湿，不然很难受……”“妈妈知道你要帮助妈妈拿鸡蛋，鸡蛋可是会摔破的哦！”……有了这些积极的提示，孩子就会在独立之中减少对抗，增加信任，更乐于接受大人的帮助、支持。

当孩子“闹独立”遇到挫折时，会重新扑向家长的怀抱寻求安慰；他害羞、害怕、困惑、迷茫的时候，会藏进家长的怀中寻求保护。这时候不要把他曾经的“失败”当作武器，回击、轻视或奚落他。他之所以退行成婴儿，是因为他难以面对挑战，是向家长发出的“独立遇难”的“求救信号”。重归家长的怀抱，是要重新获得家长的关注，这时候千万不要把他拒之门外：“完了吧？”“怎么不折腾了？”因为，当孩子依赖家长的时候，“润物细无声”才能收到更好的教育效果。把他推开会加剧他的焦虑和不安，会使反叛升级，对抗加剧。

面对孩子的暂时“行为失控”，无须诧异，不要无奈。无论家长的烦恼有多重，也要尽力学会控制和调整。因为家长欠妥的行为、态度，很可能被无奈的孩子依样复制。

欣赏你的孩子。经常鼓励和表扬他，对他的优点给予肯定，孩子会从家长的肯定中，逐渐相信自己的力量，努力去把想做的事做得更好。

孩子耍赖怎么办？

我们也想培养孩子形成好习惯，比如说话算数，出去不随便要东西，玩一会儿就走，不要睡懒觉……事先都说得好好的，可到时候就变卦。面对这种常常是无法兑现的承诺和经常耍赖的孩子，我该怎么办？

孩子就是爱耍赖，但这不是与生俱来的，是家长的让步使孩子熟悉了“耍赖”的操作要领，甚至提炼出经验。

当家长面对孩子时，坚持不懈的确有些力不从心。特别是当孩子泪眼涟涟、哀怨绵绵、情绪低落时，家长总是情不自禁地悄悄打开情感的闸门，抬抬手让孩子溜过去。可事过之后，又不由得反悔，家长经常处于这种矛盾中难以自拔。一旦孩子陋习养成了，才醒悟到“无原则的让步”是为人父母致命的弱点。

1 岁 4 个月的亚妮，不能定位就餐，溜达着让大人追着喂，令家长头疼不已。每每到了吃饭的时候，她就会为“坐好不乱走”讨价还价，家长决心根治她的“坏毛病”。有一次吃快餐，亚妮爱上了那里的婴儿餐椅，说好回家有高座座就好好吃饭。于是，家长投资买来婴儿专用的餐椅。吃饭了，妈妈把亚妮固定在椅子上，亚妮开始反悔并且奋力抗争：先把妈妈放好的食品推到地上，看到妈妈不理，加快了升级步伐——肚子一鼓一鼓地向下蠕动，希望能逃离束缚，未果。痛苦和委屈唤醒她的耍赖智慧，于是拿出全部的力气声嘶力竭地哭喊起外婆来……明智的外婆“临阵逃脱”，由着妈妈管教。最初的几餐，亚妮拒绝进食，妈妈并不规劝，20分钟之后收回餐具食物。聪明的孩子渐渐让步，从肯坐在椅子上吃一点儿东西到按照要求吃饱一顿饭……

外婆认为：孩子这么小，能将就就将就吧！正长身体呢！树大自然直，管教太狠，会伤孩子的心。妈妈的看法是：两岁之前管是爱，两岁之后管是害，孩子越小越好调教。因为神经系统尚在发育完善中，持之以恒的训练培养能形成动力定型，使好习惯存留下来。两岁以后，孩子的自我意识逐渐形成后再严加管教，容易加剧第一反抗期的逆反心理，反而不利于孩子的健康成长。

这位家长倾向于哪一种观点？如果孩子刚好过了两岁，也不必惆怅，可以从孩子的实际出发，要求低些，但兑现要到位；速度慢些，但一定要持之以恒。长此以往，孩子同样能获得良好的发展。

应该说，年幼的孩子耍赖不碍大局，但有隐患。咿呀学语时赖掉的无非是吃、穿、住、行、玩中的琐事“合同”，家长可以坦然地让一步、再让一步，但当孩子步入社会后，面对规矩、法则的不适应，就有可能导致心理疾患和畸形人格的形成。所以，对于健康人格的塑造，应从不放纵“耍赖”开始。

怎样与孩子建立信任关系？

现在当父母不容易，我的孩子最近经常和我较量，让他做点什么事，他老是疑神疑鬼地问：骗不骗人？或者是：我问奶奶去。其实我都是为孩子好，他为什么这么不信任我？

与孩子建立信任关系的秘籍是率先垂范。家长首先要守信，有信，才能通过自己的榜样行为，使孩子了解到信任的意义和被信任的感受。其次，家长要信任孩子。生活在信任之中，会使孩子在心理上感到安全。只有在安全处境中的人，才能对周围的人建立起信任。

孩子之不信任，源于家长的“悔约”。在日常养育中，应该说家长给孩子提供着好的物质生活条件，提供着上乘的养育服务，但说不清哪天、哪次，记不起是因为什么——一次外出？一块糖果？一次共同游戏？一个秘密的泄露？事情小得家长不觉它的存在，轻得没能留下一丝印记。由于家长忙碌之中没有兑现曾经许下的承诺，带给孩子的就是行为上的无助。信任的失败、情感的伤痛。于是，这种痛苦的经历，使他对最依恋的亲人产生最初的不信任。

为了建立信任，家长必须做到坦诚守信，以身作则。孩子周岁之后自己的想法要求会与日俱增。为了避免关键时刻的情绪对立，家长有时会采取迂回战术:“不去幼儿园。”“去吧，妈妈要上班，晚上早接。”“不睡就接。”“好，不睡就接。”中午孩子迟迟不肯上床，等待着妈妈来接，但最终，还是无奈地含着眼泪躺下，品尝被欺骗的苦涩。也许家长会认为：怎能孩子说什么就是什么？没接就是欺骗？有那么严重吗？的确，“不睡就接”这句话是家长无奈时的搪塞，假如家长无力兑现承诺，最理智的是不乱许愿。因为当家长被无奈包围且无法摆脱时，仅凭权宜之计逃避矛盾的策略，为孩子树立的是反面榜样，他有可能从最初被动地体验痛苦，变为主动地模仿报复，最终变为消极的处世经验。因此，当孩子能通过听、看来了解成人意图时，我们就要把“诚信”这个做人的根本，潜移默化地传递给孩子。无论孩子有多小，他都能通过日常生活体验诚信对于生活的重要意义。

此外，家长在做出与孩子的活动密切相关的决策时，要特别留意不能有丝毫的马虎、敷衍。家长与孩子交流相处时，应该始终保持诚实有信用，使守信成为亲子相处的共同责任，小到睡前不吃甜食，大到外出做客、购物遵守事前约定。孩子不仅是索取信任的消费者，同时也必须是回报信任的付出者，同样要为自己的承诺负责。也许，有时家长觉得这样不近情理、过于苛求，但只有这样，孩子才能在寻常生活中理解家长、理解信任、理解责任。

三 情感陶冶

从自然人到社会人，孩子在融入社会的实践里，经历着生命中每个阶段的蜕变，有困惑、有痛苦、有欢笑、有满足。人间美好情感的陶冶应始于儿时，对孩子的情感启蒙教育，全依仗着家长那一双双善于发现美好情感的眼睛……

孩子“手紧”时大人怎么办？

前不久，我去参加朋友聚会，大家都带着孩子。我的孩子两岁多，在这4个孩子里不算小。我拿出零食给孩子，让他分给哥哥、妹妹，可他死活不肯，结果把别的孩子还招哭了，让我窝火。为了教育他，我强行把零食分成4份……我这样做对不对？

我们可以从儿童自我意识发展的角度去看这个问题。

一方面，2—3岁的孩子“手紧”，应该说是孩子认知水平发展到新阶段的外部表现。因为，“手紧”说明他能把自己的物品和别人的东西分清楚，已经有了保管、护卫自己物品的最初意识，也可以认为这是孩子最初的“责任萌芽”，所以家长不必过虑。一般孩子较小时对自己的食物把持比较紧，一旦基本具备独立活动能力后，对用具、玩物的把持信念会上升为第一位，这是多数孩子的变化趋势。也许家长会说：孩子平常不这样，为什么今天会犯这个毛病？原因可能有多种。

假如孩子外出去做客，孩子又比较小，“手紧”非常正常。因为环境变了，熟悉的人少了，爸爸妈妈的关注点不在自己身上了，手里提的娃娃是唯一可以控制把持的熟悉物品，“给阿姨抱抱”，是很难让孩子接受的指令。

假如孩子的生理需求明显时，拒绝分享非常正常。如当孩子正在进食，有人要分他杯中的羹，他有理由拒绝。何况日常生活里，他曾屡经成人的索要逗弄：“不吃？我吃啦。”言语之后并无意兑现，此刻也全当游戏无须理睬。

假如孩子处在陌生的包围之中，这也正常。给予的前提是什么？对于成人来讲，可能是境界、是觉悟、是需要……但是对于孩子，给予的前提是信任、是安全。在陌生的环境包围中，孩子缺乏本体安全感，不肯赠予也在情理之中。

但为什么家长会对社交场合中孩子的“小气”“手紧”感到尴尬、不安呢？这就是问题的另一个方面，在一定的程度上，反映出我们在日常生活培育过程中的缺憾：独生子女家庭在孩子社会化过程中，共享意识的培养不力。面对这些问题我们有如下建议。

• 切莫强制大方。在与人交往时，无论孩子的手紧得多么令家长难以容忍，也不要企图通过强制走捷径。因为高压之下，孩子要么因无力反抗而屈从，要么尽己所能“背水一战”，但无论怎样，他的内心体验是“被剥夺”，这种伤害体验的积累，有可能会成为日后私欲膨胀的胚胎。在社交场合里，为了预防窘境中的失态，家长要根据经验，提出适宜的“大方”的游戏建议（而不是命令），使孩子从中体验到最初的给予的快乐。

• 坚持自然渗透。在日常生活中坚持向孩子进行“分享渗透”是非常重要的。这个教育应始于孩子会说“宝宝的”“我的”这类词时。从这个时候开始，大到外出会客抱上娃娃或带上自己心仪之物，做好与被访对象共同享用的心理和行为引导，小至在家吃零食水果也要做好与家人共享的氛围设计。家长要时刻不忘把“分享”的意识渗透在养育过程中。“孩子会把果果放在爸爸手上吗？”“孩子的小熊到妞妞家来了，妞妞的玩具朋友快来呀！我们一起玩吧！”通过这种自然的方式，而并非“命令”，孩子一般会欣然接受。这样，孩子就容易在共同生活中理解、接受、容纳、认同除去自己以外，还有一些时刻存在的可以亲近的“他人”。

• 注意积极强化。当孩子情绪积极愉快时，他会为获得成人的赞许而努力控制自己的行为。所以，经常正面的积极强化，有利于孩子通过模仿（成人的给予）、学习（他人的分享行为），形成健康的交往经验与行为。通过强化，孩子身上的变化不只是“大方”“慷慨”的一些表面行为，更重要的是从人之初的社会化过程中，主动地在共同生活中学习如何积极与人交流、相处。

孩子与小伙伴共享游乐设施时发生冲突怎么办？

星期天我带孩子出去玩，孩子不愿与同伴共享游乐设施，老想占着玩具不下来。因为有一次，他曾经排了半天队，也没玩上秋千，尽管过了许久但他还耿耿于怀。请问当我遇到这种矛盾时，应该怎样处理？

这样的事件发生在2—3岁孩子的身上是正常的。心理水平和生活经验的局限，使他们不能接受轮流和分享。但是通过成人有意识的积极引导，孩子通常能达到成人和同伴的期望。最简单也最直观的办法是让孩子获得换位体验的机会。

游乐场里有许多孩子在玩耍，民民要荡秋千，奶奶陪着他排队等候。坐在秋千上的女孩玩得高兴，边荡边发出愉快的喊叫。民民等得不耐烦了，拉着奶奶向秋千靠拢。这时，民民后面又来了一个等待的孩子，女孩的妈妈见状提醒：“源源，小朋友也要玩。”妈妈还同时拽住了秋千。“不！不！”女孩尖叫。民民和另一个等待的孩子拥上来，用小手抓住秋千的荡绳，女孩一边拍打那两只陌生的小手，一边在秋千上前后扭动……

此时女孩认为自己的秋千被侵犯，民民觉得我要玩上，后加入的孩子也有同样充分的理由抓住秋千不放。面对孩子这样的分享冲突，我们的引导方法可视具体情况灵活选择。

假如女孩固执，可以拉近和她的距离：“你真勇敢，不知他们能不能像你那样荡那么高！”通过转移卷进冲突中的孩子的关注点，再见机行事。

假如女孩比较灵活，我们不妨提出建议：“再玩5下，就让给我们，好吗？”

假如都不可能奏效，不妨试试旁敲侧击：“看，妈妈不推了，秋千不摆了，小姐姐就会下来，不信你看……”孩子都是纯净的，不是他们不肯而是他们不懂。就让我们在启发分享或安抚等待之中的孩子的同时，向每一个现场中的孩子传递如何适应家庭之外的环境——学习接纳和调整。在他们的字典里“分享”是一个崭新的词。在分享冲突中，假如家长决定介入，家长解决问题的目的不能只盯住分享的结果，因为当孩子面对融入社会的困惑时，要解决的问题首先是接纳他人。

特别提示：家长不要与“不能分享的表现”对立——“看他多不懂事，不是乖孩子”，也不要逃避——“不玩了，没有人时咱们再来”，同样不能强迫——“下来！这是公共的，不许你独霸！”因为通过我们的引导，所有在场的孩子都是在学习“如何分享”，在理解“为什么分享”，在品味分享可能带来的快乐。既然如此，就让我们用双手为幼小孩子们的彼此分享，打造一条能够获得有效交往经验的绿色通道。

孩子为什么老伤害家中的小动物？

我的孩子 3 岁了，特别喜欢小动物。可是我发现他不是真爱，经常“毁”它们：小鸭子买到家里，活不过 48 小时，一会儿攥在手里，一会儿藏在盒子里，一会儿让它游泳……都说养个小动物能培养爱心，可我觉得孩子越养动物心越狠，总是不停“折磨”，怎么说也改不了，这是为什么？

当小动物受到伤害时，那不是孩子在宣泄仇恨，不是孩子要肆意虐待，更不是孩子作恶取乐，孩子“伤害”的本意，准确地说是爱不得法。

独生子女的孤独来自心理的孤单——没有可以嬉戏交流的兄弟姐妹，没有共同探究未知的伙伴。因此，一旦家中有了小动物，孩子会把它视为知己。

看到邻家的小狗带着项圈，东东觉得自己的猫咪也应该带，于是就把一个大铁环套在猫咪的脖子上，妈妈看到了批评东东：“不许伤害小猫！摘下来！”妈妈帮助小猫取下大铁环。东东不服：“狗狗带上（项圈）不会丢，小猫不带这个就该丢了。”于是，他重新把大铁环套在猫咪的脖子上。猫咪带上不舒服，用小爪子在腮边使劲挠，想把大铁环摘下来，东东生气了按住小猫的身体："你不听话，还羞我？"……

孩子的"伤害行为"很多是从爱出发，因爱所致。所以面对孩子的"伤害"家长可以这样做。

• 在喂养过程中建立亲子合作体。家长如果有耐心和孩子一同承担起喂养的任务，孩子会视你为知己，会把你当成大朋友，和你分享他喂养中的发现、收获和快乐。家长在照顾小动物时的言行举止，能对这个小知音的成长起到推波助澜的作用，同时，家长也会对孩子喂养中的"伤害"行为产生新的认识，进一步理解孩子。

• 关注孩子的认知需求。伤害源于不知，不知源于疑问，疑问源于思考。当孩子在用他的心体验、用他的眼睛观察、用他的头脑思考时，会萌发一连串的假设——小猫不戴铁环会丢，小兔子想喝果汁了……这些假设其实就是孩子新的认知需要。这种假设离开喂养实践是无法获得答案的，只要给孩子对假设做出解释的机会和条件，孩子就会从生活实践中获得真正的经验。

• 引导孩子把爱变为责任。"养个小动物玩"是我们对孩子不由自主的影响。如果从开始能把"养着玩"变成对责任的承诺，会对孩子的行为产生积极的影响。如清理兽舍、准备食粮、换洗器具时，让孩子参加力所能及的劳动，孩子会从"爱"中体验到付出与责任，同样由于这种合作中的付出，孩子也会更亲近动物，更了解动物，由于无知导致的伤害就能有效减少。

试试吧！相信我们的孩子是善良的，他们会成为小动物最痴情的朋友。

孩子不愿意和小朋友玩该怎么教育？

我的儿子不喜欢跟比自己小的小朋友玩，一看到别人过来，就立刻关门，自己的玩具也不让他们玩，但比自己大的孩子他特别欢迎。为什么？我该怎么办？

孩子的这种偏爱一般没有问题。常见一些积极、内向、敏感的孩子喜欢和大孩子玩，因为他们觉得和大孩子一起玩，特别有意思，总能获得新的信息，会使他有所收益。家长的焦虑是否更多是从社会交往、礼仪角度考虑的？假如这样，我们还应该弄清楚，孩子出于什么原因更喜欢接近大孩子。

在游戏中喜欢和大孩子一起玩耍，一般有以下几方面的原因。

• 逃避的需要。和小些的孩子在一起，常常要充当长者的角色，哄着别人玩，遇到纠纷还通常被要求“礼貌待客”“谦和忍让”，或许这样的经历曾让孩子不悦，所以他选择拒绝小孩子。但和大孩子一起时，就没有这样的负担。假如引导得好，其实当孩子面对比他小的朋友时，能在实践里学会给予、关爱，使他更具凝聚力。

• 追从新挑战的需要。和小孩子一起玩经常是“复习”游戏，新异的感受少。小孩子由于经验的局限，会不断提出自己的问题和需要，这样有可能干扰了大孩子的游戏兴致，甚至使他自己的游戏难以为继。假如和大孩子在一起，孩子不仅不必有这样的担心，可能还会从年长儿童身上获得新的经验。因为期盼这种体验，所以他更喜欢和大孩子在一起。假如巧妙调动，能利用小孩子的需要，促进他解决问题和语言表达能力的进一步提高。

• 模仿学习的需要。孩子游戏总要迷恋深度与尽兴。和小孩子一起时，随意多，筹划少，自我中心多，彼此交流沟通少。遇到一些棘手的问题或发现一些有趣的现象时，阅历与水平的差异，使孩子很少能和游戏伙伴在问题讨论上达成共鸣，所以当他要在玩中“多学几手”时，自然不愿加入小孩子的缺乏诱惑力的游戏。假如能充当幕后中介，灵活调动孩子和小孩子的共同游戏，那将是他得以施展才华、锻炼决策意识的最佳实践机会。

• 性格差异大。孩子是不是对经常可能光顾的小孩子的某些性格特点、行为习惯很难接纳？……家长如果了解了原委，可以利用这些问题，和孩子共同讨论是非曲直，为他更好融入未来的社会生活，奠定良好的行为、习惯基础。

应该说，孩子有一百种理由按照自己喜欢的方式去游戏和交往。当家长了解到自己的孩子为什么如此时，也就有了良好的方法。

孩子动不动就哭怎么办？

家有爱哭郎，我这个做父亲的真是烦。其实儿子小时候没觉得这样脆弱，不知为什么1岁半以后就娇得不得了，有点事就红眼圈，大人还没听明白他要什么呢，他就哭了。奶奶说“积食”就这样，真是如此吗？

如果发现孩子最近在情绪上变化较大，家长应该引起关注，如可以通过日常生活中的观察、与孩子的共同活动，进一步确定导致孩子情绪大幅度变化的原因：孩子的饮食睡眠是否正常？最近一个阶段体质是否有所下降？家里是否发生了对孩子有一定影响的事情？同时家长的分析也不妨从自身、社区、环境等多个方面入手，寻找有可能引发孩子出现异常情绪的原因。

假如与孩子自身原因相关密切，如像奶奶分析的那样，“积食”了，通过调养和治疗一般都能获得较好效果。

假如家中近期有了较大的事情发生，如亲人离去、搬家换房、换保姆、准备入托等，会对孩子产生很大的心理影响。少当着孩子谈论这些敏感的话题，一般可以改善孩子的消极情绪。

即便以上的假设都不存在，一般孩子到了这个阶段，都会或多或少地表现出一些类似的反常情绪。因为1岁多的孩子能说明白的话有限，但心中筹划、惦念的事情可能很多，当家长不理解、没有做出积极反应的时候，他会觉得非常委屈、苦恼、焦虑，哭也就在所难免了。假如这种情形还持续出现，建议家长这样做。

• 理解他，尊重他。孩子说不明白的话，家长要努力地去猜，使孩子感到有尊严。当家长尽己所能地把他要表达的事情说清楚时，为他树立的既是完整语言的学习榜样，又是对他人充满关爱之心的行为楷模。通过这样的亲近交流，能有效缓解孩子的反常情绪。

• 接纳他，宽容他。父亲期望儿子坚强，“男儿有泪不轻弹”，哭得像个小姑娘多没出息！孩子是敏感的，特别是1岁半左右孩子的自我意识已经萌芽，家长微妙的态度变化，他都是可以体察到的。乖巧的孩子为获得“爱”调整自己，活跃的孩子因受“冷落”逆风而上，内向的孩子因遭“轻视”郁闷悲伤……接纳他的不成熟，宽容他特殊的表达方式。孩子的每一步成长有着自己特定的轨迹，虽然我们不满，但必定是他生命中必需的一段经历。

泪水有 3 种功能：润滑、消毒、宣泄。心里感到不适时的眼泪，能缓解压力，放松心情，对于幼小的孩子来讲还能得到亲人的关注。只要我们不刻意强化他现在“太脆弱”，孩子就能在真挚的关爱中渐渐快乐起来。

四 独立性培养

襁褓中的孩子对我们的深深眷恋，使我们感到愉悦、满足，但长大后不能独立主动，令我们恼火、不解。追根溯缘，家长会认识到，当孩子涌动出独立的主张时，当孩子自我意识刚刚萌芽时，一定要担负起为孩子人生导航的重任。

两岁多的孩子“主意正”是好事吗？

不知为什么，我这个两岁刚过的孩子突然间有主意了，而且拗得很。那一天全家人出去吃饭，当他拿起勺子在桌子上涂抹菜肴时我制止了他，但当另一道菜转到他近前时，他在我的警告声中，一边用小眼睛看着我，一边用勺子在那道菜中挖掘着。姑姑尝试为他添那道菜，他一边用手推开，一边示威似地继续挖掘……简直要把我气昏。孩子为什么主意这么正？是不是将来会不可救药？

两岁多的孩子对很多东西都非常敏感，尤其是家长对自己的认同态度、管教力度和对他的自主领地的“进犯”程度。

在这个阶段里，孩子从一个无助的婴儿成长为想要自己关照自己的人，因此，在很多方面他要尝试“承包”更多的责任。所以说，孩子“主意正”是好事，当孩子自己有主意时，家长适宜的做法是：给予孩子富有智慧的支持。而管理战术上的围追堵截，有可能会贻误孩子一生的发展。面对踌躇满志的两岁孩子，家长可以这样做。

• 满足孩子敏感期的自主需要。蒙台梭利认为：“跟人的智慧关系最密切的两种肉体运动是舌头和手。舌头用来说话，手用来工作。”他在餐桌上的模仿，是想重复曾经看到过的家长的动作：涂果酱？抹奶油？但由于不合时宜和实在无知，落得个“执拗”“任性”的“帽子”。

其实，餐桌旁孩子动手做事没有既定的目标，他所追求的就是能动手的那份满足，能征服的那份快乐。可见，家长最智慧有效的方法就是欣赏他的活力与兴致——“孩子会给自己添菜了”，在他动手体验的时候给些幽默的建议：“小勺子找盘子，盛上菜菜和丸子。”这样，通常比剑拔弩张的训练和调教更能奏效。

• 满足孩子成长中的合理需要。假设餐厅中想尝试自助服务的是我们自己，气昏了头的家长正怒视着我们，压抑会是我们唯一鲜明、痛楚的体验，因为此时的批评、警告，无异于将我们遮羞的衣服在众目睽睽下剥得精光。当我们失去尊严的时候，对峙甚至是敌意，必然会成为我们义无反顾的选择。理解他的困难，同情他的境遇，为他的“壮举”支上几招，将会“皆大欢喜”。

• 淡化消极对抗，引导积极行为。在亲子对峙中家长后退一步，对于孩子不良行为的纠正具有非同寻常的价值。当家长气得发昏时，很难做到冷静，即便是试图揣摩也都会不自觉地带上主观的感情色彩。这种情形会使矛盾激化，退一步则能缓和气氛。避免亲子对立时的情绪失控，是淡化“主意正”的孩子“积怨”的最好选择。当家长不再把视线集中在孩子的行为上时，或许为孩子也为自己留下了回旋的空间。

两岁多了不能自己玩，总让大人陪，正常吗？

我的孩子两岁多了，但是只要我在家里她就不能独立地玩，无论是看书还是玩玩具，没有大人陪着就不能踏踏实实的。这样的孩子是不是有问题？书上介绍孩子到了这个阶段应该发展起来独立性了，可我的孩子为什么如此缠人？有时没办法了我只能是借故躲开她，为的是培养她基本的独立意识和习惯。对于不能独立的孩子我应该怎样做？是不是暂时躲避更有益于她？

孩子为什么会缠着大人不肯独立？为什么事事有人陪才能专注？可能孩子会有一百个理由。但从你的介绍中我们了解到，在家庭成员中，孩子偏重于追从你，因为“只要我在家里她就不能独立地玩”。因此解决这个问题，恐怕“解铃还须系铃人”！

事实上，每个孩子对于家长都会有较强的依恋，这种依恋是非常正常的。但是假如孩子依恋过度，就会演变成为“依赖”，而过度的依赖就会影响到日后孩子积极的自主意识的建立。反之如果我们能巧妙缓解孩子过度的依恋，让她能够逐渐适应家长不在身边的变化，对于她适应能力的提高会非常有益。可以尝试以下几招。

• 把借故离开公开化，让孩子对独立有准备、有信心。告诉孩子你有一件重要的事情要做，但是不知她同不同意你离开。观察她的表情，假如她很为难的样子，降低要求“一分钟就回来”。虽然她不了解一分钟有多长，但是从你伸出的指头上，孩子直观看到的是“1”而不是很多，就能默许。假如只是发愣，说明能有商量的余地，告诉她这件将要办的事与她的关系。假如她提出一些问题，说明她可以接受更大的挑战。“你是不是会哭很久很久？”“你是不是难过得想睡觉了？”一些荒唐幼稚的假设，会使她对自己产生自信，不再在意你的离去。

• 称赞孩子独立时的所作所为，让她体验到成就、成功。当你回到孩子身边的时候，切莫吝惜赞美、欣赏，可询问她做了些什么。认真倾听，告诉她你的感觉：“你怎么这么棒！”“谁哄你玩了？”“自己？！妈妈（爸爸）像你这么小的时候可没你棒哎！”多谈论她从事的活动，多让她表达，把她扶上“很行”的宝座，第一次独立享用“成功”会给她留下美妙的感受，这感受能使她逐渐摆脱依赖。

• 改变以往的相处方式，尝试着让孩子成为左右游戏的核心。一般孩子之所以会依赖，很大程度上存在着一种“依附”的情结：孩子不相信自己有能力在玩中获得快乐。比如游戏中经常是你发起具有新刺激的内容，唯有你能维系她的游戏，你能比较好地满足她的一些需要等，所以只要你在，孩子就不肯踏踏实实地自己玩。其实这也是很正常的，因为孩子的很多智慧就是通过与成人的相处、在玩中积攒起来的。她期盼着和你共同嬉戏，是为了获得更多的智慧和精神享受，对此家长无须过度焦虑。只是有意识地让孩子成为游戏的核心，孩子就能实现从依赖到独立的自我超越。

孩子胆子特别小·怎么办？

我的孩子3岁了，胆子特别小，怕声音，怕来人，怕人看，怕家长不在身边，怕让回答问题……她怕的东西太多了，将来怎么上幼儿园？现在我们非常发愁，试着做过她的工作，但效果微乎其微。她什么道理都能懂，但一到现场就旧病复发。我们非常焦急，觉得没有办法能帮助她。请告诉我们这是为什么？

一般来讲，幼小的孩子普遍会存在害怕、焦虑这类消极的情绪体验。研究表明，无论我们用什么方式教养，小孩子都会有自己感到“害怕”的对象，只是在持续的时间长短和引发的诱因多寡上有所差异。在现实生活中，这种消极情绪的出现与发展，随着儿童年龄的增长呈现出一定的规律性变化：一般从八九个月孩子害怕和亲近的人分离，接着是怕生、怕动物、怕黑暗、怕孤独、怕“鬼怪”……孩子的“怕”还表现出一定的性别倾向，即女孩产生害怕的诱因和持续的时间通常要比男孩稍多些和长些。其实从另一个角度说，因害怕而逃避是孩子出于自我保护需要所表现出的一种自我防御的正常机能。

到底是什么原因使孩子产生这样的情绪呢？

一是遗传因素起作用。孩子比较内向，天性退缩怯懦，很少讲话，因此受交往经历、认知经验的局限，对一些诸如异常的声音、不太熟悉的人等外界刺激，往往会产生不由自主的“害怕”。二是环境因素对成长中的孩子所产生的干扰作用，比如意外的惊吓、家庭中的纠纷、不愉快的经历、成人间的暴力争斗、突发的事故、伤害等，这些消极经历直接成为引起孩子恐惧的原因。

怎样帮助孩子克服害怕呢？也应该从两方面着手。

• 正确看待孩子的消极情绪，把它视为孩子成长过程中必经的阶段。家长的正确态度非常重要，遇到有可能引发孩子害怕的情景，不必劝慰“不怕”

“勇敢些”，可以运用转移、忽略的方式，淡化孩子已有的消极经验。因为往往这类成人认为具有预防意义的词汇，在特定场景下会具有引发消极行为的暗示性，孩子经家长的如此提醒以后，会出现反常情绪。因此要尽可能淡化、忽略“怕”的情绪，只当即将面临的事情非常的一般。这会对稳定孩子的情绪起到积极的支持作用。

• 与“消极刺激短兵相接”，提高孩子的抗压能力。尽可能了解清楚孩子怕的对象，并让孩子宣泄出来，使孩子心理上的恐惧压力减轻。比如对于怕声音的孩子，家长可以有意识地“制造”一些孩子不习惯的声音，用欣赏的态度去影响孩子，并引导他去谈论。这样孩子就能有效改善先前的不良印象，尝试着从容面对。再如孩子怕黑，可以利用黑做出抗恐惧文章来——玩“瞎子摸人”、关上灯在房间里玩捉迷藏，打着手电、灯笼到黑暗的地方寻觅挑战……通过积极的情绪体验淡化恐惧也是非常有效的方法。

总之，家长调整好心态、从容面对之后，孩子战胜恐惧也就是一件水到渠成的事了。

怎样让孩子能独立睡眠？

我的孩子发育正常，聪明可爱，就是睡觉困难。每天连拍带哄很长时间才能入睡，有什么办法能让孩子独立入睡呢？

想必这位家长听说过“恋母情结”吧！孩子依恋妈妈是最原始的本能，孩子努力寻求并企图保持与母亲的密切的身体联系，是因为与母亲在一起能使他感到最大的舒适、安全与满足。

尝试让孩子学会独自睡觉，可以培养孩子的独立性和自理能力，促进心理成熟，为孩子日后养成良好的生活习惯打下基础。

2—3 岁的孩子是个性萌发初期，自我意识逐渐增强，他们开始有了自己做事情的需要，不喜欢别人干预，并会在很多时候尝试减少对家长的依赖，有时甚至是要对抗家长的管理。此时，正是培养孩子学习独立的好时机。

良好的行为习惯是培养出来的，这里不仅需要孩子的参与，更重要的是家长不懈的努力与坚持。在培养孩子独立睡眠的过程中，家长不妨从以下几个方面综合分析影响孩子睡眠的原因，以便有针对性地改善现状，解决问题。

• 睡前孩子是否玩得开心、兴奋，时间较长？脑皮层处于过度兴奋的状态，会导致睡眠困难。

• 家庭晚餐是否很丰盛？孩子是否过饱？睡前零食或饮水（奶）较多？这些也是影响孩子睡眠的重要方面。

• 家长是否经常熬夜或夜生活很丰富？当孩子憧憬与家长同乐时，自然也会抗拒睡眠。

• 孩子日常起居是否有规律？晨间起床能否在 8 点之前？午睡是否控制在 12 点至 15 点之间？如果以上时间节点都延迟、后移，势必影响晚间睡眠。

如果以上问题都不存在，可以不必惊慌，因为孩子们在睡眠时长上存在个体差异，有的孩子就是睡得少但还精神十足。

接下来我们还是要在帮助孩子建立合理的、与未来幼儿园生活相衔接的作息节奏上下点功夫。只要日间活动充分，晚间安排得当，孩子能够逐步养成良好的起居规律。

• 给孩子创建安静、舒适的睡眠环境。童床软硬适度，被褥、内衣洁净干爽，屏蔽令他兴奋的杂音，调暗灯光，会给孩子带来温暖、安全的感受。

• 睡前抚慰，帮助孩子放松身心，调整到睡眠状态。晚上盥洗完毕，把孩子放到床上，妈妈轻柔地为孩子按摩手掌和足底。伴随妈妈的摇篮曲，温暖细腻的双手与孩子的肌肤接触，能顺利地把孩子带入梦乡。

• 如果孩子意犹未尽，抚触过后，妈妈还可以轻声杜撰一个“无限循环”的睡前小故事，伴随着没有高潮的循环，孩子也能平稳地进入睡眠状态。

• 留意孩子的睡姿，如不蒙头、不含抚慰奶嘴，童床内不堆放衣物，以免影响孩子的睡眠舒适度。

习惯的养成不是一朝一夕的事，坚持很重要。还要提醒一下，孩子生病或遇到较大的生活变故时，家长不要强制他独睡。要分担他的无助、痛楚，把呵护孩子心灵健康放在第一位。

什么是独立性？是会自己穿衣吃饭吗？

常从报刊上读到要培养孩子的独立性。独立性是不是指会自己穿衣吃饭？我的孩子才1岁半，还必须由成人打理日常生活中的几乎所有问题，怎么培养独立性呀？

独立性又称独立自主性，是指在思考、想象和活动中，比较明显地不依赖、追随他人。婴儿渐渐长大，对成人的依赖会逐渐降低，但随之生活中的许多事都会使他产生困惑，困惑中又经历着各种不同的情感。这些就成为“催促”孩子走向独立的直接原因。对于3岁前的孩子来说，会自己穿衣、吃饭，只是常说的独立性的一个方面，独立性的培养一般可以从1岁左右开始，从培养自信心做起。

自信心是构成独立性的基础。当孩子会坐、会爬、会走了，随着他自主运动能力的提高，便会产生新的需要，他会越来越多地提出和发现不同的问题，这时鼓励孩子参与更多的活动，在发现问题、解决问题的体验过程中，孩子就能建立自信心。怎样培养孩子的自信心呢？

从支持孩子做能做的事情开始，关注孩子的举动，支持他、欣赏他，使他乐于在动手做中成长，其中包括学习满足自己的基本生理需要，了解身边的环境和尝试与人沟通交流等，如吃饭、饮水、如厕、睡眠、游戏、尝试模仿成人做事等。

1岁多的牛牛独自在房间里玩耍，许久没有声音。妈妈从书房里走出来一看，儿子正蹲在地上专心地“降服”一个打破的鸡蛋，在他身边放着装鸡蛋的篮子。鸡蛋摊洒在地上，孩子正用手指点触那软软的蛋黄，看样子是想把它拿在手中。蛋黄在液体中悬着，手一碰蛋黄就向前一滑，反复几次孩子感觉不像早餐时盘子里的鸡蛋的样子。终于他张开小手去抓，蛋黄破了，黏黏地沾了一手，甩一甩，甩不掉，他无助地回头张望寻求帮助……

孩子为什么要打鸡蛋？为了学妈妈。至于能不能像妈妈那样做出煎鸡蛋，孩子还不会有逻辑地思考问题。孩子在成长中发生的类似牛牛的这一事件比比皆是，家长在养育过程中遇到的类似挑战也不胜枚举。当孩子遇到这样令人心动的诱人机会时，选择只有一个：向前！勇往直前！！当家长面对这样的情景时，却有很多可供选择的解决预案：欣赏？批评？训斥？安慰？转移蛋筐？清扫战场？应该说利用好这样的机会，就能有效地使孩子在模仿做事中建立起自信。

为孩子创造增进独立性的锻炼机会。日常生活能为孩子提供无数可以动手的条件。1 岁多的孩子通常是由成人打理他的吃穿住行，换个角度，孩子就能成为创造“成功”的人。例如在三餐中添加可以让孩子动手捏着吃的食物，孩子成功的概率就会大大提高。穿衣能让孩子选择吗？假如能，孩子会在选择衣服的过程中表达出自己的想法、喜恶。孩子能决定玩什么游戏吗？假如不总是我们哄着他玩，游戏里他会运用自己的经验，使自己在玩中体验快乐，增添本领。

总之，孩子的自信心、独立性不是家长给的，不是自然形成的，而是他在行使“主权”的基础上所积累的财富。

PART 3

习惯，

惠及孩子一生的财富

“三岁决定一生”，养成决定习惯。

我们不能给孩子留下金山银山，但是我们能缔造孩子一生幸福的基础，把财富留给孩子，不如把孩子变成财富。让孩子养成好的习惯，就可以使孩子一生拥有取之不尽的财富。

一篇篇地读下去，这里能看到关于各种习惯培养的案例、秘籍……

一 生活习惯

生活习惯包括吃喝拉撒睡各个方面。良好的生活习惯有利于孩子身心的健康发展。

怎样培养孩子良好的生活习惯？

我的孩子1岁多了，比较难带。可能是早产的缘故，他不像人家孩子那样，到时候就饿，天亮就醒，好像总有倒不明白的时差。姑姑批评“习惯培养不好”，我觉得有道理，可又不知应该怎样做。怎样培养孩子良好的生活习惯？

良好的生活习惯是孩子一生健康幸福的财富，它包含孩子的吃、穿、住、行等各方面。目前孩子起居没有规律，可能和孩子自身健康状况有关，同时也受家长的影响。但是在儿童习惯培养中有一点不容置疑：好的习惯来源于家庭生活环境的熏陶和家长行为潜移默化的影响。当孩子会运用“我”表达需要之后，家长就可以通过营造有序的家庭生活环境，为孩子一生幸福添砖加瓦。

• 作息有序。培养孩子良好的生活习惯最重要的物质基础就是作息有规律，年龄越小作息的规律越重要。心理学研究证明：习惯是一种行为模式，是建立在反复操作基础上的条件反射。成人因为工作、特殊事件乃至健康状况的需要，可以灵活调整作息而无碍大局，但孩子的神经系统正处于逐步发育完善阶段，作息没有规律，孩子就无法在活动中建立起稳定的神经联系，该睡的时候不困，该起床时不醒，早餐无法固定，午餐没有准点儿……在这种无序之中孩子难以建立起良好的习惯。

有的父母觉得孩子太小没有必要事事守时，为什么一定要家长受累、孩子受罪？其实孩子越小，培养好的习惯越容易。原因有 3 点。第一，孩子的神经系统正在发育，所以这个时期建立起的神经联系更容易固定，特别是通过日复一日的反复强化，不易消退。第二，幼年时不好的习惯尚未建立起稳固的联系，接受有规律的生活并不像我们成人改造顽疾那样“受罪”，是孩子可以自然顺应的。“小鸭子，我们要睡觉了，也把你送窝里睡觉吧！”通过这种方式让孩子学会玩具要放归原处，孩子会觉得非常自然，不是需要咬紧牙关才能做到的。第三，无序的生活、过度的活动使孩子的行为和情绪都处在异常之中，在不稳定的生活中良好的习惯难以为继。

• 坚持一贯。这是家长面对的第一道战书。可能家长自己不拘小节，可能妈妈崇尚生活随意，或许爸爸习惯挑灯夜战……但从有了孩子这一刻起，家长就需要进行调整。孩子身上好的习惯是通过实践的不断强化而形成的，因此家长在培养中坚持一贯，是良好习惯得以巩固的稳定剂。朝令夕改、变化无常，不仅会使孩子在活动中无所适从，还会导致心理上的焦虑和恐慌，既不利于孩子的健康成长，又影响家庭生活。

为了孩子的健康成长，让我们从即刻起重视孩子良好的习惯养成吧！

培养习惯时，孩子与家长的要求对峙，怎么办？

孩子两岁两个月了，我们在培养习惯上没少费脑筋，如定时吃饭。他的关注点不在吃饭而是在玩饭上，总改不了用手抓食物的毛病，大人喂根本不好好吃，桌上地上总是一塌糊涂，对立不断。我对他的教育很难收到令行禁止的成效。当孩子和大人的管教对峙怎么办？

孩子长到2—3岁时，由于对周围环境有了更多的认识，在日常积累了更多的（相对1岁而言）经验，因此他想要获得更多的权力，他要做、要知、要尝试更多的事情，为此这个年龄的孩子也就更好奇、更固执、更不易调教，因此“对峙”这个新词汇，在我们的养育手记中出现的频率会不断提高。当孩子与我们的要求对峙时，日常防微杜渐、灵活应对是上策，可以尝试以下3步棋。

• 保持理智。当对峙出现的时候，一般都是矛盾临近白热化，亲子双方都有极其充分的理由，坚持已见。冲突的频繁发生，会使孩子积累消极的经验，既不利于孩子的成长，也不利于成功的调教。这时，请斟酌一下，我们在餐间对孩子问题的裁决是否恰当？……妞妞坐在餐椅上，手中紧握着一把小勺，眼圈红红的，地上是半碗打翻的粥。妈妈的五官聚集在一起，母女四目对视暴风雨在即……在这一幕中，妞妞的错不可逾越：1岁半的孩子很难通过手腕、手掌的有效配合让小勺把食物送进嘴巴，所以当妞妞用整条手臂驾驭勺子时，将粥碗划落非常正常。妈妈的错能够避免：还给孩子自己吃饭的权利，同时碗里的食物要尽可能少些、再少些，以适应孩子尚不完善的发育现状。如此自省之后，家长就可以做到理智不失态，暴风雨就可以转化为润物无声的细雨春风。

• 坚持原则不改变。如果过失方是孩子，家长应坚持原则不改变。外婆说乐乐最近添了一个“毛病”，只要出门，看见什么就要什么，若大人不听从，就使出撒手锏——往地上一躺大放悲声。今天爸爸妈妈带乐乐去商场，出发前约定：要买什么，先和大人商量，大人不同意，不能闹脾气。乐乐点头认同。但是没有多久，乐乐的“毛病”发作了，躺在冷饮部冰柜前面，哭成泪人。面对热心人的询问，父母好不尴尬。爸爸动了恻隐之心，但妈妈坚定地拉住了爸爸的手问：“你想要冰激凌吗？”“是的。”“大人不同意？！”“我知道，不同意不能闹脾气。”“对。这是我们事先定好的……”父母一番讨论，从分散孩子的注意开始，以熄灭他最后的一丝侥幸而告终。相信有了这样一次次的经历，聪明的乐乐最终能学会等待和控制，因物欲引发的对峙会越来越少。

• 避免激化。有时孩子和家长分庭抗礼，让家长骑虎难下。仔仔吃手几乎成为“顽疾”，被吮得变形的拇指经常被浸泡在口水中，全家人为此寝食难安。正餐时，他对餐桌上的饭菜不屑一顾，又把拇指塞入口中。随着父亲面带怒色、一声“拿出来”的断喝，仔仔的手指被抽了出来，仔仔愣了，回视父亲片刻，手指又默默地钻入嘴巴里。“吃！吃！！”小手被爸爸重重地“责备”了一下，仔仔哇的一声哭了起来。爸爸坚信威慑到位万错皆改“不要吃手的脏孩子！”他抱起仔仔放到单元门外面，“砰”地关上房门。从门镜里向外望去，号啕的仔仔嘴角上依然固执地“粘”着手指（这里我们尚不谈吃手的心理因素）。其实激化的结果是仔仔大获全胜，因为父母没有权利、最终也不可能丢弃他。试想：能不能通过生活节奏的调整不让小手“待岗”……如果通过暂时隔离他以示惩罚……假如爸爸当初把他抱到另外的房间……结局可能就不会那么令人被动、尴尬。

我们深信，面对年幼孩子的对峙时，成人把握上述几点，效果会更好。

孩子“赖床”，大人应该怎么办？

我的孩子经常不能按要求按时起床是让我最头疼的事情。其实我觉得他睡得并不晚，可孩子为什么“赖床”？

孩子赖床可能会有非常充分的理由，比如和爸爸妈妈的一起“赖”床的经历给孩子留下了美妙的印象，无距离的密切接触嬉戏令孩子留恋，渴望重复某次“赖”床时的有趣游戏，睡眠不足或质量不高不能按时起床，对起床后该做的事信心不足、反感抗拒，或许说不清为什么就是不起来……

孩子若偶尔如此，不必惊慌，成人都有懈怠的时候，何况孩子？但假如孩子经常对准时起床表现出力不从心，家长则应当引起警觉。

第一，搞清是起不来，还是不起来。如果起不来，问题是严重的，说明孩子确实睡眠不足。这不再是“赖”床问题，它将影响到孩子一生的健康发育。家长一定要细心找找原因，从源头开始“清淤”。例如孩子的作息深受家长的影响。家长劳作一天，大多需要晚间进行调剂、补充。也许是挑灯夜战忙于案头工作，可能是邂逅记挂许久的国际赛事，或是和心系悬念的影视佳剧，这些都是孩子生物钟的“天敌”。声音、光线等都能成为孩子保持深睡眠的“克星”。另外，也可能源于孩子自身的健康原因，致使睡眠浅短而不实，这些需要求助于儿科医生做出专业解答。

第二，根据病因，对症下药。“起不来”就要抓准问题攻克，“不起来”就要找准孩子的心理需要及时调整。特别是孩子小，有时很难表述清楚复杂多样的心理感受，这就需要家长在日常生活里细致观察，通过孩子的“情绪寒暑表”，帮助孩子归纳、表述一天中感到最喜欢的事（赖床时的乐趣）、最困难的事（与爸爸妈妈分离）和十分害怕的事（走进规矩很多的幼儿园），并且找到对付困难、恐惧的办法，然后依据社会生活的标准和需要，指导孩子逐级过渡，从根上医治“不起来”的心病，让孩子拥有更多的快乐。

孩子吃饭该不该定时？

我的孩子是奶奶带的。奶奶很辛苦，一天不知要给孩子做多少次饭。我告诉老人家孩子吃饭必须有个准点，不能由着孩子任性。可奶奶说，不用你们管，小孩子就得将就着带、勤快着喂，每个孩子都是这么长大的。我不知自己小时候的事情。小孩子的三餐应不应该定时？

小孩子每日的餐点是应该有固定时间的。不过，3 岁前孩子的餐点次数要比成人或大些的孩子多。一般 1 岁多的孩子每日大约是“三餐三点”，随着年龄的增加，到两岁可调整为“三餐两点”，这也就是这位家长常见奶奶“老”做饭的缘故。

孩子的几餐如何定时呢？在这里可以借鉴托儿所的养育经验，把时间尽可能地安排合理。一般小孩子每顿正餐之间要相隔 3—3.5 小时。但是由于孩子小，两餐之间可添加一些小点心、水果或奶制品。通常家长把握住这个基本规律，就可以根据孩子的不同特点及每个家庭的不同习惯，为孩子制定一个相对固定的开饭时间表。

例如：早餐 7：30—8：00；

加餐（水果）9：30—10：00；

中餐 11：30—12：00；

午点 14：00—14：30；

晚餐 16：30—17：00；

晚点 19：00—19：30。

上面介绍的是集体教养机构中孩子的餐点安排，由于家庭生活的随意性、灵活性与宽松性，可以参照以上的安排再做灵活的调整。

孩子闹觉是怎么回事？

我的孩子两岁半，特别不爱睡觉，每到晚上该上床的时候就要闹个不停，讲条件、耍赖、哭闹。有时两只眼睛都快睁不开了，还坚持着不睡。这是为什么？怎样纠正？

经常能遇到不爱睡觉的孩子。每个孩子都有不同的逃避原因。有的孩子是偶然为之，家长不必过度紧张。有些孩子则真的形成了习惯，家长就要认真地面对。上述孩子的表现民间俗称“闹觉”，这可能和很多因素有关。在纠正孩子的习惯之前，认真分析一下可能有关系的因素是非常重要的。

小李的孩子也是个“闹觉”的孩子，原因非常简单，刺激过度。小李夫妇俩的孩子由姥姥照看，每天白天孩子呼呼地睡觉。等到晚上下班七点多爸爸妈妈下班后，又是讲故事又是玩玩具，每天睡下的时候总要到十一点左右。老人心疼女儿第二天还要上班，同时觉得孩子生活没规律，劝外孙早点睡，外孙就会耍赖、哭闹着反抗“不要姥姥”。

天天的爸妈都是技术人员，晚上总有做不完的工作带回家里。晚餐后收拾停当，玩一会儿后，天天的妈妈就筹划着把孩子打发到床上，自己好继续工作。天天可不愿意这样，他围着妈妈爸爸转呀转，希望能和他们多在一起玩一会儿。其实天天还算是个懂事的孩子，爸爸妈妈工作时他基本不捣乱，只是要拿着玩具在一旁陪着……孩子去了一天的幼儿园，见到爸妈总像是亲不够，繁忙的爸爸妈妈没有时间满足孩子的基本需要，于是每到上床的时候，就常引发“罢寝”冲突。天天哭得悲悲戚戚，妈妈急得满脸愁云。

雅尼由全职妈妈带大，孩子把妈妈拖得一副疲惫不堪的样子。妈妈真的弄不清楚自己的孩子怎么这样难带。雅尼是个“夜游神”，每天除去和爸爸妈妈参加一些晚间应酬外，还对看电视、看影碟有着浓厚的兴趣，每天基本都要接近午夜才睡。早晨要挨到九十点钟再起，午觉一睡就要到4点多钟才起。妈妈也想培养孩子起居有度，但想想爸爸的话不无道理：又不上班，别和孩子这么较劲……

所以，纠正孩子“闹觉”，首先要从改进、调整教养方式开始，武力解决只能治标不治本。

•避免睡前过度兴奋，使孩子在稳定的情绪中安然入睡。

•满足孩子的情感需要，尽可能地安排好工作，不要使孩子因情感饥渴而造成睡眠困难。

•合理安排好白天的生活、活动，孩子不要过累，午睡维持在两小时左右即可。

•孩子如果出现睡前困难的征兆，家长应尽可能地陪伴，也能有效地减缓孩子睡前的焦虑。

•创造静谧的睡眠环境，家长的晚间工作可以向后推迟一刻再开始，使孩子睡时安心，别无他念。

睡前听音乐越听越精神怎样调整？

我的孩子3岁了，晚上玩不够，睡觉特别困难。听到老师建议睡前听音乐有好处，我就照样做了，没想到孩子越听越精神，还跟着哼唱，这可怎么办？

这种情况是有的。最初听音乐时，孩子可能会觉得新鲜，反而精神了，但这只是暂时的，一般一两天就会过去。但是孩子之间的个体差异还是存在的，有时，一些方法不一定能适用于所有孩子。每一位家长其实就是出色的教育家，只要我们了解了孩子，揣摩出他为什么如此变化，我们就能有十分的把握和孩子共同成长。根据这位家长介绍的情况，我们可以从以下几个方面去分析。

• 催眠曲是否合适？睡前为孩子选择催眠曲，要尽可能地挑选舒缓的器乐曲，最好不要播放孩子平日常听的儿童歌曲。如果孩子听后能跟着哼唱，很可能会出现“越听越精神”的结局。因为音乐又把他带进甜蜜的回忆之中，自然会精神振作了。除此之外，播放催眠曲时，要注意音量不可过大，房间内的光线要尽可能暗一些，一些有可能干扰孩子睡前情绪的意外要妥善处理好，如电话、手机等做好事先设置，以免影响孩子正常入睡。

• 时机是否成熟？通过音乐助眠，要把握好时机。睡前应该和孩子有一段安静适宜的活动，如阅读、和孩子一起准备卧具、收拾床铺、盥洗、做一些睡前准备的常规性的工作。在这类活动里，一般孩子多能保持稳定的情绪状态，使孩子知道接下来的活动是上床睡觉。有了这样的心理准备，睡前音乐就能发挥出催眠的作用，帮助孩子通过音乐的安抚尽快入睡。

• 孩子是否有大幅度的情绪起落？当孩子不愿入睡时，家长往往会许诺次日的奖励。有时奖励会令孩子遐想万千，不断地提出询问，或努力发起和家长的讨论。家长的目的是许诺之后换来孩子尽快入睡的结果，可孩子的热点在于假设明天富有诱惑的“项目”，两者目的相悖，再好的睡前准备也会因分歧的存在显得无力。最后家长不耐烦了，音乐催眠就会变成“武装镇压”，亲子双方都会受到挫伤。

• 孩子的餐点是否够量？孩子晚餐吃得不够量也会引起睡眠困难，因此把握好孩子的晚餐非常重要。有时孩子晚饭吃得比较早或由于特殊原因没吃好，可在睡前吃一点点加餐，水果、牛奶、小点心均可以。孩子小，没有能力向家长表述清楚自己的需求。家长多观察、多尝试，就能找到适宜的解决方法。

其实，即使孩子入睡有些障碍也是正常的事，家长要小心应对不性急，相信通过一段持之以恒的努力，孩子会建立起良好的睡眠习惯。

二 卫生习惯

孩子基本卫生习惯的养成并非是一蹴而就的。面对孩子的不情愿，只要开动脑筋就能把矛盾、冲突化解在襁褓之中，并且让盥洗变成有趣的游戏，让如厕变成孩子建立自信的契机。

孩子特别“护头”怎么办？

我的孩子 1 岁 3 个月，特别护头，不让洗头、不让理发。每次打理他“头顶大事”的时候，家里都要乱成一团，抱的、哄的、吓唬的，红脸白脸都得上，就这样洗完头发还要委屈半天。孩子小，打舍不得，光靠哄也解决不了根本问题。怎么办？

很多小孩子都程度不同地存在着怕洗头、不愿意理发的情况。孩子为什么不愿意成人过问他的“头顶大事”？其实孩子有他自己的道理。

孩子不是生来就怕水，可是什么时候对水产生了厌恶，往往家长也说不清楚。不过有一点可以肯定，那就是洗头或者理发曾经让他尝到了苦头，曾经使他感觉特别不舒服。洗头洗脸时孩子最怕的就是水流到脸上、眼睛中，这些不愉快的经历使他们对“头顶大事”充满恐惧、不安。现在要从根本上解决问题，还要从“消虑”“帮困”“安适”3 个方面入手开始做起。

• 消虑。孩子怕洗头？就利用玩水的机会，从消除顾虑建立信心开始。利用每天早晚盥洗的机会，尽可能地让他自己动手，给他一条小方巾，打湿后自己往脸上擦抹，使孩子不觉得脸被弄湿了有多么可怕。另外还可以在温暖的季节，利用玩水的游戏使孩子对洗洗涮涮产生兴趣：给玩具洗澡，帮爸爸妈妈洗手洗脸。专心让他为你“服务”，你一副享受不尽的神态，再配合上夸张的“哇！好舒服”“再来一些！”……爸爸妈妈脸上愉快满足的表情，就足以把孩子“拉下水”。这时不勉强他最有效，不要邀请他体验，他会自动上钩的。记住：急功近利必将前功尽弃。

• 帮困。孩子恐惧的是洗发液进眼睛。在为孩子选择洗发液的时候，一般家长都能选择温和配方的品牌，不过品牌再好孩子也还是有个体差异的。有的孩子非常敏感，眼睛淋到一点点水，都会产生害怕的情绪体验，加之成人要速战速决，快速、大幅度的动作会令孩子加倍不安，就这些，就使孩子有足够的理由抗拒、哭闹、委屈……要解除孩子这些心理上的戒备，还应细心策划。比如夏季游泳、玩水枪、淋小雨……在玩中提高孩子的耐受性、适应性，这样就能较好地降低孩子在特定情景下对“水”恐惧的焦虑。

• 安适。洗头时让孩子有安适的体验是最有说服力的教育。比如事先将洗发液稀释，用小的容器装好，倒在孩子干的头发上给孩子干洗，冲洗时再让孩子躺在妈妈的腿上，不让水滑落到脸上、眼睛里。如果孩子比较大，可以采取仰卧的姿势冲洗。假如有帮手，就请他把孩子抱在怀中，另一只手托住孩子的颈背部，使孩子心里踏实。假如孩子挣扎不安，要尽可能地宽容，斥责只能使不安升级。

如果孩子实在难以适应，就把头发剪短吧，这样洗起来更方便些。其实在孩子的适应过程中，家长也需要根据孩子的具体情况不断调整自己的行为，因为这不都是孩子的错。假如操之过急，孩子的不良情绪体验会蔓延迁移，这样就有可能影响到孩子的正常生活。

孩子七八个月了，怎么还是逮着什么舔什么？

我的孩子已经快8个月了，不管是趴着还是坐着，只要是能拿到手里的，格吃勿论。我非常恼火，可又毫无办法。怎样能让他懂得什么能吃能舔，什么不能吃不能舔呀？

家长的心情可以理解，但是用嘴认识事物，是七八个月的孩子正常的表现。由于活动范围的局限，孩子接触的就是近前的玩具、用品。为了积累起对这些事物的经验，孩子通常需要依靠视觉与味觉。小舌头就像一个雷达，引领着孩子把好奇的触角伸向每一个可及的地方。为了避免孩子在“尝”“试”之中病从口入，我们还是从为孩子准备一个安全、洁净的活动环境入手吧。

• 保持爬行面安全、无污染。孩子无论是在床上、地上还是垫子上玩耍爬行时，都要及时清扫。成人与孩子同在一起时，尽量不踩踏孩子的爬行场地，减少污染。如果练爬是在地毯上，应在上面铺上干净的单子或小毯子。同时，为孩子提供的抓取玩具不要有细小的零部件，以免遗落后被孩子误服。

• 看护孩子的人要不离开孩子。遇到孩子将不宜品尝的物品（如地垫边上成人的拖鞋）放入口中时，可及时取下，同时用清楚的语言提醒孩子，使孩子将动作行为和语音指令联系起来，同时也强化孩子的有关认知。成人坚持这样做，时间久了，当孩子再把这类东西送入口中之前，会逐渐有意识地关注成人是否发出警告的语音信号，并据此选择后续的行为。

• 不要斥责、控制孩子的活动。有时为了安全、卫生，家长习惯把孩子抱在怀里，其实这样对学爬的孩子有害无益。孩子的生长发育和成熟是在活动中实现的，剥夺他自由活动的机会，就是抑制他的成长。孩子自主活动得越充分，他心智发展的水平才会越高。孩子是活跃的，同时也是脆弱的，成人的斥责有可能会使孩子的行为畏缩。为了一时的看护省心，控制孩子的活动只能得不偿失。

总改不掉吃手的毛病怎么办？

我的孩子是个女孩，现在两岁 9 个月了。身体智力等一般的方面发育得还都挺好，只有一点让我不安：总是吃手。只要是没有什么事，就要把手指塞在嘴里吃。最近我又发现有事也吃手！问她一个问题要先嘬手指然后才回答，把她手拿下来，她就不能回答问题了！难道智慧和语言都在手指里存储着吗？

一般3岁前的孩子，大多都要在某个时期出现自我安慰的行为，比如咬指甲、吸吮手指、缠绕或揪头发等。这些都是孩子无意识的行为，但是我们见到后经常会感到不安、烦恼或焦虑。孩子的这种自我安慰行为通常能使孩子感到平静、放松，获得愉快和满足的感受。

孩子吸吮手指可以说是一种偏爱。有的孩子出生后两个月就能吸吮得非常熟练、老道，也有的孩子是在能够独立活动之后，大约1岁多两岁的时候。虽然持续的时间长短不同，但应该将其视为孩子发育成长中的一种正常、自然的现象。孩子为什么吃手？乳儿期吃手是因为先天的吸吮反射。孩子在吃手指的过程中，动作的准确性不断提高，促进了神经系统的发育。婴儿期吃手，有的是因为孩子出现饥饿感，有的是因为睡前困倦，有的是因为紧张无助，还有的是因为无事可做……因此，孩子在某些时段内吃手是有原因、有道理的，所以也是极其自然的事情，家长不必过度焦虑。

假如孩子不分场合，整天都将手指放进嘴巴里，家长就应该认真了解，回忆孩子一天的生活是否充实，亲子之间的交往是否充分，孩子的需要是否能够得到家长的积极回应。假如答案是否定的，家长就应该把精力放在安排好孩子一天的生活上，改善和减少孩子无所事事的现状，让孩子的两只小手忙碌起来，手指“睡”在嘴巴里的时间就会大大减少。

不要把这件事看得过分严重，不分场合地批评、警告，或是采取体罚方式“快刀斩乱麻”，只能是“越来越乱”。因为习惯的纠正不可能短、平、快。家长过多的提醒反而能起到消极的强化作用。当孩子感到紧张、无助的时候，为了使自己获得安慰，孩子最后采取的方式只能还是“吃手”。虽然智慧、语言没有储存在手指上，但只有把它放进嘴里，孩子才会稍许获得来自习惯的安慰。

最有效的帮助应该是“视而不见”“闭口不谈”，通过周密的“手忙脚乱”的作息安排，干扰孩子已经形成的习惯，让小手指没有时间进嘴里！

控制大小便的训练应该始于何时？

每当我带孩子出去就觉得非常尴尬，总要带好多纸尿片。其实孩子也不小了（两岁半），可就是不会告诉大人要大便还是要小便。平常孩子在家由阿姨带，尿了没关系有人给换，可总要有出门的时候，一出门难堪就来了。不放尿片湿裤子，放了尿片又没尿，搞得走路的姿势都怪怪的。请问孩子控制大小便的训练应该始于什么时候？

有的学者认为，孩子的如厕训练与孩子的个人生理成熟条件、家庭教养环境和社会期待密切相关。当孩子具备了控制膀胱的能力，家庭又提供相应的条件，同时排便训练得到家庭成员积极的认同时，如厕训练才能获得较为成功的效果。

有的则认为排泄训练是一种建立在条件反射基础上的行为养成，只要成人不失时机地给予重视和强化，排泄习惯可以在早期养成。在育儿实践中，有的家长从几个月开始训练孩子排泄，有的家长从1岁左右开始训练，有的家长则从三四岁才开始。在这个过程里，家庭和儿童都存在着很大的个体差异。

应该说，对孩子大小便的控制训练从此时开始不晚。两岁半的孩子能听懂很多话，只要看护的过程中重视对孩子的排泄习惯的培养，孩子很快就能建立起比较积极的自主意识。

• 成人减少对尿片的依赖，能提高孩子的自信。往往为孩子垫尿片，是出于成人要减少自己的劳动量的动机。两岁半的孩子每天垫着尿片，不仅起居行动会非常不方便，而且也会对自己没有信心。他摆脱不了对尿片的依赖，他的自由就是非常有限的。试着摘掉它，告诉孩子你长大了，会像爸爸妈妈一样自己“上厕所”。孩子下身清爽了，会尝试去坐“便盆”。

• 选择适宜的便器，方便孩子的使用。便盆的大小是否合适，直接影响排便训练的效果。悠悠是个瘦小的女孩，总是不敢坐在便盆上小便，有了便意就要大人“把”。这是为什么？妈妈发现由于悠悠瘦小，坐在普通便盆上，小屁股就要“掉”进便盆里。妈妈换了一个直径小的便盆以后，悠悠就能自己“解决”大事了。

• 积极鼓励，孩子会有飞跃性的发展。由于孩子长期与尿片为伍，对于膀胱充盈没有主动的反应，很可能在最初训练时困难重重。此时，不要轻易对孩子的过失进行指责。其实，细心观察就能发现，排便前孩子会表现出异样的神情：愣神、打冷战、目光呆滞、活动暂停等。如果孩子告诉你尿了，要对他的表达给予肯定，鼓励他“有尿还来告诉妈妈，妈妈这里有便盆”。

• 不要强迫孩子坐便盆，一旦孩子有了“便溺作品”要欢呼、欣赏。让孩子对自己充满信心非常重要。假如他什么也没便出来，家长也不要有所暗示，最初孩子的心理会很敏感，假如因为挫折造成了压力，接下来的训练困难会变得更大。

孩子摘下“尿不湿”总尿裤子，怎么办？

孩子一直使用“尿不湿”，最近刚刚不用，发现孩子总是尿裤子，这可怎么办啊？

随着社会的发展，纸尿裤已经是孩子必备的生活用品，但长时间使用纸尿裤的孩子很容易出现习惯性尿床（尿裤子）的问题。

通常孩子尿裤子以后，会因为潮湿而感到难受，以后再当膀胱里尿液充盈时就会有紧张感，膀胱的储尿功能正是在这样的刺激下逐渐提升，当尿液滞留临近界限时，就会做出相应的条件反射，发出排便信号。而使用“尿不湿”的孩子即使尿了也没有不舒服的感觉，自然也就无从形成相应的控制意识，必然会出现“习惯性遗尿”。

因此，在孩子上幼儿园前，准确地说应该是学步阶段，家长就要培养孩子穿整裆裤、用便盆的习惯，尽可能早地脱离对“尿不湿”的依赖。推荐几个小方法，不妨试一试。

• 成人摆脱对纸尿裤的依赖，为孩子穿上整裆裤，同时做好遭遇“水漫金山”的心理准备。如多备换洗的裤子，并把它们放在孩子可以触碰、取用的地方，告诉孩子这些衣裤的用途，使环境也能强化孩子对排便信号的反应。

• 选择一个恰当的时机向孩子介绍方法。郑重其事地告诉孩子长大了，可以像大人一样不用纸尿裤，有便便可以去卫生间。用这样的方法调动孩子学习使用便盆的积极性。家长可以带他去商店，让孩子自己挑选一个形象可爱的便盆，让孩子对用便盆产生认同感。在居家生活中，便盆要摆放在相对固定的位置如卫生间或起居室中视野开阔的地方，以便帮助孩子养成按需如厕的习惯。

• 帮助孩子化解“负疚感”，从心理上摆脱对纸尿裤的留恋。不能否认最初的纸尿裤是成人的选择，因为它可以使日常照料更轻松。脱掉纸尿裤后出现的“闪失”会令孩子倍感沮丧，这种压力反而会加重问题。此刻家长的信心、耐心和坚持是最关键的。告诉他“尿裤没关系，我们一起努力把尿尿关进盆盆里”。只要精心关注，家长一定能在孩子“放水”之前给他关键的援助，并可从在家午睡和晚睡时用纸尿裤逐渐过渡到彻底弃用。

• 把孩子坐便盆小便的成长变化拍摄下来，经常和孩子一起回放议论，也是很好的引导方式。可以孩子把这些视频、照片与身边的人分享，利用这种方式促进孩子积极的自我意识的萌发，强化、巩固孩子的良好行为。

• 培养孩子的控制意识。家长除了要根据孩子喝奶、喝水的情况及时提示孩子如厕、坐盆外，还应该在孩子成功控制小便的时候热情赞许，让他体验到“我长大了”，愿意做更多的尝试。

怎样能让孩子学会自己蹲便？

我的孩子从出生第一次大便起，就是家人抱着拉的，到现在已经形成习惯了，没有大人把着孩子就不大便。可是有大便孩子不拉出来肯定对健康不利。有什么办法让孩子学会蹲盆大便呢？

据统计，大约有80%的孩子能够在2—2.5岁学会自己上厕所，他们尿裤子、尿床的次数每周不会超过一次。其余 20% 的孩子则学得慢一点，有的是在三四岁时学会使用便盆的，有的在 4 岁以后才学会。根据孩子的年龄，提供几个小建议供家长们参考。

• 为孩子选购一个形象可爱的便盆。在开始的一周里，要让他觉得这是一件新奇的玩具，可让他穿着衣服去坐坐。要让他觉得便盆像小椅子一样，并对它产生好感。如果孩子不愿坐着玩了，不强迫孩子。注意便盆最好选择塑料的，以避免冬天时孩子感到太凉而不愿意蹲盆。

• 家长要学会观察和发现孩子要排泄的迹象，比如他忽然安静发愣或者小脸憋得通红等。这时，把他领到便盆前，建议他坐上去试一试。如果孩子不肯，也不要勉强。每天这样试一试，如果连续两周孩子一点儿也没拉到便盆内，就应当将这事放一段，过几周以后再试。直到孩子开始流露出主动的意思，每天再试两三次，看他拉不拉。只要有一次成功，以后就好办了。

• 孩子成功后，家长要及时给予适当的奖励，如一个亲吻或一个小玩具，这将对他起到鼓舞的作用。如果孩子做得相当好了，也要继续表扬和奖励孩子。

• 练习蹲盆大便可能是一个较长的过程，家长一定要有足够的耐心，不要因为训练过程长或“坐盆不拉、离盆就便”等问题斥责孩子，特别是对那些性格内向、敏感的孩子，这样做只能使训练时间更长久，习惯养成更困难。

乳牙不刷有关系吗？

我的孩子 3 岁了，我为他添置了牙刷、牙膏，想培养他的刷牙习惯。开始他觉得有趣，一天要刷好几遍，后来不新鲜了，就需要督促了。孩子爸爸说乳牙反正要换，刷不刷的问题不大，我也拿不准。请告诉我，乳牙不刷有关系吗？

乳牙应该刷。孩子到了 3 岁，一般 20 颗乳牙会全部长齐。乳牙如果保护不好，如龋齿造成过早脱落，会使邻近的乳牙挤占闲暇的空间。等到恒牙萌出时，就会导致恒牙过挤或变形。所以说乳牙应该刷，如果没有养成每天定时清洁口腔的习惯，食物残渣和细菌就会在牙齿表面形成牙斑，牙斑遇到口腔中的酸，就会侵蚀牙的釉质，慢慢形成龋洞危害乳牙。坚持刷牙能防止蛀牙，为将来恒牙的健康生长创造好的条件，而由此养成的口腔卫生习惯，能使孩子受用终身。

要注意让孩子有兴趣。其实孩子第一颗牙萌出后，就可以开始进行口腔护理。可以用儿童牙刷，或湿纱布沾上一点点儿童牙膏，在孩子的牙齿内外侧轻轻刷洗或擦拭（孩子小可以不漱口，吐出、擦净牙膏沫就行了）。每餐都清洁，久而久之就形成了习惯。孩子刚刚学习刷牙时，会有新鲜感，不觉新鲜的时候会有倦怠，这些都正常。越是苛求孩子，就越难和孩子在目标上达成一致。在习惯养成的过程里，往往是“时间”这个关键因素，成为横亘在家长和孩子之间的沟壑。家长愿意期望孩子在规定的时间段内完成既定的事情，可孩子偏要拖沓，冲突中常常不欢而散，大人不满意，孩子不愿意。如果不用成人的速度标准和质量去要求孩子，多些耐心等待，孩子就能对做熟悉的事保持兴趣。

好习惯形成于欣赏之中。好孩子是夸出来的，同样好习惯的养成也离不开家长的欣赏肯定。为了孩子能把刷牙习惯坚持下去，家长可以在家中比较醒目的位置，利用挂历添置一个记录表。请孩子自己或在妈妈的提示下，选择用水笔画、贴小花等不同的方法进行记录：一是引导孩子关注自己的健康，提示孩子坚持做下去；二是通过这种形式表扬、强化孩子的积极行为，促进孩子形成好的习惯。

在孩子的成长之中，家长对孩子的欣赏能成为孩子前进的助推器。

怎么教孩子洗手？

孩子一天天长大，也一天天不好带了。现在两岁了，洗手特别费劲，“禽流感”期间整天为洗手追在他后边。结果要么就是不洗，要么就是玩香皂、玩水洗个没完。孩子活动范围大了，接触的环境复杂了，传染疾病的可能也增加了很多。怎么培养孩子洗手的习惯？

孩子洗手不像成人有着非常理智的目标，是从玩开始，以玩结束，从玩中获得胜利和快乐。孩子越小这个特点越突出。和小孩子相处就得从他的特点出发，在他乐于接受的时候，教育引导才会有效。

意童也是个爱玩水的孩子，只要奶奶一眼看不住，就能把厨房的水龙头拧开，玩得衣服裤子全湿透。洗手是奶奶不敢轻易提起的事，因为一开龙头，再想关上就比较难了。意童的妈妈出了个主意，非常有效：把矿泉水瓶装好水，洗手的时候让意童和奶奶都用瓶子里的水，一人冲一人洗，轮流坐庄。玩水从地下转入地上，从违法变为合法，一个矿泉水瓶把要被浪费掉的时间和水都有效控制住了，使奶奶费神的问题巧妙解决。

孩子生活在家庭之中，家庭成员的举止会对孩子产生潜移默化的影响。有时我们意识不到，但有心的孩子听到后会恰如其分地“为我所用”。如有个妈妈是医务工作者，爸爸经商。他们有个两岁多的孩子，聪明伶俐。妈妈对孩子的卫生习惯培养非常重视，要求孩子吃东西之前先洗手。翌日，孩子抓起薯条就吃，妈妈不许，孩子脱口而出“不干不净吃了没病”，还得意地补充“爸爸说的”。要孩子养成的习惯，一定要有适于孩子习惯形成的环境和土壤。家庭生活需要幽默，但是当孩子小，弄不清是非曲直的时候，要让幽默变成孩子能够正确理解的方式非常重要。

家长可在卫生间里增加一些新的刺激。巧手妈妈可以在卫生间里多做文章，让孩子在发现中接受习惯引导。比如各人用不同的香皂，经常更换不同香型的洗手液，准备一些纸巾等，每次让孩子在洗手时有选择的余地，有意识地使洗手这个本是被动的习惯训练，变得孩子主动地介入。孩子在观察使用的过程中，会通过接受不同的刺激增长经验，提高兴趣，同时更会乐此不疲。

三 饮食习惯

要让孩子长得健壮，不仅要照料细致，更要饮食科学。培养健康的生活方式，既是孩子发展的需要，更是家长的使命。

孩子吃奶时为什么老咬乳头？

第一次当妈妈非常紧张，既怕照顾不好孩子，又怕哺乳的痛苦。孩子快两个月了，最近吃奶的时候常常咬乳头。老人说有的孩子长牙就咬，这么早就长牙吗？

做妈妈是非常辛苦的事，特别是哺乳初期的妈妈，喂孩子吃奶真是一个严峻的考验。这些，爸爸们是不会理解的，因为每个妈妈都是这样，没有什么稀奇的。其实很多妈妈都是为了孩子长大"咬牙坚持过来"的。

孩子吃奶时咬乳头会有不同的原因，比如奶水不足、孩子口腔不适、喂奶姿势不正确、饱腹后的"游戏"等。

- 奶水不足。孩子吃不饱，有时会咬住乳头，这时不要呵斥他。如果坚持不住，可以平和地把乳头抽出，告诉孩子"妈妈很疼"。虽然他听不懂，但是却能感觉到"吃不到东西了"。如果这类动作经常发生，襁褓中的孩子也能逐渐减少咬的动作。奶水不足怎么办呢？秘诀是"吃好、睡好、心情好"。做妈妈非常辛苦，容易疲劳。奶水不足往往和休息不好、过度紧张、心情不舒畅有关系。如果感觉劳累了，就尽可能抓住孩子小睡的时机休息一下。家务事可以"暂缓执行"！
- 孩子口腔不适。有时孩子口腔不舒服，就要"求助"于妈妈，通过齿龈与乳头的挤压减轻不舒适感。假如有这类可能，妈妈可以把手洗干净，将消过毒的薄纱布套在食指上，轻轻擦拭，减缓孩子的不舒适。擦的时候要注意动作轻柔，同时还可以利用语言和孩子沟通："不舒服了？妈妈帮你擦一擦，长出小白牙……"养育孩子能使妈妈体验到成就、成功，利用一切可能的机会，让孩子熟悉妈妈的声音，了解正做着的事，会使以后的养育变得更顺利！

• 喂奶姿势不正确。初次哺乳没有经验，有时把握不好姿势，这也是造成孩子咬乳头的原因。哺乳时，要尽可能让孩子的面颊贴近妈妈的胸前，使孩子方便把整个乳头都含在嘴里。妈妈如果因为疼痛若即若离的话，孩子会本能地衔紧，疼痛反而会加剧。

嗓子眼儿小的孩子喂什么合适？

我的孩子已经6个月了，按照保健医生的指导要添加辅食了，可他的嗓子眼儿特别小，米粉、菜泥这类糊糊根本就拒绝吃，总用小舌头向外顶。总之，吃奶以外的什么东西都挺费劲，一次喂不了多少，总咽不下。看着孩子这样依赖牛奶，我又不忍心让他饿肚子，可奶吃够了更没有胃口吃辅食了，真矛盾！我孩子的情况是不是很特殊？我该怎样喂养他？

是的，如果五六个月的孩子只喝牛奶或母乳，就不能为日新月异的成长提供充足的营养，家长必须按照医生的指导为孩子添加断奶食品。最初对孩子胃口的"占领"，家长一般不会旗开得胜，孩子也要使出浑身解数，护卫住自己熟悉的"本命食"。

聪明的妈妈会从长计议，尽心筹划预备期的"多味食品适应"，即在2—4个月的时候，就逐渐让孩子接触、接受奶以外的食品的味道。第一步，从喂口感好些的果汁开始，如苹果汁、瓜汁、草莓汁……只要不过酸过凉，孩子一般都乐于接受。第二步，加进略有涩味的蔬菜汁，但涩的味道不宜过重，要清淡些尽可能保留原味，否则孩子不容易接受。有了这些准备之后，再吃医生建议的断奶食品（泥糊状食品）就能容易一些。也许孩子对奶之外的其他食品不太熟悉，所以困难就相对大一点，不过别着急，一步步来！

• 期望不可过高，从咽一口开始。添加泥糊状食品的初期，保健医生称之为“囫吞期”。顾名思义就是这时的孩子主要靠“咽”下食物。吞咽困难会发生在每一个过渡时期的孩子身上，绝非是你的孩子嗓子眼儿特别小。看似简单的吞咽对于以吸吮为主要进食方式的婴儿来讲，并不容易。因此妈妈就不要紧张了。“囫吞”是为闭嘴咀嚼奠定基础，所以不能忽视孩子进食方式发生重大改变的这个最初阶段的锻炼。这个时候对孩子期望不要过高，就从每次能咽下半口、一口开始，争取在7天内让孩子的“囫囵吞食”从一勺增加到3勺。每天吃一点点坚持一个月，孩子就能慢慢闭着嘴吞咽下食物了。

• 种类不宜过多，培养孩子的味觉适应力。有关婴儿养育的专业书籍很多，为妈妈哺育孩子提供了极大方便。但是每个孩子都是不同的，要想提高养育质量，妈妈还需根据自己的孩子进行创造性的工作。囫吞期孩子的最大挑战是食物性状、味道的改变。因此不要急于按食谱的提示，一下子增添多样泥糊食物。最初就以谷类或蔬菜开始，等到孩子适应这种口味了，再加进第二类。米粉、菜汁、果泥一起上，孩子往往会出现明显的抗拒。

• 加工细致些，可以帮助孩子顺利吞咽。孩子直接吞咽的食物必须是顺滑，没有颗粒，味道淡。一般米粥怎样煮也会有小的颗粒状物质。实在做不好也不妨就用薯类替代，因为它可以更容易捣成糊状。另外，能吞咽食物的十几天以后，可以添加蛋黄泥增加营养。值得注意的是，喂食中要尽量给孩子选择那种较小的平勺，不要盛得过满，塞满嘴会使孩子感到不舒服。

当孩子不愿意吃时，不要硬塞在他的嘴里，否则也会形成厌恶反射。就像孩子吃药一样，第一次嘴巴会张大，吃到苦头后就会保护自己了。

孩子特别爱吃肉，应不应该限制？

我的孩子快3岁了，特别喜欢吃肉，不管怎么说也没用。家里人说外国人身体素质好，就是因为以肉为主，靠肉顶着，咱孩子不用管。我不知道这样到底好不好？如果不好又该怎么办？

家人的话有一部分道理，那就是肉类食物是高质量蛋白质的主要来源，而蛋白质又是生长发育的重要营养元素，但是“以肉为主”对于小孩子则不足取。如果儿童过于偏好肉类而不吃或少吃其他类食物，会造成身体营养的不均衡，进而影响身体发育成长。另外儿童的各脏器和消化能力发育尚不完善，过量食用肉类食物有害无益。

• 容易变胖。据调查，体重过重的儿童比例已呈越来越高的趋势，其中喜欢吃肉的比例占有相当重要的一部分。通过观察我们能发现，肉类制品在烹饪过程中，口味相对偏重，做法变化较多，如红烧、糖醋、粉蒸、煎烤等，使得孩子喜欢吃、吃不够。但肉类特别是猪肉属于高脂肪，如果长期脂肪摄入过量容易让人变胖。从有益孩子健康的角度，除要倡导有所节制外，还应该注意为孩子提供的肉应该是瘦肉。因为瘦肉含丰富的铁，而铁吸收不足则会延缓孩子的成长和发育。

• 会摄取较多的饱和脂肪酸。猪肉及牛肉等红色肉类有较多的饱和脂肪酸。饱和脂肪酸摄取过多，会提高血液中有害的低密度脂蛋白含量，容易为各类心血管等慢性病留下隐患。小孩的身体代谢虽然比较快，但各种慢性病都是日积月累而来的，远离危害还是要从小开始。所以，家庭生活中通过合理的饮食结构，培养孩子健康的饮食习惯是非常重要的。

• 合理饮食结构中的“一二三四五”——饮食金字塔。它包括一份脂肪和糖，两份肉蛋或其他植物蛋白如豌豆、青豆，三份牛奶或奶制品，四份果蔬，五份谷类和淀粉类食物。只爱吃肉不吃蔬菜和缺乏多样谷类摄入的孩子，会因为植物纤维摄取量不足而便秘，也会因铁、锌等的缺乏，影响免疫系统的健全发育。

要想矫正孩子只爱吃肉的偏食习惯，可以试试下列方法。

• 做红烧类的纯肉要切成稍薄的块，烧制时更易软烂和充分释放油脂，还可以把肉与适量豆制品、蔬菜混合，利用“一锅香”提高孩子对蔬菜等的接受度。

• 重视配餐装盘技巧，把孩子需要进食的各种菜肴依次在他的餐盘中摆放好，利用颜色、形状、造型吸引孩子：四块红焖肉、两朵西兰花、两块胡萝卜……每类食物都不要多，适量即可。一盘诗情画意的菜肴，首先俘虏的就是孩子那颗充满好奇的心！

•了解儿童的一般营养供给标准，即每个儿童每天一个蛋，200 克奶，50—80 克肉或鱼，200 克根（茎）、叶蔬菜，200 克水果，100 克左右的主食和配餐杂粮。有计划地根据这些调整孩子居家生活的饮食方式，看看能否有所收效。

•尽量选购低脂肉类。在购买肉类时，应该多选择鸡及鱼、贝类，特别严格控制孩子喜食的肉类食量，如五花肉、酱肘子、香肠等。在烹调时，则建议采用水煮、烤、卤、蒸等用油少的方式，减少热量，降低脂肪摄入，预防肥胖。如果发现孩子体重超标，不妨采取分餐限量的方式，特别对肉类最好坚持限量食用。

问题不怕有，就怕常妥协。只要能从利于孩子长远健康发展的角度选择，坚持下去肯定有效。

孩子吃饭总是边吃边玩，该怎样管教？

孩子现在喜欢自己吃饭，但是自己吃的时候总是边吃边玩，吃过饭后脸上、衣服上、地上一片狼藉，吃饭的时候还不停说话，我们总怕他噎着。怎样才能培养孩子良好的进餐习惯？

孩子吃饭的不良习惯是很多家长都头疼的事情。如对于孩子吃饭后的一片狼藉，很多家长的想法是还不如大人来喂他，这样的想法是不对的。大部分孩子在刚开始自己吃饭的时候都会遇到这样的情况，只要用对的方法来培养孩子，他也可以拥有良好的进餐习惯。

健康的饮食习惯，其实在孩子刚开始自己吃饭的时候就在逐渐养成，但是很多家长都忽略了一些小的细节。家长在培养孩子进餐习惯的时候可以从以下几点进行考虑。

•家长以身作则，为孩子创造安静、舒适的进餐环境。很多家庭在吃饭的时候就很随意，今天在厨房吃，明天在客厅吃，吃饭的时候家长又喜欢边吃饭边看些新闻和球赛等，这就给孩子边吃边玩创造了机会。孩子对电视节目的兴趣远远大于吃饭，既然爸爸妈妈都边看边吃了，那又怎么能要求孩子好好吃饭呢？所以在全家人一起进餐的时候，吃饭的地方尽量固定，不开电视机，这样孩子也会和大家一起安静吃饭，避免因受外界的干扰而“一片狼藉”了。

• 自我服务，让好习惯在餐桌上养成。进餐的时候，给孩子放好适合他身高的座椅和一套他自己的餐具，餐桌上放上餐巾纸和小抹布，给他提供解决“餐间闪失”的便利条件，积累自己平定狼藉的经验。餐具可以选择孩子喜欢的图案，促进他的食欲，另外可以在各种菜的盘子里放一把勺子，孩子想要吃哪个菜的时候鼓励他自己取，一定要让孩子自己练习，不要代替。

• 少吃零食，适当运动，保证规律的进餐。有的时候孩子边吃边玩，是因为孩子不是很饿，他的胃没有排空，到了吃饭的时候当然就要玩，不好好吃了，所谓的“饿透、玩够”就是这个道理。这个时候家长就要注意平时不要总是给孩子过量的零食。还有的家长看孩子吃饭不好，在两餐之间给孩子喝一些奶，建议每次不要超过 100 毫升，而且注意两餐间隔应不少于 3 个小时，这样孩子到正餐的时候边吃边玩的现象就能够有效减少。再有，居家生活也要保证孩子有充足的运动，适当的运动能够促进孩子食欲。

• 锻炼孩子手部小肌肉，发展孩子精细动作。孩子自主吃饭的能力与其小肌肉动作和手眼的协调性发展是分不开的，孩子学习独立进餐的初期，会由于手眼协调能力发展不完善而将饭菜撒落。出现这种情况的时候，有的家长会批评孩子，有的家长干脆包办。孩子发现自己不动手就可以躲避这些挫折，于是促使孩子吃饭不主动。针对这类问题，家长可以在锻炼孩子手眼协调上动脑筋。如让孩子练习用小勺把彩色珠子、泡沫、花生、小球等，从一个容器里舀到另一个容器里（视孩子的发展来更换材料），也可以创设一些情境，如喂娃娃吃饭、喂小动物吃豆等，或让孩子玩些简单撕纸、揉纸的游戏，促进孩子手部小肌肉力量和精细动作的发展，从而提高孩子的进餐技能。

怎么搭配饭菜能使孩子有食欲？

孩子食欲不好，每餐饭菜我都要精心准备，但不知为什么，孩子总是胃口难开，吃什么都不香。我想了解怎样搭配饭菜才能使孩子有食欲。

色香味俱佳的食物，能从多方面调动人的胃口，提高烹饪水准也确实能使孩子吃得健康，长得茁壮。但是对于食欲一向欠佳的孩子，要想提高食欲，还可以从不同的角度去思考。

• 调整孩子的活动量，使他有饥饿感。孩子食欲不好，除去健康的原因外，通常与活动量小有直接关系。所以在提高孩子的食欲过程中，搭配饭菜是一个方面，但最主要的，还应该是增加运动量，让孩子充分消耗热能。有了饥饿感，才能使胃口大开，比如逐渐培养孩子清晨早起不睡懒觉的习惯。有比较充足的身体活动时间，一般上下午各一小时。让孩子有机会在户外跑跑跳跳、爬爬钻钻，既消耗体力，又能促进代谢，同时还使孩子的运动技能提高，认知经验不断丰富。一个忙碌了半天的孩子，看到饭菜会是激动、急切的。

• 减少零食，使吃饭成为孩子的自主追求。孩子食欲差，通常零食过量是一大害。特别当家长知道自己的孩子吃饭不好的时候，在孩子的零食管理上一般都采取宽松的姿态，甚至巴不得孩子能多吃几口，好补充补充。可孩子零食吃得勤了，接连不断，胃就没有时间排空。一般按人的生理活动规律，食物进入胃中要经过3—4小时消化后才能基本排空，同时产生饥饿感。小孩子的胃经常处于似空非空状态，怎么能有饥饿感呢？所以，要想让孩子对吃饭有自主的追求，就从减少零食入手！

• 色香味俱全能调动孩子的胃口。3岁前的孩子由于消化系统功能发育不完善，一般要为孩子单做小锅饭，同时非常注意软、烂、碎、细。吃肉不见肉，吃鱼不见鱼，小面片、小烂粥只有味道，没有形状，缺乏色彩。其实在现有的基础上稍加改动，就能使孩子的饭好看、好吃又有味道。家庭也可以尝试幼儿园的做法：一份饭一份菜，分着吃；把色彩鲜艳的蔬菜丁、肉丁调成菜汁淋在饭上，做成盖浇饭等，让孩子感觉到不同食物的不同味道、不同口感。

总之，当孩子能大把抓勺子了，就可以自己练习吃饭，宽容他的“浪费”与“不洁”，重要的是孩子自己吃，能体验到随心所欲的快乐，这样胃口通常可以得到一定的改善。

孩子口重有害吗？

我的孩子口非常重，最爱吃榨菜、咸菜。我不让他吃，奶奶说孩子爱吃有味道的东西，吃点没事。可问题是我觉得他的口味过重了，蒸蛋羹要吃得出来咸味才行，不然还要倒一点生抽，不放就不吃。吃炸酱面要拌得红红的那种，劝都劝不住。他爸爸是东北人，我是杭州人，我想是随爸爸了。其实孩子已经3岁了，说什么话都可以听懂，可告诉他吃咸了会咳嗽，他根本不信。面对他这种偏好怎么纠正？口重有害吗？

口重有害是毋庸置疑的。卫生部门的调查显示：北京人每日吃盐、酱油为40克，全国人日均为26.5克。在北京咸食习惯者为65%，吃盐、吃酱油多，这是导致北京高血压发病率居全国之首的主要原因。按照世界卫生组织的健康建议，每人每日盐的摄入量应限制在10克以下。改变孩子口重的习惯，必须从家庭做起。

为什么孩子不相信饮食过咸对身体没有好处？关键在于成人的经验是吃得咸会咳嗽。但孩子的体验却不一定是这样，可能只是想喝水，不咳嗽，所以他不信。要让每一个成长中的孩子相信的事，一定是他能够体会、验证的。不然他这样做了，妈妈描述的结果没有出现，他会非常得意自己的成就，而且要再去实践，以示胜利。

幼儿饭菜不宜过咸，不宜吃咸菜。孩子的肾功能发育尚不完善，摄入盐过多，容易因口渴增加饮水，不仅会增加肾脏的代谢负担，晚餐后还会影响到孩子的睡眠。特别是高血脂病低龄化的出现，更需要家长提高防范意识。为了孩子的健康，要慎用咸食。如果一时间不能从餐桌上将咸菜根除，就尽可能用偏甜的酱菜替代吧！同时要严格限量，切得细碎些，星星点点地撒在小盘子里，或每餐只是象征性地配发细细的一根，让孩子学着“计划”吃，也是不错的事。

孩子喜欢色重的食品时，可以“鱼目混珠”。假如孩子喜欢吃颜色浓重的炸酱面，巧手妈妈可以在制作炸酱的时候，按照1∶1的比例添加番茄酱和甜面酱，使酱的颜色加重、口味变淡；喜欢酱香型的菜肴，可以不放盐，用酱油提味，另外还可以选择一些颜色深些的蔬菜，如紫甘蓝、红苋菜、番薯等，先从视觉上满足孩子的偏好，而后再“暗度陈仓”。

家庭成员之间达成“抑制咸食”的共识，是非常重要的。一家人可能也会有口味差异，这是正常的。但是成人吃得过咸，当孩子受到潜移默化的影响时，就会接受“咸则有味”的信条。在家庭中，一旦养成口重的习惯，以后孩子进入幼儿园会产生新的不适应。因此，克服两高（高脂肪、高盐）一低（纤维素低）的不良饮食习惯，从孩子3岁之前做起最有效。

同时还要有意识地改善家庭饮食特点，逐渐减少盐的摄入，使清淡的烹饪作品更多地摆到餐桌上。其实小孩子的口味可塑性很强，不带着“不然他不吃”这样的定式去面对问题，可能解决起来会更容易些。

孩子偏食，可才1岁多，是不是还应该顺着孩子？

我的孩子有明显的偏食行为：不爱吃米饭，不吃青菜，不吃虾皮。孩子正是长身体的时候，为了让他能吃饱，没有办法只能顺着他，因为我不知道该如何与他的“嘴巴”抗争。

为了不偏食去“调理”孩子往往不能获得理想的效果。断奶后有为数不少的孩子，会因为不习惯新的饮食搭配而“举旗造反”。要么哭闹磨人，要么嘴巴紧闭，因为在这个阶段里孩子遭遇的挑战实在是大。一是只有切齿，咀嚼不便；二是协调不够，吞咽经常不畅。由于这些关键“职能”部门工作不得力，孩子运用自己特殊的方式进行抗食理所当然。

• 尽可能保证孩子成长时期营养素不缺失。不是每个孩子都能像卫星一样准确进入预定轨道，断奶之后的孩子对食物变化的适应情况很不相同，有的要有相当一段时间才能适应变化。所以我们不能期望着孩子顺理成章得像大人一样吃、喝，他虽是长大了，但是由于多方面的原因，有时他会回归到弱小时的状态——依恋奶制品，只接受熟悉的泥糊状食物。这个时期对孩子、对大人同样都是挑战。家长尽可能供应足够的营养，以保证孩子的成长。适当地顺着孩子是应该的，但同时还要坚持使孩子能够渐渐适应、顺利过渡。

• 改变孩子反感的食物的性状。孩子拒绝的食物是有原因的，比如不太细碎、口感粗糙等。在这个调整过程里，父母的智慧在于让孩子觊觎“餐桌上的一切”，比如切成小块的发糕、煮烂的蔬菜丁能让孩子小手捏着吃，而不是总搅拌成粥，虾皮不要按常规煮在菜里，用油煎熟后打磨成末，撒在米粥里或蘸面包、馒头吃。同样的食物常做常变，也能对孩子的“偏食现象”起到调节的作用。

• 提高烹调技术。食物要做成容易吃的大小，比如丸子尽量是一口吃，这样既便于加工不超时，又保持鲜嫩营养不流失。饭菜的颜色讲究些，对孩子的吸引力就能大，有时间的话，不妨在装盘的时候切一点生食蔬菜（西红柿角、水萝卜薄片或苹果、柑橘等）做装饰，既能体验不同的口感，又能使种类增加一份，益处多多。

发现孩子有偏食倾向的时候，家长经常会身不由己地急躁，餐桌变成战场也是时有发生的。在不良习惯纠正中，建议家长能宽容孩子食量不稳定，宽容孩子剩掉一点，宽容孩子还有的偏爱，让进餐成为享受关爱、享受美食、享受温馨的一刻。餐桌上的气氛活跃积极了，孩子不喜欢和不愿意接受的食品就会越来越少。

孩子喝水多有害吗？怎样掌握合适的量？

我的孩子现在1岁10个月了，一直以来就比同龄孩子喝水多，一会儿没事就要喝水，现在每天喝白开水900毫升，若不控制则更多。喝水这么多会不会对孩子有坏处呢？小孩应该如何正确喝水呢？

水是维持人体生命不可缺少的，是人体重要的组成部分，年龄越小，体液占人体体重的比例越大。所以，请家长不必担心，小孩喝水多不会对身体有坏处。因为水在人体中有着运输、补充营养和参与机体各种代谢的作用。

而孩子新陈代谢旺盛较成人快，更应多喝水。但是，孩子喝水应该掌握多少量才科学合理呢？

正常儿童水需要量

年龄（岁）	平均体重（千克）	24小时水总入量（毫升）	24小时每千克体重水量（毫升）
1	9.5	1150—1300	120—135
2	11.8	1350—1500	115—125
4	15.2	1600—1800	100—110

了解并换算出自己孩子每天大约的饮水量后，还要在养育过程中注意以下几点。

• 喝水的量在不同条件下会有变化。由于影响人体对水需要量的因素较多，如年龄、室温、活动量、季节，以及不同种食物中水含量的差异等，所以要根据自己孩子的年龄安排日饮水次数和水量。另外儿童个体的代谢也是有差异的，家长可以通过对孩子尿液颜色、排出量和次数的观察，合理安排。当季节炎热的时候孩子出汗多，家长要注意适当增加饮水次数，并非是增加每次饮水量。

• 睡前少喝，起床后多喝。睡前不要给孩子喝很多水。年龄较小的孩子在夜间深睡后，还不能自己完全控制排尿，若在睡前喝水多了，影响睡眠。清晨起床，让孩子空腹喝半杯水能起到疏通循环、补充体液的作用。

• 餐前餐中适时、适量喝。餐前约1小时，应该喝一定量的水，这样有利于足够的消化液的分泌，帮助餐后的消化吸收。餐中增加一道汤，有助于溶解食物中的营养成分，利于小肠中食物的消化吸收。如果餐前、餐中不补充水分，孩子饭后由于消化液大量分泌可引起体液失衡，势必引起口渴，此时再饮水就会冲淡胃液，影响消化。

• 喝白开水最益健康。最好是不带甜味的白开水，因为喝带甜味的水（饮料）时间长了，对孩子生长发育不利。尤其是不要给孩子喝各种人工合成的饮料，因为这些有人工添加剂的饮料多对孩子胃有刺激，轻则引起不适，妨碍消化，重则引起痉挛。

孩子为什么不爱学用水杯而总依赖奶瓶？

我的小孩已经1岁两个月了，一直不爱用水杯喝水，哪怕是他最爱喝的果汁也只用奶瓶喝。如何能让小孩爱上用水杯喝水呢？

由于孩子从小接触最多的进食辅助工具就是奶瓶，而且一用就是半年以上，自然孩子会对它产生依赖，这是不可避免的。

孩子拒绝的原因，其实有生理、心理、习惯以及养育方式等多方面的原因。

• 生理上，吸吮奶瓶容易，但用杯子喝水需要嘴唇、两腮、舌与咽喉的同步合作。由于1岁两个月的孩子没有这方面的经历，初用杯子喝水时往往是两唇上下翕动，水从嘴角溢出，能咽下去的很少。另外，他的视动平衡尚在发育之中，还掌握不好杯子的倾斜角度，仰角小喝不到，仰角大洒光光。

• 心理上，主要是孩子对欲求的本能需要。想要的近在咫尺，就是喝不进嘴里。为了获得及时的满足，拒绝使用是最给力的战术。更何况还有曾经“过大仰角”的失败，让自己湿得一塌糊涂！1岁多的孩子本能地要躲避这些不愉快，是很正常的。

• 习惯上，1岁两个月以来，奶瓶陪伴着他成长，他可能已经把奶瓶视为自己生命的一部分了。吮着柔软的奶嘴就像亲吻着妈妈，用奶瓶可以躺着喝、走着喝、睡着喝，可以边喝边把玩心仪之物，那种贴心、随性、惬意，让孩子由衷地自在。用水杯会颠覆他以往的习惯，所以他拒绝。

• 养育上，家长不清楚孩子面临挑战的心理，以及挑战与他已有经验间的落差，只是按照教科书去“促进发展”，要么强行推进，要么走走停停，由于方法不当，所以一定会遭遇孩子的抵制。

值得重视的是，专家建议孩子在1岁以后可以逐渐断掉奶瓶。第一，通过奶嘴孔的液体流量非常慢，会使得喝东西的过程耗费太长时间；第二，如果孩子在奶嘴上花的时间太长，可能会使他更晚开始说话；第三，用奶瓶喝水可能导致液体聚积在牙周，孩子口中的细菌会把饮料中的糖转化为溶解牙釉质的酸性物质，导致蛀牙。

培养周岁以上的孩子学用水杯，可从以下几方面入手。

• 设个奶瓶—水杯中转站。让孩子接触和熟悉与奶嘴质感不同的器物，对他做好告别奶瓶的准备有帮助。家长可以使用不同材质的勺子给孩子喂水，帮助孩子积累口腔内多器官联合进食的经验，有意识地用勺子碰触孩子的牙齿，引发他愉快地咬合回应，伴随着家长的语言引导，孩子通常愿意维持用勺子喝水的过程。

• 使用学饮杯温和过渡。双耳学饮杯适合小孩子平稳把持，密封的盖子能避免水洒。只有水具能较好地包容小孩子手眼不协调的发育现状时，他才肯尝试告别柔软贴心的奶嘴，迈开学用"杯子"的第一步。在用学饮杯时，家长可以经常取下杯盖，倒入少量的水，让孩子巩固唇舌、两腮、咽喉在饮水过程中的"有效联动"。此后，多数孩子能接纳成人使用水杯的建议。

• 在游戏中提高孩子学习生活本领的兴趣。家长轮流使用小酒杯、功夫茶杯等作为水具和孩子一起喝水；可以鼓励孩子用小杯子喂妈妈喝水，亲子一起用勺子往各自的碗中盛汤；让孩子用矿泉水瓶倒给爸爸妈妈小杯水……在这种积极有趣的交往互动中，孩子能轻松愉快地掌握多种生活技能，从而实现养育中的隐形目标：建立"视""动"平衡，学会用杯子喝水。

• 在生活中巩固提高。在居家生活中，大人还不能忘记自身的榜样作用。每天在几个固定的时段里阖家"聚饮"，成人的行为能有效地影响孩子，你一杯、我一杯，孩子就在这样无声的带动下，通过追随效仿，逐渐养成用水杯喝水的习惯。

• 制造冲突，诱导就范。育儿专家指出，孩子该喝水的时候可以采取干扰战术，在奶瓶中倒进白开水，而在水杯中放孩子喜爱喝的饮料，在这种情况下，即便是最固执的小孩也会选择水杯，而不是奶瓶。一旦小家伙接受了新的喝水方式，就可以瓦解他对奶瓶的固守。

• 宽容等待，细心呵护自信心。当孩子第一次能够独立地喝水时，一定要抓住这个机会，夸孩子一番。比如："孩子会自己端杯子喝水了，真能干！"每当孩子有一点点进步，家长都要竖起拇指说："孩子，你真棒！"这样能增强孩子的自信心。

四 活动习惯

快乐的游戏给孩子带来愉悦的身心享受。对于孩子，我们又有诸多不知、不懂、不解。真正的活动享受是孩子体验成功，真正的快乐则源于孩子在各种活动中新的发现、收获……

1岁多的孩子为什么玩玩具老“起急”？

我的孩子1岁3个月，特别喜欢玩具，但是一玩就“起急”，不是使劲摔就是发狠地砸。积木不会好好搭，套桶、八音盒不会好好玩，怎么说都改不了。这是为什么？

孩子都非常喜欢玩具。“起急”是我们对孩子外部行为的一种判断性解释。孩子是不是真的不会好好玩？是不同性格的孩子在“驾驭”玩具的方式上各有差异的结果？还是孩子在改变了的玩法后，有了自己需要的新发现？

咪咪妈妈为9个月大的孩子买来了可以用手指拨着玩的计数器，耐心地教咪咪用手指拨动珠子，咪咪挺开心。可没有一会儿，妈妈看到女儿更热衷于品尝，按部就班地舔着一颗颗色彩鲜艳的小木珠。妈妈不明白为什么会这样，重新把着女儿的手，拨动珠子。孩子倔强地拉过小计数器，还是全神贯注地舔。9个月大怎么教?！妈妈自动放弃“调教权”，退居二线观察。只见孩子先是舔，舔过之后用小手从上向下抹自己的嘴巴、舌头，再舔。她盯着计数器，忽而一只手把它拿起来，“哗”的一下，几排木珠滑到了一边，咪咪愣了一会儿，拿起计数器开始摔打，哗啦哗啦……

咪咪的玩法和妈妈教的玩法绝对不同，但是咪咪在玩中发现了以前不知道的事情：以前舔在嘴里的东西是僵硬固定的，比如地毯、勺子，可珠子能活动，它有声音，敲下去和勺子不一样，甚至感觉到了“震动”……如果妈妈不退出还要继续“教育”，咪咪也许会住手，但新鲜的感觉体验就没有了；也许不会住手，继续敲、砸，虽然动作方式是相同的，但他所表达的社会意义不一样了，可能是被制止的抗议，是不满的发泄，是带有反抗性质的坚持……

玩具是孩子的天使，也是孩子自由获得多种经验的实验材料，当孩子处在幼小时期的时候，在玩中发展感觉能力是非常重要的。经验决定了成人面对新材料不了解的时候，要通过看说明、听介绍然后去模仿操作。但孩子的心理发展水平却是要更多地通过行为、动作去理解、驾驭、发现乃至创造。成人的学习重视间接经验的传递，孩子的心智成长更趋向直接经验的积累。

所以当孩子玩的时候，最好的方式是参与进来，和孩子一起走过成长的道路，并能给孩子提供适宜的支持与帮助。

孩子爱听故事，可看书时精神为什么不能集中？

我家儿子两岁多，特别爱听故事，可我发现这孩子注意力总不集中。你给他讲书上的故事，他老打岔，一会儿说动物，一会儿说他曾经遇到的什么事，根本不让你把故事讲完。这样的孩子怎么调教？！

故事是伴随孩子成长的精神食粮。孩子到了1岁左右的时候，就对听故事、看画书表现出极大的兴趣。细细观察，孩子们的表现各具特点。有的孩子经常在边听边看中，根据自己的理解自由遐想，热烈表达；有的孩子在听的时候表现出异常的专注和冷静；还有的孩子听的时候非常安静，眼睛注视的不是画面而是自己心中的宇宙。总之，不同性格特点的孩子在阅读的时候，会有不同的表现，但有一点是共同的，即他们都能从阅读或倾听中获得新的体验和感受。

这是一个积极活跃的男孩，他非常容易被感兴趣的事物所打动，爱联想，喜欢通过和家长的语言交流，去证实自己的看法，进一步获得新的经验。这对小孩子来说是非常正常的表现。家长不必费心去调教，这种性格的孩子如果变成静静地看，恐怕才是真正的分心。

在和孩子的共同阅读中，家长可以根据自己孩子的性格，有意识地培养孩子不同方面的能力。对于性格内向的孩子，可以通过交谈，帮助孩子开启与外界沟通的窗，鼓励孩子发表自己的看法；对于外向、长于表现的孩子，通过绘声绘色的读书，培养他对规范的书面语言的理解，通过围绕一个问题的讨论，培养孩子专注的倾听习惯；对于神情看似是游离在阅读之外的孩子，欣赏他的安静，调动他把自己的想法讲出来的积极性。

孩子打岔，说明故事中的某个环节或是具体词句引起他的共鸣、联想，迫不及待要和家长交换看法，他的目的是想让家长了解他的想法、他的态度。家长的烦恼是无法让这个动听的故事继续。面对这样的矛盾，家长的选择可有多种。

• 倾听他的见解，呼应他的需要。假如他参与的神情急切，不妨暂时停下来，认真倾听他的见解，一是能为孩子树立一个尊重他人意见的榜样，二是能满足孩子想被大人了解的需要。应答之后再提示孩子要继续刚才的故事，同时猜猜后来可能会发生什么事情。调动孩子带着悬念倾听，一般能收到好的效果。

• 营造品读的氛围，牵制他的注意。孩子大一些了，他的心理需求水平也在提高，有时太过口语化的故事从描述、用词方面满足不了他吸纳新知的需求。在阅读中，家长可以营造这种品读的语言意境，对书面文字进行深加工：晦涩的除去，平淡的加以修饰。充分利用这个阶段孩子敏感的象声词、动词描述故事意境，使孩子对情节、人物留下生动的印象。

• 忽略偏离方向的话题，帮助他聚拢思考。当孩子总是习惯性地在倾听中打断他人时，家长可以用动作、表情示意，继续正在进行的故事阅读，同时可以通过变化声调，调整孩子的注意，带动他重新转向倾听之中。

怎样纠正孩子乱摆、乱放的毛病？

我的孩子快3岁了，他什么玩具都要玩，统统从低柜里拽出来，摆在沙发、椅子、地板上。但是没过一会儿，又会转移到另外一个房间，所到之处一片狼藉。我是个非常有秩序的人，特别怕乱，经常因孩子乱摆、乱放而不愉快。能有什么办法纠正孩子乱摆、乱放的习惯？

两三岁的孩子有一个最大的嗜好，就是游戏。通常游戏到极致的时候，就是妈妈们不忍再多看一眼的时候。一般的是空间有多大，战线就有多长。因为这个时期的孩子具备了独立行动的能力，他们对于周围的环境和事物已经非常了解，所以能不需要外援地实现自己的活动目标。进入视线的所有玩具统统闪亮登场，他醉心的就是这种摆布、控制的满足感。这就是这个时期孩子的特殊行为方式。

家长和这个时期的孩子最大的冲突就是整洁与无序。看着孩子乱摆，家长实在难以忍受；跟在孩子后面收拾，似乎又没有足够的时间。攻守都难以奏效。因为无论动哪件玩具，似乎都能引发冲突。但是有些孩子这种行为表现就很鲜见，造成这种不同表现的因素是多样的，比如性格、环境、活动条件等。其实对于孩子来讲，不能说是“纠正坏习惯”，因为孩子现在尚未形成稳定的行为定式，只不过是依据他发现的一些更容易做到的方法从事活动而已。这样看待孩子的表现，就能够在孩子接受新建议的时候，多动脑筋，少迁怒于孩子，在平和的心绪状态下，养育就能充满乐趣。

• 划定活动范围。可以利用孩子“布阵”的机会，和孩子商量着挑选一个中意的地方，作为他的游戏领地和玩具的家。通常我们以欣赏的态度和他商定的时候，得到的都是孩子积极的回应。在“圈地运动”中，家长有意识地告诉孩子，怎样能不影响爸爸妈妈，使孩子逐渐意识到生活中应该相互关照。

• 生活环境有序。环境在孩子的成长里是不会讲话的老师。家长物品放置有序，同时告诉孩子用的时候会很方便，孩子可能会不在意。但是玩个“看谁找得快”的游戏，孩子会记忆深刻：“孩子把汽车找来，爸爸把钢笔找来，妈妈把梳子找来，不用别人帮，比比谁最快！”在玩中孩子会自然地把失败的原因归结为“放得乱”，这比传统的“管教”更有效。

• 创造智慧的方法。孩子之所以不爱把搬出来的东西收归原处，原因一是摆得太多了，没有足够的耐性收拾到最后；二是受经验能力的局限，他不知如何把他们送回去，常常是送完一两件就万事大吉。假如这时用游戏支持着孩子完成这件“浩繁”的工程，孩子会乐此不疲，如帮助孩子找一个可以拖拉的纸箱，系上绳子，去“收容”四散的玩具，他会觉得非常有成就。这样在轻松、愉快的氛围中既能培养整理的习惯，又能使孩子增添做事的经验。

• 坚持一贯、一致。一旦孩子对收拾整理自己的玩具不反感、不对抗、乐于接受的时候，家长的核心任务就是一致、一贯、持之以恒。不要抓抓放放，使孩子难以建立起正确的行为方式。

孩子不爱惜玩具怎么办？

我的儿子今年3岁了，应该说是个还算懂事听话的孩子。但我发现，他不太珍惜自己的玩具，你对他说的时候，他会表示明白了，可事后还会搞破坏。我应该怎样教育引导孩子呢？

当我们的物质生活水平提高以后，接踵而来的就是这个问题。一般表现在孩子不懂珍惜，随意丢弃自己的玩具、用具。对于不懂珍惜的行为，不妨这样应对。

• 将玩具收起来一部分，能满足孩子选择需要即可。因为一般所说的不珍惜，经常有一个“富足背景”。孩子面对琳琅满目的玩具时，或许就要迷失选择方向，当面前线索清晰简单时，孩子更可能切中主题。

• 使玩具流动起来。和要好的同事或邻里达成共识，不定期地鼓励孩子交换使用各自的玩具。这样既可提高玩具的利用率，又可培养孩子整理自己物品的习惯，同时为了满足交换使用这种新鲜感，孩子要尝试承担自己应该也能够承担的保管责任（交换玩具中要注意对孩子进行消毒保洁的教育）。

如果家长的困惑表现在另一个方面——“毁坏行为”上，可以这样着手预防。

• 假如孩子是单纯的发泄、毁坏，故意使玩具破碎时，若偶尔为之，一定要讲清道理，同时承担后果——尽自己的能力去修复。假如经常因自己情绪不快迁怒于玩具，就要采用隔离的方法——一段时间内没有新玩具肯和他做朋友。

• 假如孩子不是因情绪不悦的原因，而要独树一帜，不一定是坏事。如拼命挤压我们告诫不能挤的玩具，让它挑战极限；用玩具击打地面，判断它是否还有新的变化；把精致的拼插房子拆毁，复原时又一筹莫展；喜欢肢解结构比较复杂的车辆机械，想研究是谁使它会转会动……假如这种原因居多，不妨从调整玩具入手，少些观赏的、功能玩法单一的，选择些结构类、拆装类的材料玩具，满足他玩中发现的需要。

孩子“瞎玩”玩具该不该纠正？

我有个3岁的儿子，活泼淘气，不论什么玩具，都不会好好玩。其实，买来新玩具后，我们都郑重其事地把使用方法介绍给他，可他从来都是我行我素。遥控汽车没有几天就住进修理厂，智力拼图不拼，摞在一起搭楼房，万能积塑插成车以后不许拆，也不学着插别的。我一说他，他爸爸就护着，说“男孩就是这样”，还说发明家从小就爱鼓捣，没准我儿子还就是小爱迪生呢！由于怎么玩的分歧，我们的家庭关系都是紧张的。都说玩具是孩子的天使，可我孩子为什么成了“瞎玩恶魔”？该怎样看待孩子瞎玩？

这样的事，许多家长都经历过。对于孩子的“瞎玩”，我们应该辩证地看。有的孩子“瞎玩”是因为“正规打法”挑战太大——70块的拼图，实在应接不暇；有的孩子“瞎玩”是因为愿意自己独立控制过程，不当家长的从属；有的孩子“瞎玩”是因为被信息误导，想换个玩法试试结果会怎样；有的孩子“瞎玩”只是一时心血来潮……

丫丫过生日时，收到了会说话的“菲比宝宝”，丫丫真开心。玩着玩着，丫丫产生了疑问：“妈妈，它肚子怎么会讲话？”“哦，它的肚子里有个嘴巴。”妈妈为了让女儿结束游戏上床睡觉，佯称菲比嘴巴累了……为了让菲比肚子里的嘴巴不累，丫丫把水倒在菲比肚子上的坑里，电子玩具毁于一旦。为了考证，更出于关爱，丫丫为“瞎玩”付出代价。假如没有妈妈的信息误导，假如妈妈能把这类高科技玩具的使用忌讳简洁地告诉孩子，即便是关爱失败，孩子也能从教训中获益。这样，菲比能带给孩子更多的积极经验和欢乐。

东东有个拖拉“套塔”，但是车上很难看到塔身，常常是一棵光溜溜的柱子坐在拖拉车上。妈妈介绍：我家什么玩具都是体无完肤，好好的东西，三下两下就拆坏了，弄得家里到处是“零件”，装也装不上。东东爸爸说没事，玩具就是随你怎么玩！可东东妈觉得这是毁坏行为，以后到了幼儿园玩什么拆什么，行吗?！——看来，孩子最初是好奇，由于没有成人的及时“提携”，“拆”最终变成过剩精力的发泄。假如爸爸妈妈能抓住每次拆的经历，鼓励孩子（或和孩子合作）重新装好，孩子会从中建立自信，形成能力。

孩子假如经常对玩具发起“研究”，应该是可喜可贺。因为面对“未知”，孩子虽然只有 3 岁但却在探究思考。只是成人应该在这个基础上，为孩子搭建一个“助长”的平台或脚手架，使孩子的探究有发现、有收获。比如孩子把拼图当成积木，不妨顺应他，但要通过共同游戏呈现疑问，促使他思考新的问题：妈妈搭间木房子，啊，还有小门，孩子请进吧！（用你的手指模仿小人的脚“走进小门”……）孩子会被牵制，会重新观察、思考自己小纸片搭成的“楼”，要么做出自己的解释，要么调整游戏方式和提出新请求。不论孩子选择了什么，都会实现在“瞎玩”基础上的提高。所以，当孩子瞎玩时，家长的重点不在于教他“学样”，而在于引导他发现新的问题，形成新需要。假如我们经常忽略这一步，可能会导致孩子的发展走向反面。

应该说孩子“瞎玩”的背后，动机不同。了解了这些，孩子就能在家长的引导下，通过对玩具的拆拆玩玩、装装拼拼，发展心智能力，提高探究兴趣。

五 安全教育

3岁前的孩子处在一个对危险浑然不觉、毫无防备的年龄阶段。对他的生命负责，为他的安全提供保障，向他渗透自我保护意识，是每一位家长重于泰山的责任。

危险逼近孩子时怎样应急？

孩子一天天地长大，随着活动范围的扩大，我的担心也越来越多。特别是当我看到0—4岁幼儿因意外事故导致的死亡案例占总数的80%时，更是紧张。因为意外无法预防、事故不能预见，所以我特别需要掌握一种突发事件面前很灵验的应急方法，使危险逼近孩子时能逃避灾难。请帮助我，当危险逼近孩子时怎样应急？

危险逼近时，家长首先要保持冷静。只有冷静才能够做出比较有效的选择。

每个孩子有着不同的行为方式，有的对语言信号反应强，有的身手比较敏捷。即使在相同的突发事件面前，家长可选择的方式可能会有不同。如孩子的皮球跑了，他一心想把球捉回来。这时，突然一辆自行车横入视野。面临险境的家长通常是断喝一声："小心车！"假如孩子是属于动作敏捷且对语言信号反应快的类型，会有两种可能——立刻收住脚步，等车子过去再追；急跑躲闪……假如孩子是对语言信号反应弱的孩子，可能没在意家长的提示，仍按既定的方向挺进……由此可见家长的应急反应，在不同的情形下、不同特点的孩子身上的收效是有差异的。所以说，当危险近在咫尺时，家长的防范应该因人、因时、因（形）势而宜。

毫无疑问，孩子身处险境时，每位家长都会做出下意识的应急。这种下意识如果能基于亲子共处中对孩子的了解程度，应该说往往可以避免更大意外事故的发生。同时，我们还要居安思危，重在预防。因为在预防危难的教育里，我们才能进一步了解孩子对人、对事的看法，形成比较正确的预案。

3 岁前孩子可能遭遇的危险，一般多是居家生活中的意外事件。我们的应急预案可以根据这类事件的环境特点去思考、设计。

多发的居家意外一般有触电、烫伤、误饮误服等几种。紧急预案可以考虑切断伤害源。电源要换安全型的，防止孩子将细小金属插入其内，家用电器插座要隐藏到家具后面或移至高处，药物、消毒剂等要放在孩子难以拿到的箱柜内，家用的细小物件如螺丝、内服药、花肥、杀虫诱饵等都应摆放隐蔽、有序、有数，常清点，以免孩子抓到后误饮误服。饮水机用毕即关，不要存留多余沸水防止意外烫伤。只有尽可能地消除环境中的安全隐患，孩子的自主活动才有保障。

孩子摔倒后成人该怎么办？

孩子刚刚 1 岁 1 个月，学习走路的积极性非常高，让我把握不好的是：孩子摔倒以后大人怎样做好？不扶实在不忍，扶又觉得小题大做。都说美国人当孩子摔倒以后如何如何，可我总觉得中国是中国。当孩子摔倒以后大人到底应该怎么办？

孩子摔倒之后的处理方式应因时、因事、因人而异为好，但基本应对态度是——毛毛小雨无须过虑。因为在孩子的成长过程中，必会遭遇失败、挫折，而摔跤就是挫折的一种表现形式，是孩子经验中不可缺少的基本营养。只是可能由于我们处理方式不当，才使得这营养失去价值或适得其反。

一般，周岁左右初学走路的孩子摔跤最让家长担心。家长最害怕的就是：会不会骨折？会不会把孩子吓坏？假如以后他不敢走路怎么办？由于这些顾虑，家长难免会遇事失态。中国有句老话：初生牛犊不怕虎。从心理准备上说，学步的孩子是无知者，他们对摔跤，没有那么多的后顾之忧，只要身体还自由，就还会雄心勃勃地向前。如果吓坏，是家长夸张的叫喊使然。从技巧水平上看，学走的孩子就是不怕虎的牛犊。但从他那不断摆动的双臂和蹒跚的步履上，能看出他对站立移动时的不平衡早有觉察，可他不怕，任凭惯性的带动“勇往直前”，直至摔倒。从生理特点上看，周岁的孩子身材矮小，走、跑时重心更向前，随着运动惯性，不会摔得很重，加之他们骨骼柔软多水分，即便出了问题一般也只是擦伤，能很快痊愈。因此，面对摔倒的学步的儿童，家长可以扶一把，“真棒！再走！”（不用再佐以“不哭”）。因为此时孩子蹲、起动作的转换平衡性差，扶一把，能使孩子在赞赏、关爱中更乐于主动出击。

如果是两三岁的孩子摔倒，可能会比周岁儿摔得重些，因为他的运动速度相对要快，且警觉性也低，通常是猝不及防就摔倒了。不过那也无妨。假如孩子比较内向，可以用夸奖做安抚，使他活跃起来。家长过分的担心、抱怨、呵护会使孩子产生紧张与不安。孩子如果因为伤痛大哭，发泄一下也可以。关键是家长最好表现得轻松点，一面给予安慰，一面尽可能鼓励孩子自己站起来，让他平静地接受这个现实。

有人说，当孩子摔倒以后，日本的父母要让孩子重走一遍这段路，为的是预防重犯同样的错误；西方的父母会让孩子自己爬起来，因为没什么了不起。今天我们做父母，也要根据孩子的需要和可能，做出自己的判断和选择。

孩子什么都敢动，应该怎么调教？

我的孩子属于那种手快而且好奇心特强的孩子。现在他3岁，最主要的问题是很不听话，什么都敢动，越告诉他危险他越要试探，胆子特别大。这样的孩子怎样调教？

好奇心强的孩子，多是活跃积极的。想象得出来，为了保障这个身手敏捷的孩子的安全，家长常会方寸大乱。家长假如了解了这类孩子的活动特点，调教起来可能会顺畅些。

这类孩子一般是敏感、敏捷者居多。他们通常能比其他人更早发现新奇的事物，“不安生”是他们的最大特点。由于好奇心特别强，所以经常会对家长的劝告毫不在意，往往事故就突发在这样的孩子身上。为了防备这样的“快枪手”，家长一般采取的安全措施是：隔离——大的危险隐藏、锁定，小的隐患“坚壁清野”，让这些快枪手找不到发起进攻的新目标。但不安生的孩子不会因为没有目标而安静下来，一旦获得机会，他会空前兴奋。

有一段时间，童童对爷爷的打火机总是情有独钟，一转脸就要装进自己的口袋里。妈妈特别怕孩子摆弄它闯下大祸。告诉他：“不动，危险！”他会振振有词地说：“爷爷不危险，童童不危险。”一次，爷爷抽着烟和童童玩，不小心烫了童童一下，童童大哭不止，妈妈窃喜：安全教育大功告成！正是这段切肤之痛，使童童理解了危险的含义，从那以后无论是谁再告诫他“危险”“不能”“不许”时，童童总是先藏起两只小手然后再问：“疼吧？”因此对孩子防范危险的安全教育应该视孩子的具体情况，通过多种形式展开。

• 适当体验。在保障孩子身心安全的前提下，直面险情。家庭安全教育不能简单地把孩子身边的危险隐藏起来。因为通过隔离保障安全，是一种消极的适应。家长要善于利用日常生活中的经历，让孩子知道应该保护自己不受伤害是非常重要的。在“适当体验”中，可以有像童童的被烫那样的直接体验，也可利用发生在身边的典型事件、社会新闻等，引导孩子间接体验危险。楼下躺着一只摔伤的小猫。奶奶说它没听妈妈的话，在窗户上玩，从阳台上掉下来了……小猫凄惨的哀叫、流血的伤口在孩子心中留下深刻的记忆，从那一刻起，孩子看到健康的可贵和伤痛的可怕，并对防范危险的提示有了一定的重视。

• 查找隐患。家长和孩子共同合作，根据已有的经验，去寻找环境中可能会危及健康、安全的事物。通过这种寻找、议论危险的游戏，让隐患充分暴露，强化自主防范心理：“这是老鼠药，应该藏在老鼠洞前边，不然狗狗吃到肚子里会毒死的。”“这个叫电源，不能拽它的线，不然会电着……”家长可以带着孩子走遍家中的每一个角落，既满足孩子时刻探秘的需要，又在满足的同时使孩子获得了正确利用环境的基本技能。除此之外，还可以鼓励孩子想想办法，怎样让一些危险伤不到自己和家里的亲人？如怎样不让水果刀扎手？用什么办法能不被开水烫伤？当孩子对潜在危险有所了解的时候，大人提出的自我保护建议一般都能被愉快地接受。

孩子为什么老爱把东西往鼻孔塞？

我的孩子两岁半，最近特别喜欢把东西往鼻孔里放，给她讲过许多次道理，但是不起作用。怎样纠正孩子这类危险动作？

这是很多小孩子的特殊行为方式，这种举止，我们可以理解为孩子把喜爱的东西藏匿到了一个鲜为人知的密室中。

妞妞在院子里捡到了一个从发卡上掉下来的亮星星。玩了一会儿，该随老师回教室了，妞妞想收起小星星，低头看了看，没有兜，就把星星放进嘴里。片刻又吐了出来，擦擦嘴巴，大约是怕咽进肚子里，小手揉了一会儿，最后塞进鼻孔中……

妞妞这样做，是因为对“亮星星”这样美的事物产生欣赏之情，也由于是意外所得，更加爱不释手。为了给宝物找个安全的收藏之地，妞妞最后选择了鼻孔。老师问：为什么刚才（从嘴巴里）吐出来？妞妞解释：说话。放进鼻子里好吗？妞妞认为“丢不了”。这是孩子在收集到宝物的时候采取的解决方式。有的孩子不是为了收集什么，也会把一些细小的东西放入鼻孔里，这样的过程多半掺杂着孩子“藏匿游戏”中“喜出望外”的创造成就，因为这是他发现的一个秘密，他能体验和感受到：鼻孔撑起来，东西变没了……

孩子有了这类行为要进行解决，把握方法、时机是非常重要的。其中要的原则是，接受孩子的幼稚和不理智，让他开心地说出想法，然后给他有效的积极帮助，而不是消极的镇压。

•“你想带着他一起玩吗？”理解孩子是教育的基础。当孩子感觉到没有强制和压迫时，能放松说出自己的看法，我们才有机会使他在平静的情绪中，聆听我们提出的建议。这种举止确实危险，稍有疏忽会酿不幸。但是正因如此，我们才非常有必要让孩子不躲避、不掩饰。

•“妈妈有一个好办法。”体谅孩子经验的不足，教给孩子学习解决问题是非常重要的教育。小衣服没有兜，太不方便了。假如有一个东西能放进想藏起来的小豆子多好！“什么地方可以藏住小豆子？我们找找……”不合时机的“说教”，对于3岁前的孩子是低效甚至是无效的教育。准备一些小盒子、旧信封、小口袋或留意给孩子的外衣钉上小兜，都是巧妙的引导方法，既为孩子的藏匿游戏开阔了视野，又解决了孩子的“存储”问题。

•“这样会有危险。”孩子的选择出于无知，因此让孩子从不知到知，要讲策略。不暴躁、不发威、不忽视、不对立就经常能收到好的效果。让孩子了解，虽然放进鼻孔里的东西掉不出去，但是也很难把它弄出来，假如东西总藏在鼻孔里面，人就会生病……利用孩子的经历，通过一些相关的故事、社会新闻等，使他尽可能理解痛苦，才会自觉地回避危险，选择安全的游戏和行为方式。

怎样让3岁前的孩子懂得安全？

孩子所在的小托班有个小朋友被烫伤了，托儿所要求家长注意对孩子进行安全教育。作为家长，我感觉为难的是，孩子能走会跑看不住了，可年龄小听不懂、记不住，怎么进行安全教育呀？

日常生活中的意外事故像一把隐形的利剑，目前意外事故已经成为儿童非正常死亡的第一位原因。正向家长忧虑的那样，孩子会走能跑了，总要活动呀，万一有看管不周的时候，就有可能瞬间酿下大祸。于是，有效预防意外事故的发生，便成为无法回避的责任。

为什么孩子是意外事故的多发人群？为什么当危险近在咫尺时，孩子浑然不觉？3岁前的孩子通常会遭遇哪些意外事故？能通过什么途径预防灾难？这是在安全教育中不能忽视的议题。

•孩子频发意外事故，是因为他们不了解身边潜在的危险。随着社会物质文明程度的提高，家用电器、小型机械广泛使用，孩子常在感受方便的时候，充满着好奇。电源、插座、食品加工机的利刃，孩子都想摸摸、动动。他们不知道这些带来方便的神奇之物还会害人、伤人。

•孩子无法预见意外事故，是因为他们没有相应的经验作支持。孩子喜欢模仿大人做事，厨房、储藏室等尤其对孩子充满神秘的诱惑。一拧就能发光燃烧的天然气、通电就转的榨汁机、一蹬就转的缝纫机……所有这些，孩子都想驾驭一下“过把瘾”。但由于难得下手，这些渴望只能转入“地下”悄悄进行，所以很难形成积极的经验，应对可能发生的意外。

3岁前的孩子常见意外伤害主要有：溺水，误服、误饮药品，触电，烧伤，烫伤等。对于预防意外的安全教育，我们可以从以下几方面着手。

•改变传统、消极的“人盯人”的保护方式，从正面帮助孩子了解危险，支持孩子了解想要了解的事物，让孩子在成人的指导下“过瘾”，如榨果汁、粉碎食品，通过“见习”扩大视野，同时在成人的操作中学会保护自己的方法。

•利用日常生活中的事件，引导孩子认识危险，向孩子渗透自我保护与安全的知识。可利用他人发生的一些意外做教材，也可以利用现实生活中的素材，让孩子在有保护的前提下感受、体验“危险”，如被烫的疼痛、短暂“走丢”，通过感受体验使孩子警惕“被害”。

•尽可能减少生活环境中的隐患，让孩子学着躲避危险。不能让孩子接触的东西，除了要放置在孩子不易取到的地方外，同时还要告诉孩子这是什么，有什么危害，如各类药品、利刃等，以防万一放置不妥可能引发的意外。

•不能简单通过哄骗、恐吓，让孩子远离危险。好奇是每一个孩子的天性，恐吓过度、哄骗离奇都有可能刺激好奇，使孩子做出不当之举。爸爸仅仅是不喜欢孩子动电动剃须刀，于是假称“咬手流血”。一日孩子乘其不备，把玩了一阵子，很是开心……假如哄骗失灵，孩子就会因怀疑而主动接触“危险”，引发灾难。

总之，在安全教育中，只要我们不把孩子当作一个被动的控制对象去看、管、吓、压，孩子就能在我们的悉心引导下，远离常见的意外事故，健康快乐地长大。

PART 4

启蒙，

激发成长的每个关键节点

父母是孩子终生的导师。

婴儿是天生的善学者，3岁以后再进行教育实在是晚了！教育应从婴儿时期开始，学习要在生活中展开。从咿呀学语到游戏中的增长见识，有第一心理危机期的逆反、对抗，还有沟通、交流中的懂事明理……这样的启蒙教育是亲子相处中的潜移默化，是相伴相随时的润物春雨。

一 启蒙教育

3岁以后再进行教育，实在是晚了。教育要从婴儿呱呱坠地开始，围绕吃、穿、住、行、玩展开。这样的教育、学习是亲子相处中的潜移默化，是相随中的润物无声。它既能助孩子成长，也能帮家长更加称职。让我们在重温童年中了解孩子、伴随孩子，一起经历成长的崎岖。

和襁褓中的孩子聊天是不是“瞎耽误工夫”？

朋友说发展孩子的语言要从襁褓中开始，可一个50多天的孩子能听懂什么？当我尝试着和他聊的时候，他也没有什么明显的反应。我的话孩子如果听懂了是什么样子？早和孩子说话，孩子就肯定能说话早吗？孩子一般几个月能叫妈妈爸爸？

第一次当妈妈，总要把“最好的”给孩子，无论自己对他是否很了解。朋友的信息有价值，孩子虽然只有50天，甚至只有20天，但他接受妈妈的语言信号的时候，都会有反应，只不过有的强些，有的弱些。

孩子的语言学习是从听开始的，他们对人的语言有着与生俱来的敏感性。同时只有接收到丰富的语言信号刺激，孩子才能在听的过程中运用自己独特的方式，存储在自己的“硬盘”中，成为形成语言能力的“材料”。有一个有趣的实验能为我们解释这个理论。有学者对出生 12 天的美国婴儿播放录制在磁带上的不同的声音，其中有英语演讲、没有语义的元音和有规律的敲击声，同时观察新生儿的身体运动方式，判断不同声音对新生儿产生的刺激作用。当新生儿听到英语演讲时，能有节奏地运动四肢身体，而当他听到同样有规律的敲击声和元音发音时，四肢身体的运动便没有了节奏感。

孩子在会说之前，就和妈妈有着广义的语言交流，这种交流就是孩子语言发展的基础。50 多天的孩子听懂妈妈的话，也和实验中的新生儿一样，是通过身体的运动、表情、情绪的变化和妈妈进行“沟通”。当孩子在妈妈的怀抱中与妈妈相互注视时，妈妈说话，“吃饱了吗？小肚肚不饿了！”孩子会目不转睛地盯着妈妈开合的嘴巴；当孩子自己在小床中运动四肢或哭泣的时候，听到妈妈的声音“怎么啦？告诉妈妈，想起来？要抱抱？”，这时孩子会改变运动的节奏或停止哭泣注视着妈妈；孩子表情安静，有时候和他说话“一个人没意思了？想听妈妈讲故事？”，此刻，他会表现出积极的情绪反应……如果我们说话的时候，孩子没有什么反应，就从调整成人讲话的速度、语气、音量入手再试试。观察一段时间，假如孩子还是没有反应，要引起警觉去看医生：孩子的听力是不是有障碍？

妈妈会和孩子在不同的情境中说话交流，孩子收集语言信号的能力也就更强，对语言刺激的反应会更积极，这是毫无疑问的。孩子说话除需要有大量“听话”的积累做基础之外，还与发音器官功能的成熟密切相关，但是母婴之间早期交流充分，孩子通常说话会早。一般到了五六个月，孩子就会有意识地发出特殊的“音节语言”，此时妈妈再通过近距离缓慢、清晰的发音和口型示范，一段时间后，孩子就能“蒙着”叫出平声的奶奶、爸爸或妈妈了。

假如妈妈繁忙，那么建议在孩子情绪活跃时多交流。如喂奶、换尿布、洗澡等亲密接触的时候，和孩子说话，事半功倍；在“交谈”中观察孩子的表情和反应，不断调整“说”的技巧，“调动”孩子“表达”，事半功倍；保持与孩子的近距离“沟通”、孩子能够看得清楚用红唇白齿做的口型示范，事半功倍！

对孩子的启蒙教育应该从哪些方面入手？

我的孩子还小，才半岁，但是我非常希望孩子能有足够好的发展。总说启蒙教育，不知道像我家宝宝这样小的孩子怎样启蒙？还有，孩子的启蒙教育具体地说应该包括哪些方面？

“希望孩子能有足够好的发展”是每一位家长的追求，因此启蒙教育就成为每一个家庭的自主追求。当我们面对3岁前孩子的时候，启蒙教育应该包括身体、情感、智力、适应性等各个方面积极的正面影响和自主学习。

1岁以前孩子的启蒙教育主要是通过以满足婴儿生理需要为主的生活活动展开，在对孩子进行照料与抚育的过程中，要做爱说、会说的妈妈爸爸。如当孩子3个月左右，能慢慢识别爸爸妈妈以后，要经常利用换尿布、喂奶、换洗、抚触的机会，发起和孩子积极的身体接触、语言交流，逗他笑，引发他利用“阿……欧……呜”的单音有意识地“回话”，使孩子在安全、适宜、丰富的刺激下，身体动作、神经系统有所发育和分化。

两岁阶段的幼儿，启蒙教育的重点应该是以适应孩子独立需要为主的心智的启蒙养育。比如这个阶段的孩子独立的意识渐强，但是受经验能力的局限，又常常事与愿违，无论是吃饭、如厕、睡眠，还是游戏，不如意和挫败感就像影子一样追在孩子身后，此间的启蒙就要抓住孩子独立与挫折间的冲突，帮助孩子在走向独立中了解自己的能力，了解自己与周围环境之间的依存关系，接受自己不是世界中心的事实。同时提供一个安全的支持环境，鼓励孩子去主动探索，关注他探索过程中出现的问题，帮助、启发孩子解释遇到的困惑和不安，适时帮他解围，使他通过探索周围环境，认识事物、建立概念，了解规则，形成经验，调整行为、学会沟通……

3岁幼儿的启蒙教育，重点应该围绕孩子生活、交往范围日趋扩大的生存需要，进行以社会性适应为主题的启蒙教育。在走出家庭进入社会的生活中，孩子面临着多种考验与历练：如何与小伙伴相处，在陌生人面前怎样保护自己，公共场所中有哪些需要遵守的礼仪要求，和家人暂时分别后能不能基本保持稳定的心态……在不同的环境中，孩子适应变化的能力的强弱，直接受孩子语言表达和沟通能力、观察和判断水平、思维和概括能力的制约。这就需要家长关注孩子，在从家庭到社会的活动范围的扩大中，敏感觉察孩子的困难和问题，利用困难和问题启发引导孩子，总结方法，形成自己的经验。

总之，启蒙教育对于早期儿童，应该更多立足于引导孩子学会生存、学会交往，这样孩子获得的才是未来社会中必备的才能。

孩子1岁多了，该学点什么？

有孩子以后，我时常感到充实、满足，也觉得应该竭尽全力为孩子的未来发展早计划、早着手。现在孩子1岁半了，挺聪明。朋友介绍市面上有好多早期教育方案和训练室，可我不知应该选择什么，怎样对孩子更有益。孩子这个年龄该学什么？

这是一位明智而且责任意识非常强的家长。的确，为孩子的一生发展奠定好早期教育基础是必要的。未来的社会开放、多元，孩子必须具备的是与之相适应的基本素质：积极、主动、自信，能作为一个自主独立的人面对生活、面对生存、面对学习和面对合作。对1岁多的孩子的学习、教育最好从这里切入。

• 在生活中适应变化，调动积极的情绪。孩子慢慢长大，孩子的生活发生着诸多的变化：要接受多种食物，生病要治疗吃药，要学会上厕所，要练习自己走……家长对孩子的要求与孩子自身的需要会经常出现矛盾冲突，因此，他不适应的地方可能会越来越多，依个人偏爱而喜恶的事情也与日俱增，内心常会涌起不安和孤独。家长经常保持接纳的心态，积极地通过顺应调整的基本策略，引导孩子适应这些必需的变化；要孩子不闹脾气，家长就要克制暴躁；要孩子不执拗，家长就要耐心听孩子断断续续的陈述。家长在适应孩子成长的过程中，一方面对孩子进行适应引导，另一方面还给孩子提供着学习的范本，使孩子在逐渐适应、接受变化的过程中，情绪逐渐从急躁不安转向稳定、快乐、积极。

• 支持孩子做能做、爱做的事情，培养主动性。成长中的孩子是主动的。他想做的事很多，想说的话也很多。如果家长不能理解或者简单、粗暴地拒绝、干涉、否定，孩子要么就靠哭泣、喊叫发泄恼怒，要么就退缩、逃避，坐享其成或洗耳恭听规劝和说教。当孩子做自己能做、想做的事情的时候，不论挑战有多大，都不要简单拒绝。“实践出真知”是每一个成长中的孩子不由自主的选择，因为这时的孩子感觉自己会走、会动、不总抱奶瓶吃奶了，就肯定有足够的力量“独立于世”。这时家长心态的平和，有助于鼓励孩子在主动学做事的过程中，不断模仿家长的样子调整自己的行为，从中逐渐使孩子形成积极主动的处世态度。

• 鼓励孩子学习打理自己的事情，建立自信心。练着收玩具、找物品都能成为孩子的经典必修课。打理自己的事，能使孩子产生自尊；满足自己的需要，能使孩子在做中体验到自信。八音盒放在低柜上，1 岁多的咩咩够不着，他非常想拿到它，踮起小脚还差一点！低柜边上有一卷擦鼻涕的卫生纸，他把纸放在地毯上，小脚踩上去拿到了八音盒！他长长地出了一口气，放下八音盒把卫生纸举起来，回头用眼睛寻找妈妈，脸上全是成功的兴奋……

在培养孩子的过程中，家长忽视、苛求、替代不可取。忽视，阻碍发展；苛求，欲速则不达；替代，培养惰性。要客观、冷静地对孩子发展“不如意”的方面进行分析，找出原因，对症下药。

孩子见什么都问，讲又听不懂，有什么办法？

我的孩子说话比较早，1 岁 4 个月的时候就能说挺长的一句话。现在快两岁了，见到什么都要问。但说句心里话，我有时很烦他，一会儿也不能安静，问东问西的，给他讲他也听不懂，不懂还要问。真不知应该怎样对付他才好。

两岁的孩子由于视野比先前扩大了许多，因此产生问题的可能性也就增加了。特别是语言发展水平比较高的孩子，“所见有所问”和“有见必有问”，也就在情理之中了。孩子在问题中长大，问题是孩子的“成长激素”。随着一个个问题答案的出炉，孩子会从中收获经验、积累新知。恭喜您有一个可爱的会提问的孩子！

接近两岁的孩子，由于身心发展水平的提升，自我意识的逐渐形成，虽然在行为上常出现任性、执拗，但在心理上却萌生着强烈归属感，他非常希望经常获得家长的肯定、赞许。为了引起父母对自己的关注，他会积极地发起话题和家长交流沟通，从中获得被认同的满足。当孩子频繁发问时，提出的问题大致可以分为两类：一类是应答问题，一类是求索问题。应答问题就是孩子随口发问的，随心所欲：这是什么？为什么？好像是随着惯性，滔滔不绝。这时他期待的就是家长能不断回应他，至于听清楚了没有，听明白了没有，他并不十分计较。但是如果家长忽略他、怠慢他，他就会显出强烈的不满。求索问题要比应答性质的问题更具意义，他是经过孩子的思考提出来的，有时并没有明确的求索目标，但随着问答的推进，目标逐渐清晰。

“我要动（煤气灶的旋钮）。”“不行。”“为什么？”“危险。”“为什么？”“可以使人受伤。”“妈妈受伤了？”“没有。”“为什么？”“妈妈是大人。”“我也大人了。”“不行。”“为什么？”“你是小孩子。”“妈妈说我大了。”“不行。”“为什么？”“你不会做大人的事情。”“我会自己吃饭。”“不行。”……

这是一对母子在厨房的对话，随着问题的展开，孩子从对旋钮的兴趣，通过提问，逐渐将问题锁定在“我是不是长大了”的思辨中。

其实，孩子爱提问是好事，这证明他的思维很活跃。别烦孩子的“连珠炮”，无论他发出什么球，都认真地接住吧，有价值地、睿智地回传给他，引导他试着思考。娱乐性的，就多些幽默，让他问倒，他会有成就感，同时也更乐于提出新的问题。

为什么1岁多的孩子手闲不住？

我的孩子现在会满房间走了，最令我头疼的是他的小手一刻也停不住，战书不断，祸事连天。我尽可能地把能移动的东西都提高到一米线以上来防范他。可我搞不清楚，是不是所有的孩子都是这样，还是我的孩子太特殊？

其实，“四面出击”正是所有学步的孩子向着更高身心水平发展的表现。对此，家长头疼，但又回避不得。此时，家长的任务是使孩子在“探索”中，了解社会规则和粗浅的行为规范，丰富认知经验，积累积极、健康的情感体验。

“周半周半，搬坛挪罐。”进入这个时期，孩子会不断提出新要求，向家长提出强硬的挑战。如愿，则乘胜前进；战败，便常会发脾气、闹别扭。总之，小家伙出生第一年里带给家庭的喜悦、欢乐，现在似乎常被矛盾搅扰。面对闲不住的孩子家长不妨采取如下几招。

• 消灭活动空间中的安全隐患。理智的做法不是简单的“不准”“不能”“不许”，也不是把所有可能看到的物品移至一米线以上，而是提供一个安全的环境，支持孩子去主动探索，在安全第一的前提下，逐步扩大孩子的运动和探索活动范围，介绍家居环境、物品名称、用途和可能发生的危险，引导孩子了解危险，同时支持、鼓励孩子做自己想做的事。

• 满足孩子动手学习的需要。手是孩子认识世界的窗。通过动手，孩子发现暖气——烫，玩水时体会到——湿，把茶杯掉在地上懂得了——破，玩弄利器伤及手指感觉到——疼……孩子需要了解赖以生存的环境，但孩子只有在动手做事的过程中，才能在体验的基础上形成自己的经验。我们希望孩子“能听劝”，但多数孩子偏要“不到黄河不死心”，理智的策略是尊重他成长中的需要，支持“实践出真知”。

• 保护孩子的好奇心。为孩子提供刺激丰富的语言环境，利用他爱听、爱模仿的特点，陪伴孩子去探险、征服，在陪伴中有意识地增进他对身边事物的认识与理解。在发现、摆弄的活动中通过各种有趣的寻找、判断，培养孩子积极主动的态度，强化好奇、好动、爱探究的天性。

面对无所不动、为所欲为的1岁多的孩子，操劳、忙碌的家长身心疲惫，有的盲目让步换个天下太平，有的武力镇压立下家规，有的重兵防守步步为营。殊不知这无奈的权宜之举，往往会成为孕育缺陷性格的温床——过度的迁就姑息会使孩子变得任性骄横，过度的简单粗暴会使孩子变得胆怯自闭，过度的求全干涉会使孩子变得自卑无助，过度的忽略会使孩子冷漠消极……

让我们支持这双闲不住的小手，陪着他向新的成长阶段迈进！

二 游戏中的认知学习

家庭是孩子来到人世间的第一间教室，生活是孩子的第一本教材，家长是孩子的第一任教师。引导孩子在游戏中不断发现，帮助他更深刻地了解这个多彩温馨的家庭，体验绚丽斑斓的生活，是家长的职责。

刚会说话的小孩子背古诗有意义吗？

我的孩子正在咿呀学语，外婆天天教孩子背古诗，说非常有效，女儿虽然才1岁半，但是也会“枯藤老树昏鸦，小桥流水人家……”，抑扬顿挫，挺有味道。现在我搞不清楚的是：专家对儿童的语言学习评价有积极语言、消极语言一说，孩子不懂，是不是记忆起来非常吃力？背古诗是有益还是有害？

成人界定的背诵古诗，对于孩子就是唱说游戏。

小孩子能在成人的指导下背诵古诗，是一件挺有意思的事情。虽然孩子不懂，但由于韵律较强，记忆起来并不是非常吃力。有些专家、学者认为：在记忆能力、接受能力很强的咿呀学语的幼年，选择一些中华传统文化的经典诗文，教给孩子诵读，会对他的一生发展有益，尽管孩子理解不了经典名句的寓意内涵，但他会像海绵吸水那样，全面地吸收，渗透在血液里，存储在头脑中。

背古诗有什么意义？诵读经典诗文的终极价值在于：可以传承民族文化经典，使孩子从中修养心性终身受用。当然也有近期阶段价值，这就是可以通过读背，使孩子感受诗的音韵美，体验节奏。水到渠成时，便会从口中流淌出来，很有成就。朱光潜先生回忆：“私塾的读书程序是先背诵后讲解。在‘开讲’时，我能了解的很少，可是熟读成诵，一句一句地从舌头上滚将下去，还拉一点腔调，在儿童时却是一件乐事。我现在所记得的书，大半还是儿时背诵过的，当时虽不甚了解，现在回忆起来，不断有新领悟，其中意味确是深长。”诺贝尔奖得主杨振宁博士也认为：“小孩背诗一点都不困难，好的诗词含义深远，像我自己已经70多了，对于诗词的感受，每十年都不同。”的确，随着孩子年龄的增长，这些经典能源源不断地被反复提取、输出，使其终身受益。

虽然孩子比起上面专家们学诗文的年龄小了许多，但是，只要家长不把它作为“必修课”强制孩子接受，就不会造成伤害。只是在教授过程中要一忌心急，二忌强制，三忌攀比，四忌盲从。假如犯忌，一则孩子容易拒绝接受，二则与修养心性的初衷相悖。家长声情并茂地诵读往往可以诱导孩子“误入”其中，伙伴们的“合唱”能令他自主追从，奖励挑战也能调动起孩子的雅兴……

只要孩子乐于接受，那么把背诵古诗作为3岁前语言发展的辅助手段是无可厚非的。面对咿呀学语的孩子，除去背诵古诗外，在语言能力的培养中，还可以这样做。

- 利用日常生活认识新事物、积累新词汇。生活中有大量机会能使孩子多接触、认识不同的事物，引导孩子记住新事物的名称，鼓励孩子讲述他的发现，提高说的兴趣。
- 开展亲子阅读，学习规范语言。亲子阅读能提高孩子对规范语言的理解与接受能力。
- 通过游戏、谈话培养表达习惯。在与孩子相伴的游戏中，家长有意识地引发孩子表达意见、提出要求，能使孩子在运用语言的过程中提高表达能力。

怎样让孩子对数学感兴趣？

都说培养孩子有数学头脑特别重要。我的孩子两岁了，不识数。同事的孩子比他小，已经能从1数到20了。于是，我也教孩子学习数数，但是他就是不感兴趣，而且怎么数也记不住、搞不清。我非常苦恼。是孩子不爱学习？是他太笨？还是我的方法不对头？怎样才能让孩子对数学感兴趣？

孩子其实是最容易被吸引和影响的了。假如孩子抗拒，最好还是从大人身上寻找问题的根源。怎样让孩子对数学感兴趣？从玩入手。如何让孩子理解数的意义？在生活中感知。

首先要澄清一个观念：能从1数到20并不意味着孩子了解了数的意义。孩子接受新事物非常快，只要孩子情绪积极，从1数到50、100都是可能的。但这不能称作是进行数学学习，充其量是学习“唱数”而已，就像孩子背古诗一样，只有记忆没有理解。假如强制性地进行枯燥的训练，逼孩子去背诵数字串，当他反感时，自然会“罢学”。

怎样让孩子对数感兴趣？如何使孩子理解数的意义？

• 在游戏中创造学习数学的契机。要想让孩子感兴趣，就在玩中学习，在玩中体验，在玩中理解数和量的实际意义。为什么要教孩子学习数学？干吗要让孩子认识数字？通过游戏，孩子自己就能够意会到其中的意义。孩子的数学学习起点不是学习数数，而是从感受生活中量的变化开始：要喝奶了，“妈妈，奶多，喝不下”；把大苹果送给爷爷，从中体验到大和小；和爸爸妈妈捉迷藏，看到了爸爸个子高，知道自己个子矮；出去散步发现去商店的路很远，到街心花园的路很近……生活中可以体验量的变化的情境非常多，只要有一双善于发现的眼睛，就能让数学成为孩子生活中的朋友。

• 培养孩子善于发现生活中的数字。在感知量的基础上，引导孩子发现数：妈妈有1张嘴巴、两只眼睛、10个手指，孩子和妈妈一样。小猫有4条腿，小狗有4条腿，小鸡有两条腿。日历上有“1”，图书上有“1”，字卡上也有“1”，像一根手指的字就念“1”……外出乘车的时候让孩子找找哪里有数字，带孩子去商店的时候，看看哪里有数字。随手翻翻报纸，把数字用笔画下来。当孩子发现数字无处不在的时候，就非常兴奋。发现的快乐是支持孩子继续发现的动力。

• 使学到的本领在生活中能得到运用。学到的本领在生活中运用，是孩子对于数概念的真正掌握。妈妈做饭，孩子可以帮忙拿两头蒜，运 4 个西红柿；要吃饭了，孩子可以帮助发餐具，每人一双筷子、一只碗、一盘菜……孩子能喝半杯水、吃 3 块饼干……学到的本领在生活中运用之后，孩子才可能会有真正的数学头脑。

学习数学就这么容易，让我们把视线聚焦在生活中、游戏中、孩子的亲身体验中。唯有这样的学习，才会对孩子一生的发展有益。

孩子的智力开发是“过这村没这店”吗？

一些报刊书籍经常提示父母，孩子的智力开发是有黄金季节的，一旦错过会让孩子一生的发展留下遗憾。我的孩子刚刚出生，我想一切都来得及，但是我也有疑问：我的母亲没有什么文化，我也没有接受过什么早期的启蒙，但是，我们兄妹两人发展得也都不差，孩子智力开发“过这村没这店”的说法科学吗？

从脑科学研究的成果看，孩子的智力发展的确存在着关键期。至于是否真的“机不可失，时不再来”，应该说不适用于孩子发育、发展的所有方面。因为许多教育实践证明，适宜的教育在人生的任何时段内，都可以发挥出积极的干预、影响作用，这也是当前推进学习型社会建设的实践依据。只不过教育能在孩子发展的关键期内介入，会收到更佳的效果。

时下，对于小孩子的智力开发，在认识和实践上存在着误区，如识字、早期认知训练等。单纯强调脑潜能的早期开发和利用，使人们不同程度地对早期智力开发产生误解：既然有一点点刺激就可以对孩子的神经系统发育有所帮助，那么，刺激越多越丰富，孩子是不是可以获得“超常”的发展？为了让孩子成为天才，“不能输在起跑线上”成为一些家长的共识。

近年来，一些通过对新生儿脑部、感官与行为发展的新研究，向传统的幼儿教育观念提出挑战。他们认为传统的重认知能力发展的课程，只强调孩子过早辨认文字、数字、颜色和形状，会迫使孩子使用较低层次的思考，通过强化训练实现记忆，而不是发展学习能力。因为通过对孩子施压让他吸收新信息，只是让他接受“必须通过表演来获得父母的认同”这样一个事实。而主张新观点的研究者建议：家长应该将早期教育重点放在建立孩子的感情能力上。因为“感情能力不只是未来发展亲密关系与信赖的基石，也是智能与许多认知能力发展的基础。在孩子不同的发展时期，感情能力都扮演着主导的角色，学习与认知技巧的领域，其实也是通过感情来学习……”（华盛顿大学儿童心理学教授，格林斯本）这种观点是有道理的，对于家长们改变传统的启蒙教育认识，具有很高的借鉴意义。

当家长在面对孩子的时候，要冷静地思考和选择，接受“孩子呱呱坠地时，最重要的是发展孩子对周围的人和事物具有积极的感情能力”作为早期养育的中心，同时更多思考怎样通过亲子之间的积极互动，激发孩子对身边的事物的热情和好奇，而不再绞尽脑汁地琢磨让孩子学习什么知识技能使孩子变得更聪明一些。

孩子“上课”走神怎么办？

我的孩子今年3岁了，是个小男孩，他语言发育较好，但有点儿胆小，一些游戏不敢去尝试。老师反映说他“上课”的时候，有时眼睛直勾勾地看着老师，但老师叫到他却没有反应，经常走神。他为什么会这样？我们应该怎么去纠正？

在小孩子中，经常会有这类现象：争取回答问题时，小手举得很高，一旦被老师请到，又常瞠目结舌。就是我们成人参加一些讨论时，只要是自由议论，大都能滔滔不绝，一旦要郑重其事地起立作答，许多人都要三言两语了事。为什么？有点儿怕。怕什么？说不清。

胆小些的孩子这样就更不足为奇了。家长了解到这一现象，不要过度紧张，因为我们过于频繁的询问，会暗示孩子这本可能是“偶然的不理想”成为必然的“答问恐惧症”。如果在轻松的环境里，孩子能在小范围的交流中表达清楚就可以了，至于站起来说得怎么样，并不很重要。从“扬长”入手的策略往往能收到最佳的教育效果。

• 细致观察，掌握第一手资料。对老师的反映，你可以再通过自己的观察得出结论。因为在集体课堂教学过程中，老师没有足够的时间等待每一个不同特点的孩子。你可以利用幼儿园半日开放的机会，静下心来观察孩子课堂活动中的情绪、参与状态和外部（语言、动作）表现，但切莫提示干扰。看过活动，您对孩子的了解就会更客观、更翔实。

• 交流沟通，了解孩子的感受。和孩子聊聊共同的话题，如有关幼儿园活动的事件、家庭游戏中的发现、你虚拟的自己的窘迫事件情节等，请他想个办法帮助你……在这个过程中你可以近距离了解孩子的思维方式和应对特点，发现孩子的优点，给他鼓励、赞赏，“少教训、多民主，少否定、多赞赏”是维持沟通的诀窍。如果孩子比较敏感紧张，尽可能淡化、转移，做他最知心的“同谋”，才有可能走进他的心中。

• 介入支持，帮助孩子顺利过渡。在日常生活中，根据孩子的薄弱方面进行积极引导。如通过亲子阅读培养专注力，通过独立动手操作渗透任务意识，让孩子在感受成功、体验成就的同时，建立对自己的积极期待。

与此同时，把你的发现和老师分享非常重要。因为幼小的孩子是通过社会他人对自己的评价，从而建立自我价值感的。客观向老师介绍孩子的优点，既是实现家园共同教育的基础，也是改善孩子成长环境的重要条件。

孩子只看同一本书是为什么？

我的孩子喜欢看书，我就给孩子买了很多本图书，可是孩子就喜欢看其中的一两本。故事早就讲得烂熟了，可他还是要一遍遍地听，一拿起其他书，就摆手喊“不！不！”，这是为什么呢？

喜欢同一本书，是很多小年龄的孩子的特点。一般小年龄的孩子都会阶段性地出现这种“偏爱”。这主要是由于这个阶段的孩子，正处在积极的语言学习时期，因此对作品中熟悉的语言非常敏感，当家长讲的时候，有的要专注地盯住家长的嘴巴学说、有的则盯住画面专注地倾听，一遍遍百听不厌。

究其原因，主要有如下两个方面的因素。

• 故事内容适合小孩子。情节简单，线索清楚，人物不多，特点突出。比如《拔萝卜》就是一个不同时代、不同国度的儿童都痴迷的、喜欢反复叨念的故事。在反复倾听中，孩子不断加深对故事意境的理解，体验着积极的情感：团结、友爱……

• 语言有趣，形象生动，句式重复，便于记忆。孩子在听的过程中，常常能够自主地成为讲述者。参与到讲的过程中，孩子感受到尽兴和愉快，更重要的是，在反复聆听中，孩子能主动学习吸纳故事中生动的语言营养：“小姑娘（小猫、小狗、小老鼠），快来呀，快来帮我拔萝卜！”“哎，来啦！来啦！”“嘿哟、嘿哟！……”

小孩子有了自主意识，不喜欢自己被忽略、遭冷落，喜欢通过选择获得自己希望得到的成就。于是，熟悉的、有趣的故事就成为孩子的首选。因为他可以参与、介入，能够预见到未来情节的发展变化。当预见和故事的情节发展一致时，他会开心，有成就感，这样他主动学习的积极性再次得到强化，同时记忆、思考、表达等不同方面的能力，都能在熟听的过程中逐渐提高。

家长在和孩子一起读书时，会下意识地用自己的价值观影响孩子：“讲得烂熟的故事没劲。”但是，3 岁前的孩子的阅读，在于积累说话的语言素材，反复聆听就是孩子心智发展的需要。当家长了解了孩子的这些特点以后，相信在以后的阅读中，会更重视孩子的意见。

让我们顺应孩子的发展需要，在选择图书时，更多考虑孩子倾听、阅读中自主学习的需要，多选择符合幼小孩子特点和需要的好书，孩子就会在丰富的精神营养中健康成长。

三 生活中的情感体验

抚育孩子最好的方法，是我们对他的照料、引导和教育始终具有耐心、爱心，同时又理智而坚定，对他保持始终不渝的积极期待。

孩子有时听不进劝，该怎么管教？

我的小孩今年刚3岁，在幼儿园小班，很好动，老师说他在幼儿园里很不认真。他在家的时候也很任性，而且谁都不怕，不怕打也不怕骂；有时很讲道理，有时又很不听劝。对此类小孩应如何管教？

由衷地赏识孩子，对于孩子的未来发展非常重要。

“赏识”是孩子成长中的阳光。每一个成长中的孩子都视“被爱”为生存的第一精神需要。所以，通过赏识表达家长的“爱”，就能使孩子对自己产生积极的期望，产生不断超越自我的动力。孩子为赢得至亲的爱时，最肯于努力，最乐于付出。

一旦孩子既能承受住皮肉之苦，又能经得起情感挫伤时，家长就必须换个方式思考如何养育他。因为家长的方略他了如指掌，武力造就了“铮铮铁骨”，历数过失使他习以为常，继续下去，家长的威信在孩子的心里可能就会一点点消失。

好动的孩子多半是爱动脑子、爱尝试新事物的孩子。他们聪明、好动，但家长不太乐于接纳，也由于他们有时“不讲理”且“任性”，往往被家长视为“祸事之源”，因此他们的一些探索、尝试，更容易被曲解。当孩子无力为自己辩解、平反时，也就顺应大家的“预言”逐流而下了。

还有一点应该提及的：给孩子申辩的机会。这既能了解孩子的动机，又能通过家长的行为，引导孩子学习应该怎样与人相处，体验如何与人沟通。3岁多的孩子正处在一个活跃的发展阶段：他对成人的依赖大大降低，活动大都更乐于尝试独立自主，但由于受经验水平的制约，他在活动中对规则的遵守意识又极为模糊。家长有这样的感觉：再小些（1岁）比较听话，再大些（4、5岁）比较明理，3岁就是这样一个“心理上的学步阶段”，显得比较不好调教。3岁多的孩子能有时很讲理，说明他有一定的自主意识和初步的是非观念。家长假如能尝试着去总结一下在什么情况下、有哪些原因让孩子特别讲道理，就可以投其所好，从情感强化入手，给他选择的权利，他可能会有所变化。

总之，赏识是解决问题的关键。发现孩子的优点，把它告诉老师，表扬孩子的长处，让孩子自己有所收获。

孩子特别爱到处乱画，为什么？

我的女儿现在1岁半，酷爱在适合她身高的地方乱涂乱画。为了方便她创造，我特意买来B5的纸，供她“挥毫泼墨”，但是她视而不见，依旧我行我素，专门提供的空间基本不用。这是为什么？怎样纠正？

孩子喜欢涂涂画画是好事情，因为这说明她对身边美好的事物有了积极的体验，想把这种愉快的感受表达出来。如果珍惜孩子这份情感，就应该像这位家长那样，提供“专供空间”，使孩子通过愉快积极的表达，获得身心的愉悦，同时，使她更乐于去发现、去观察。

为什么家长提供的空间孩子不用呢？为什么雪白的纸她不用，却一定要画在墙壁上呢？怎样发展孩子泼墨挥毫的兴趣，同时又兼顾基本习惯的培养？

小雪两岁了，正拿着妈妈的唇膏在墙壁上“创作”：“面面，给妈妈吃的面面，呜……呜……”说着说着，停下了，看着手中的暗红色唇膏，片刻，跑到书房问妈妈：“什么？不像，不漂亮！”莫名其妙的妈妈跟着女儿，走到卧室看到了女儿的杰作和扔在地上的唇膏……

孩子受自身发展水平的局限，喜欢在更为开放的地方“随机创作”。孩子受认知经验、技能水平的局限，有可能不认同家长的特供空间。因为此时的孩子的“画”就是信手涂鸦，她只对笔下源源不断“吐出”的线条感兴趣。如小雪对线条的变化产生神奇的联想，“给妈妈吃的面条”。特别是在画中能不断移动身体，她会感到非常自信，因为变化是她“制造”出来的，但当她的解说词“面面”和暗红色的唇膏不匹配时，发现了色彩“不漂亮”。

又因为小肌肉协调、控制的能力差，有限的画面使小孩子不能随心所欲。小孩子在涂鸦中很难控制住自己的手臂动作，在 B5 的纸上画画，孩子稍不留意就要“出界”，索性摆脱它。孩子喜欢大的纸，大的空间，因为空间越大，孩子体验动作和变化的关系就越明了，同时需要兼顾的其他因素变少，挫折、不满才会不干扰孩子的“游戏创作”。当孩子相关的经验逐渐丰富了，视觉和手的动作建立起积极联系后，再投入纸张，孩子大多会接受。

为发展孩子的色彩感，家长可巧用居家环境中厨卫空间和废旧物，支持孩子的涂鸦兴趣，发展她的“抽象”艺术才华。家长可以把厨房、卫生间、户外墙壁充分地利用起来，瓷砖、地砖、小黑板、贴在墙上的大报纸，都可以成为孩子的创作空间。家长可以给孩子彩色水笔、颜料、粉笔、棉签等不同的材料创作，还可以教孩子用手掌印、脚掌拓、手指点等方法，感受利用自己的身体部位作画的快乐，通过充满动感体验的涂鸦游戏，促进孩子感知能力的进一步发展。

孩子只偏爱一种款式的衣服，应不应该顺着他？

我的孩子两岁多了，可无论怎样，都没有办法改变他习惯的穿衣款式——不肯穿整裆裤。强行换上之后，换来的是他脾气爆发。对这种情况应该怎么办？

克制、短暂剥夺、冷却孩子的反常情绪，应成为家长紧急应对“暴脾气”的首选。因为当孩子脾气爆发时，精神处于极度亢奋状态，通常意义上的“说理教育”往往显得苍白无力，孩子既听不进循序渐进的剖析，也不可能从冗长的讲述中提炼出解决问题的关键词。所以当孩子脾气爆发时，需要“非常”对待。

早晨起床不久，家里就硝烟弥漫，原定全家郊游的计划目前已经搁浅。导火索是一套衣服。孩子两岁了，就是不穿整裆裤，并且爱玩弄“隐私”。爸爸妈妈非常头疼。根据有经验的前辈的指导，爸妈决心帮助孩子迈上“自尊知耻”的台阶。昨天讲好穿上小姑姑送来的新衣服去野餐，起床收拾停当，妈妈拿出漂亮的牛仔装穿在孩子身上，从新衣服套上那一刻起，孩子的情绪就越来越坏：先是哼哼唧唧围着妈妈转，随后到忙碌的爸爸腿边，揪着向上攀。爸爸料事如神：“是不是不喜欢穿这条裤子？你长大了，必须像爸爸这样！”孩子揪紧的小手开始放松，涨红了眼圈转到妈妈面前，妈妈慈爱地说：“乖儿子，听爸爸的！”妈妈的话还没落音，孩子就开始哭起来。爸爸严正警告：“告诉你，不穿这条裤子今天哪里也不去!!”他还一并把帐篷、食品从背囊中一件件取出。一瞬间，孩子号啕起来，手脚乱蹬，妈妈哄也哄不住……

在这次冲突的紧急预案里，父母的应急策略有所失当。后来的谈话证明，父亲的判断是正确的，就是因为“姑姑的裤子太闷鸡”，孩子才闹脾气的。但由于父母不加克制——“不喜欢穿这条裤子？你长大了，必须像爸爸这样！”未加思考——“乖儿子，听爸爸的！”使得孩子无法获得适宜的帮助，结果，“悲”从心中起，一发不可收拾。

如果此刻能“悔棋”，家长可以速冻“裤子”这个心照不宣的话题，从孩子钟情的帐篷、野餐切入，“假如要野餐，就需要穿上不露屁屁的裤子”。这种情形下，就能教给孩子理解“选择”和“适应”。而孩子面对需要，就会“委曲求全”重新选择“太闷的裤子”。我们深信：父母通过理智的调度，孩子能尝试兑现自己曾经的诺言，在现实生活中学会克制。

孩子帮倒忙时大人该怎么办？

小孙子 3 岁了，一直是我带他。孩子身体结实，说话冲，勤快，特别爱帮助我干活。只是有一样，我的年纪大，很多时候是反应过慢，经常让他抓翻了碗，弄倒了醋，越帮越忙。我觉得孩子是好意，可总好心办坏事也要管。可他爷爷不同意，说孩子还小要保护积极性，大了、懂事了自然会改。请问这样是不是也应该管？应该怎样管？

3 岁的孩子有了基本的生活经验作积累，能在成人的引导下弄清是非曲直。当孩子好心办错事时，及时帮助孩子总结经验，既能提高孩子的心智水平，又能促进孩子社会性情感的发展。但要注意，帮助小孩子的方法要适合他的接受水平，既避免剥夺又避免苛求，还要注意适度，让孩子通过帮助成人，学会调整，增长才干；学会做事，增长智慧，建立信心。

隆隆爱帮忙，而且手快，奶奶说该喝点水了，隆隆上去就抓茶杯，一下打碎了奶奶的细瓷盖碗儿，奶奶真心疼："这是你爸爸给我的寿礼，大老远买的。净惹祸！不许动，以后不许你乱动！上次就是多事，把体温计摔了。以后大人的事不许管，记住没有？"隆隆不服气："奶奶说要喝水的……"

小雨点爱给大人帮忙。他觉得帮忙就像游戏一样好玩。妈妈和面时手上沾满了面粉，请小雨点帮妈妈往面粉里加水。妈妈说倒一点儿，小雨点就倒一下，妈妈说倒多一些，小雨点就试着多倒一些，边倒边问："对吗？""行了吗？"妈妈不断通过语言和孩子交流，使倒水这本来没意思的事，变得很好玩，水量一点点的变化，使本来坚持性和有意注意水平都处在较低水准的孩子获得相对的提高。

当孩子想做事的时候，剥夺孩子的参与权，会造成孩子对周围事物漠不关心；对孩子正做的事要求过高，会使孩子产生本能的厌恶乃至受挫。在孩子想做、要做事的时候，只有大人充满童心，才能把做事简约成游戏，在玩中使孩子获得成就和满足。

男孩子总要穿“新娘子衣服”、盖“新娘子被子”是不是变态?

我的孩子今年3岁，让我省心的地方是爱干净，脏的地方从来不动不摸；让我操心的是，快3岁以来，每天洗完澡就要换“新娘子衣服”（一件豆绿色的小T恤），晚上睡觉也要盖“新娘子被子”。开始孩子说时我没在意，但是现在快成“癖”了。我儿子是不是变态呀?

爱美之心人皆有之。

“新娘子”一词，在孩子的审美心理中就相当于“漂亮”的同义词。它是以孩子对美丽的理解和赏心悦目的审美体验为基础而形成的积极的情绪经验，绝不是孩子“变态”。

迎亲的花车、宛若天仙一般的新娘，使得所有路人都不由得驻足欣赏，人们会惊叹新人的清新美貌，会夸奖服装、鲜花色彩的和谐，能营造出喜庆场面的热烈……这一切，都成为孩子产生美感的营养素。当孩子伴随着成人的评价，把这些动人的画面尽收眼底时，会产生愉悦、快乐和兴奋。“新娘子”就成为美的浓缩、美的概括和美的代名词。

小孩子天生喜欢鲜艳夺目的色彩，随着年龄的增长，逐渐形成富有个性特点的色彩偏爱，家长不必紧张。从描述看，孩子从小喜欢整洁、爱干净，毫无疑问这和他生存在有序、温馨的居家环境有至关重要的联系。在家庭生活和个人经验中，成人“省心”的赏识，对强化孩子良好的个人习惯起到积极的促进作用。同理，随着孩子对色彩鲜艳的衣被选择需要的明确，家长逐渐聚集的紧张与不安，同样起到了强化的作用。对于独立意识正在萌芽的小孩子，家长越是控制、反对、拒绝，孩子越要坚持、索要，随着冲突的增加，渐渐成“癖”也在情理之中……

家长非常希望男孩具有阳刚之美，不喜欢他“脂粉气过浓”，这可以理解，但是，假如方法不当会适得其反。顺其自然，保持常态心境，对于孩子更有帮助。

用什么办法能让孩子踏踏实实做完一件事？

我的孩子是个男孩，快3岁了，聪明活泼，性格开朗，可是做事情没有耐心。如果做一件事一次两次做不好，他就会发很大的脾气。遇到需要等待的事情，他特别性急，会发火。我该怎么去引导他学会等待呢？

引导孩子学会等待和做事耐心是非常重要的。作为担负起领航重任的家长，能敏感地提出这样的问题十分可贵。孩子做事失败的原因一是源于经验短缺，二是因为盲目。所以，要矫正孩子做事缺乏耐心和不能等待的行为，我们不妨这样着手去尝试。

• 语言缓释法。当孩子即将失去信心时，送上关键的意志支持："这个事情真的挺不容易，你做了半天，我觉得你很了不起。不过，假如你放弃……"缓释的核心是让聪明的孩子了解到做事不都是很容易，而且心中的焦虑有人理解。焦虑释放掉一些，心理就能轻松一截，随即他可能会在成人的认同下，超越自我。当孩子急躁得一触即发时，切忌调教过激——"不行，一定……不然……"这只会雪上加霜。

• 榜样模仿法。如果能有片刻闲暇，不妨和孩子一起做做、试试，不当爸爸妈妈，试着当一次"同桌"。榜样的核心任务是：让孩子间接观察到做事过程中的计划与步骤，有意识地曝光"盲目"之害。你不妨自言自语：我应该怎样做呢？帮我想想办法……我应该……不行……假如……如果先……然后……切忌直接教授，因为教授获得的是被克隆的技巧，模仿榜样是学习做事的规律方法。

• 情境体验法。有体验才能有共鸣。当孩子不能接受正常的等待而大发雷霆时，可以利用日常生活中的情境，让孩子接受在共同生活中必须遵守的准则，大到外出乘车、就餐，小到居家生活琐事，如等待热水渐渐冷下来才能喝，饭要煮熟可以吃……改变以往"万事俱备，只欠东风"的照料养育方式，使真实的生活情境成为教会孩子等待的宝贵教材。

• 经验迁移法。风物长宜放眼量。了解到孩子发展上的这个现象后，可以略施小计，未雨绸缪。比如选择一些适宜的故事、事件，展开轻松的议论，议论的核心不是直接的批判，可突出对急躁的理解，同时加上建设性意见，特别要鼓励孩子开口，并赞赏他的意见，为他日后的付诸行动奠定积极的心理基础。

另外，应该提及的是，孩子的性急与他这个阶段发展的不成熟关系密切：想做很多事，但往往力不从心，曾经积累下很多间接经验，但不知为何派不上用场，于是对自己、对玩具、对家长、对事件都会耿耿于怀……所以，假如孩子的性急与上述因素有关，还可从这些方面入手去帮助孩子。

四 与人相处中的倾听表达

当孩子第一次开口说话，当我们被咿呀的童音包围时，感动、兴奋与成就并存。让我们聆听、理解孩子的需要，接住孩子发出的“每一个球”，与孩子共同体验交流的快乐。

三四个月的孩子总噘着嘴发出断断续续的声音，是不是想学说话？

我的小孩快 4 个月了，有时他一个人在床上时故意咳嗽，当我们过去，他会咯咯地笑，嘴巴总是噘着。他这样是不是想说话呀？

三四个月的小孩子专心吸吮手触之物的兴趣有所下降，而社会性需求逐步萌发，他们愿意与人交流，尤其是他熟悉的人，比如母亲。最初当大人逗他时，他会微笑，后来会发出微弱的声音，多为喉音，如“啊”“伊”“哦”等。此时的偶然发音及发音所产生的听觉和喉部的新感觉，可以给孩子带来惊奇和愉快，促使他们反复发音，从中体验快感。他借助发出的声音如咳嗽、吧嗒舌头等引起亲人的注意。当有人跟他说话时，他会用微笑、尖叫来表示高兴和不满，还能发出“咕咕”声，会哈哈笑，这种声音能持续数分钟，逐渐地他能发出一连串像有音节的声音，这就是早期的咿呀学语。

此时就要注意保护孩子的听力，别给孩子听过强的音响，避免孩子听觉通道受损。家长要多跟孩子交流，别以为孩子小，吃饱穿暖就行了，平时给他换尿布、喂奶、洗澡的时候要轻声跟他说话，例如：“孩子，我们要洗澡啦，洗洗胳膊……”孩子会很高兴并能配合你的动作，并让孩子学会专心倾听发音。

家长还可以教孩子发音，例如脸对着孩子，嘴里发出“啪啪”“嗒嗒”等音，并用手抚触孩子身体，使他觉得这个游戏很有趣，并乐意模仿成人的声音、语调。当孩子模仿出声音时，家长要亲亲他，让他感到他这样做家长会很高兴，并愿意多尝试。

我的孩子快两岁了还不会讲话，是不是智力有问题？

我的孩子快两岁了还不会讲话，有时他想要干什么事情就用手指或发出“嗯嗯”的声音，他是不是智力有问题？

孩子说话早晚有差异，有的孩子三四岁才会讲话，多次检查未发现生理有问题，而是后天环境因素造成的说话晚，例如孩子听力有障碍，影响发音；成人包办代替多，造成孩子俗称的“话懒子”；成人语速快，他听不明白正确发音。

• 孩子听力有障碍，影响了发音。由于先天或后天因素，造成孩子一侧或双侧听力有困难，例如孩子发烧、孩子从高处摔下来等原因留下后遗症，造成听不见或听不清楚。由于听不见外界的多种声音，自然就影响了他积累掌握词汇的能力，因此孩子不会讲话，这是病理现象造成孩子开口晚。

这种情况下，建议在家多观察孩子，也可有意在孩子一侧小声叫他或敲某种玩具发出轻微响声，观察孩子有没有迅速反应。也可带孩子到医院检查听力情况，如果没问题，即可排除此种病理原因。

• 成人包办代替过多，造成孩子俗称的“话懒子”。现在的孩子多是独生子女，多个大人照顾一个小孩子，平时他的一举一动、所思所想都在成人的掌握之中，他想要某样东西，一个眼神成人就知道了并立即递到他手里，或者孩子一哼哼你就替他说：“你要喝水是吗？”“嗯。”孩子只需点头，没必要说话。再有孩子说不出来时成人嫌麻烦，干脆递给他，时间长了，他不用说话就能轻易达到目的，因此他就形成不发言只用手指或点头来表示的习惯动作。

这种情况下，建议给孩子独立的空间，让他自己去尝试取放想要的东西，做想做的事情，逐渐脱离成人的包办代替。如果成人明知道孩子想干什么时，也不要直接说出来，可以说出两种由孩子选择，比如："你要汽车还是积木？""你想干什么？"在这样的语言环境中孩子自然要说出一个答案，逐渐地从说一两个字到句子，孩子自然就变得能主动讲话了。当他主动说话时，你一定要给予表扬或奖励，使他有兴趣讲话。

• 孩子听不清成人的发音，影响他表达。由于成人说话有口音或语速快，孩子听不清楚正确的发音，造成他不能说出来。曾有一个特殊的家庭，家长反映孩子什么都明白，可是快 4 岁了仍不会讲话，他们全家都很着急。后了解发现，孩子家里口音太杂——爷爷是东北人，奶奶是上海人，姥姥是湖北人，姥爷是广东人，妈妈在北京工作却有湖北口音，爸爸是北京长大的，请个保姆是四川人。平时孩子由爷爷、奶奶、保姆照顾，周六日爸爸妈妈带孩子到姥姥姥爷家过周末。发现这一情况，跟家长交流时，他们才意识到可能是口音问题造成孩子不讲话，例如，同一样物品，每个成人的叫法不同、音调不同，孩子不知该模仿谁的发音才对，因此就光听不说。

这种情况下，建议全家人尽量说普通话，对日常用品的称呼叫法要规范发音；给孩子多听儿童录音带，多跟同龄伙伴一起玩耍，为他提供学习的机会。家长要注意别着急，把心态放平，跟孩子交流时蹲下来让孩子看清楚你发音的口型，一定要多重复，才便于孩子学习掌握。

孩子有事不说，急得揪头发，是不是神经质？

我有个孩子，想要的东西没有立即得到或是要求得不到满足时不说话，就是急得揪自己头发。看他着急的样子我们很心疼，心疼之余也不禁怀疑：他是不是有神经质倾向？

当孩子的愿望和要求得不到满足时，不说就急得揪头发？我们不妨分析一下，是什么原因造成孩子这样呢？通常有以下4种原因。

•孩子任性，脾气急躁。现在的孩子大多是独生子女，这种情况易使孩子成为每个家庭的核心，几个大人围着这个“小太阳”转，真是人们常说的要星星不敢给月亮，有求必应，唯恐怠慢。久而久之，孩子被大人惯出任性、急躁，没有耐心，稍不如意就发脾气抗议。为了获取最大程度的满足，他们会以哭闹、叫喊、摔东西、揪头发、跺脚等形式发泄心中的不满，只是每个孩子表达的方式不一样而已。

•孩子借此表达心中不满，期望获取成人更多的关注。有时家长忙于自己的工作和家务，疏于对孩子的关心和照顾。例如家长在做饭、看书、写东西、打电话等，孩子想跟你交流，而你当时无暇顾及他的愿望，找借口把孩子支开或敷衍地点头，孩子不能及时跟你交流他觉得很有趣的想法或新发现，他觉得你无视他的存在，心里会很不舒服，因此他会表现出异常的反应，如揪头发，而当他第一次揪头发时，你的及时关注和紧张的神情使他有一种满足感，他看到成人对他行为的焦虑和在意很开心，从中找到自己的重要性，心理达到平衡，很满足自己的做法，此后他会不断上演揪头发、摔东西等把戏，他知道唯有这样才能引起家长的关注。

•孩子语言表达困难。有3种情况会造成孩子语言表达有困难：一是孩子本身口腔发育不完善，有生理缺陷；二是孩子年龄小，掌握词汇少，还不能用语言完全、准确地表达出自己的想法；三是孩子有口吃，吐字不清楚。这些情况使孩子表达不出想去的地方、想吃的食品、想穿的衣服等，因此，孩子会起急，更进一步就会揪头发、打人等，向成人传递自己不满的情绪。

•看护孩子的人有变化，他听不懂对方的话语。有时家里看护孩子的人员有变动，由陌生的人来照顾孩子，这会给孩子日常的生活等带来不便，造成他发脾气、揪头发。如新换的保姆、外地来的爷爷奶奶等，他们说话有口音或常使用方言，孩子跟他们不能顺利地表达交流，造成各说各的，互相听不懂，孩子就会起急。

上述4点原因，可能会造成孩子有事不说、揪头发的反常表现，这并非什么神经质。下面几点建议可供参考。

•成人尽量减少包办代替的做法，有事多跟孩子讲道理。创造机会让孩子多跟小朋友一起游戏，可以先多跟比孩子年龄大的哥哥姐姐玩耍，一方面大孩子懂得谦让，不会跟他争抢，另一方面让孩子学习大孩子之间的合作游戏和用交谈解决问题的方法。

• 平时，家长应暂时停下手里的事情，专心陪孩子玩 1—2 个小时，使孩子有机会把他的发现、他的喜乐跟你交流分享，你要表示出浓厚的兴趣并及时给予他肯定和表扬，使孩子心理得到满足，让他体会家人对他的爱。

• 孩子说话是从先听明白开始，逐渐过渡到理解话语、转换成自己的语言、说出来，平时你多跟孩子交谈，多给他讲故事，让他多听，以丰富他的词汇量，孩子理解了词语的意思，就转化成自己的语言表达出来。可先从简单的与孩子生活联系紧密的词汇教起。例如他喜欢的玩具、食品、游戏等，一定多重复，让孩子看着你的口型从两三个字到短句，逐渐增加。

• 尽量请会说普通话的成人帮你照顾孩子，如果条件不允许则可首选有口音而不用方言的，因为 2—3 岁是孩子口语发展的关键期，此时他不能与人交流，则影响他今后的语言能力，甚至使他性格内向、自卑。如果你不能让孩子避开有口音的人看护，平时一定多抽空跟孩子交流，或多给他看看动画片、听听儿歌录音带，以帮助他学习正确发音，避免孩子因无法交流而发脾气。

我的孩子和别的孩子在一起时特别爱咬人，怎么办？

我的孩子跟别的小朋友一起玩时，得不到想要的玩具或说不过别人时就爱咬人，致使别的家长看到我们过去，就把自己的孩子带走，不愿意跟我的孩子一起玩。怎样才能帮他改掉这个毛病呢？

这种情况在 2—3 岁的孩子中很常见。这一年龄段的孩子已进入第一反抗期，他们已经有了初步的自我意识，具备了一定的经验和技能，但是跟同伴的交往过程中仍不会很好地运用语言来表达。当他的愿望得不到满足时，就会用咬人或打人的方式来表示不满。而孩子的手口没轻重，被咬孩子的家长看到自己孩子受委屈，一方面很心疼，另一方面又碍于面子不便跟你和孩子理论，因此只能是抱起孩子躲得远远的，而这种避而远之的方法间接剥夺了你的孩子学习与人交往、合作游戏的机会。他不跟同伴一起玩耍，就不会掌握恰当友好的方式，这对他的成长是很不利的。

建议采取以下 6 招。

• 家长带孩子外出活动时一定不要离开，当发现孩子有咬人倾向时立即把他拉开或带离现场，以避免别人的孩子受伤害。

• 当孩子咬人时，你一定要真诚代替孩子向家长和被咬孩子道歉，教孩子给小伙伴吹一吹，也可以让孩子给小伙伴送个小礼物表达歉意，使家长感到你的诚意，不会总是躲开。

• 平时多给孩子讲道理，告诉他有话好好说，咬人别人会很疼，大家都不喜欢咬人的孩子。必要时家长也轻咬一下他的胳膊，使他有痛的体验。

• 多教孩子一些简单的交往语言，使他能有恰当的词汇表达想法，如:“给我玩一会儿好吗？”“行，一会儿你还给我。”“咱俩一起玩吧？”“咱们换着玩行不行？”“咱们做好朋友吧？”等等。既简单又实用的语句能帮助孩子顺利与人交往，友好相处。

• 请一些比自己孩子大的小朋友到家里来做客，让孩子从与哥哥、姐姐的交往中学习技巧，另一方面当他要咬人时，大孩子有一些自我防护意识，如把他推开，或大声叫喊成人帮忙，以便及时阻止他的行为。

• 在家里跟孩子一起建立自律规则。比如如果你今天咬人了，就要把你最喜欢的玩具或好吃的东西送给被咬的小朋友；如果你今天咬人了，周末我不跟你一起出去玩；如果你咬人了，晚上我不让你看动画片或不给你讲故事等。要求孩子懂得为自己的行为负责任，承担一些后果，同时，孩子表现好时要及时给予肯定。

家里来了客人，孩子磨人不让说话，怎么办？

每次家里来客人，我们招待时，孩子就会缠着我要这要那，不让我说话，有时还捂住我的嘴。当着客人我也不便批评他。有时他发脾气、哭闹，对客人很不礼貌，我们感到很尴尬。对像这种磨人的孩子，我们怎么办呢？

通常家里来了客人，家长要把精力放在如何招待客人上，整理房间、准备食品和饮料、陪客人聊天等，而忽视了孩子的存在。有时给他一些玩具让他到别的房间自己去玩，有时给他一些平时不让吃的东西让他到别处去随便吃。不久，孩子就会觉得很没趣，来找家长寻求慰藉，期望得到家长及客人的关注，而家长此时与客人谈得正高兴，简单答应几声，就打发孩子离开，成人的愉悦表情和开心的笑声使孩子倍感无聊，甚至烦躁，此时他就会过来拉家长离开或捂住他们的嘴不让讲话。虽然家长当着客人不便批评他，但家长的不耐烦已被孩子感觉到。他会觉得家长喜欢客人而不喜欢自己了，就会发脾气示威，期望借此赢得关注，而他不会想到这样做使家长感到很没面子，待客人走后会批评孩子不懂事、没礼貌，孩子就会迁怒于客人，觉得是客人的到来使家长不重视自己。于是等下次客人来了，他更加磨人，搅得大人没法交谈，他便会觉得达到目的了。

遇到这种情况，家长不妨采取如下措施。

• 家里来客人前先跟孩子打招呼，告诉他今天阿姨叔叔会来，有事情要办，并讲一讲如何招待客人才有礼貌，下一次别人也会邀请我们到他家里去做客，让孩子有思想准备才不会“人来疯”。

• 客人来了互相介绍时，别忘记介绍自己的孩子，使他感到自己也是个小主人，被人尊敬。

• 请孩子帮客人拿拖鞋、送些食品饮料等，客人会夸孩子聪明、能干，这会使孩子很高兴，觉得自己真像个大孩子。

• 告诉孩子大人有事情要商量，请他到另外房间去做些喜欢的事情，如看看动画片、画一幅画送给客人或搭个小房子，此期间家长要轮流到孩子房间看看他在干什么，并适当给予表扬，使孩子感到家长没有因为家里来客人而忽视他的存在，让他体会到家长因他的听话和懂事而感到高兴和骄傲。

• 如果孩子在客人面前磨人，家长可以对客人说“对不起，我失陪一下”，把孩子带离现场到别的房间去，耐心地问孩子想干什么。可以跟孩子约定：“你可以跟我一起去陪客人，但是不能乱插话或打扰大人讲话，否则我会感到很难过，客人以后也不会再来了。”或者“等客人走了，我会跟你一起做你喜欢做的事情”。这样跟孩子商量，一般孩子会听话配合的。

孩子最近总喜欢“没理搅理”，我该如何对付他？

孩子最近常常“没理搅理”。明显是他做得不对，我们告诉他或批评他时，他就会无理取闹地进行狡辩。我们该如何对待他这种情况呢？

孩子“没理搅理”的情况退一步说是他在进行自我保护，造成孩子没理搅理的原因很多。

• 成人对他的期望过高，总是不满意孩子的表现，经常挑剔或对他批评指责。孩子为了避开成人的教训，就会想尽办法为自己的行为找出各种理由，期望能逃避批评。

• 成人以自己的视角看待孩子的行为和做法，并没有从孩子的切身感受去想问题，有时对孩子的做法不了解就加以指点，没有尊重孩子的感受，因此孩子会不满，会“据理力争”，看似“没理搅理”，其实只因视角不统一。

• 孩子很敏感，承受能力较弱，对于失败看得很重，承担不住挫折和压力，总是担心失败，怕别人说他不行，因此常会“没理搅理”。

针对以上原因，有如下建议。

• 对孩子的期望不要过高。只要孩子努力了，没有做好也没关系，下一次再尝试。多以赏识的态度对待孩子，形成民主的、朋友式的家庭关系，有助于孩子建立自信。

• 家长不要主观，对每一种事情都要耐心倾听孩子的想法，让他充分表达后再一起分析，寻找原因，最终找到合理的方法解决。建立探讨式的学习气氛，有助于孩子养成钻研的习惯。

• 即使孩子做得不妥当，家长也不要不留面子地直接指出，更不要说伤害孩子人格的语言，例如："你就是这么笨，总也学不会。"这样会使孩子很沮丧。要心平气和地告诉孩子："你这样做行不通，你如果那样或许会更好些，你再想想。"孩子更容易接受这种善意的提醒。

• 家长不把成败看得过重，才能帮助孩子学会承受失败和挫折。当孩子没做好事情时，平静地告诉他："没关系，下次还有机会，你再试试，你努力了我们就很高兴。"让孩子感受到家长看重的不是成败，而是他努力的过程，让他知道家长不会因为一次失败就不喜欢他。

PART 5

准备，为融入集体生活提前适应

适应能力的培养，关乎人融入社会生活的基本质量。从蹒跚学步到运动自如，孩子大了，天地宽了。在孩子告别3岁，走出小家，开始幼儿园的共同生活之前，我们必须指导孩子做好准备！第一次的离家独行，带给孩子的不仅是生活环境、方式的变化，更是生理、心理成长的挑战。入园之前或初入园时，家长都会有应接不暇的问题……

一 入园准备

小鸟要离巢，会遇多少风雨和挫折？孩子要步入幼儿园，会有多少的不适应？直面现实，做好准备，家园之间的良好衔接与过渡，能够让孩子在适应中成长。

孩子入园，家长需要准备啥？

我的孩子马上就要上幼儿园了。听朋友说，孩子刚上幼儿园会非常不适应。孩子是我一手带大的，真担心他到了幼儿园看不到我怎么办？想我了怎么办？有时候真不想让他去上幼儿园，但据说不上幼儿园会影响到他未来的发展。我现在很纠结，不知道该怎么做。

这位家长现在表现的就是孩子入园前父母的分离焦虑，是刚刚入园幼儿家长中的普遍现象，不要太过担心。孩子来到一个陌生的环境都会觉得缺乏安全感。同样，把孩子送到一个陌生的环境里，家长也会有放心不下的纠结。入园是孩子走向社会的第一步，这个时候家长要给予孩子精神上的鼓励和支持，首先自己要先把内心的分离焦虑尽可能降低。

• 让自己做好充分的准备。了解幼儿园生活和家庭生活在活动节奏、内容安排、作息要求等方面的不同，这样就能估测孩子入园之后所面对的挑战，做好两手准备。一手是入园之前，间接地向孩子渗透相关的经验，让居家生活向幼儿园靠拢，如改变原生态的随意自在为起居有规律，自己练习做事情等；另一手是入园之后，掌握家园生活的差异，更好地援助面对挑战的孩子，如自己的事情自己学着做、有事情要告诉老师等。

• 为了孩子时刻准备好。了解幼儿分离焦虑的相关知识，知道孩子出现焦虑情绪的时候会有哪些表现，可以如何应对。如愉快度过第一天，对他的表现大加赞扬；理解孩子为什么入园、离园两头哭得凶；观察、分析孩子入园后的爱好变化，做到心中有数、投其所好。可在最初一个月，与孩子一起梳理去幼儿园的收获；了解孩子的想法，满足他的合理要求，重视他的意见，对他不满意的地方要给予合理的解释等。

• 给孩子时间去适应新的环境、陌生的人群和变化的事物。每个孩子都是独特的个体，家长不能忽视孩子内心面对新挑战时的无助，特别要避免用对比的方式打击孩子脆弱的自尊，对于孩子的消极情绪要能理解、多引导。因为孩子对新环境的适应，除去后天源于生活的经验准备之外，还有从家长那里承袭的与生俱来的气质、性格等遗传因素。特别当家长发现孩子具有慢热特质的时候，放缓脚步陪伴成长具有非常重要的意义。

如何让孩子尽快适应幼儿园生活？

今年9月，我家的孩子也要入园了，听邻居说起她家孩子入园的时候哭闹特别严重，我就特别担心。我家孩子离开我到幼儿园肯定也会哭，我怎么能帮助孩子少哭一点，尽快适应幼儿园生活呢？

孩子即将踏进幼儿园的大门，独自适应社会生活，作为家长，此刻最关心的就是孩子的“哭闹”问题。下面我们一起分析一下这个问题，了解一些缓解孩子入园哭闹的方法。

孩子哭闹的原因一般有两个方面。

一是孩子方面的原因。

• 分离焦虑。上幼儿园孩子就要离开家长，所以就会产生“分离焦虑”。由于3岁多的幼儿语言表达能力比较差，心里不愉快嘴上说不出来，所以这种焦虑的表现形式就是发脾气、大声喊叫、哭闹不休。焦虑源于离开父母。

• 安全失衡。孩子因为离开熟悉的家庭、亲人，面对新环境和新老师、新同伴而感到紧张不安。由于对新环境中的一切都不了解，有了“便便”，可奶奶不在身边怎么办？没有“妈妈陪陪睡”，谁能来帮帮……进而导致恐惧、不信任，这种失衡源自“陌生”的压力。

从心理学角度看，这是孩子成长过程中常见的现象。“分离焦虑”主要表现在饮食、消化、睡眠及免疫力等方面，孩子常出现做噩梦、讲梦话、烦躁不安、食欲不振、乏力多汗等症状，有的孩子在上幼儿园的最初一两周内还会发生感冒、腹泻等疾病。

二是家长方面的原因。

• 家长“放心不下”影响幼儿情绪不稳。家长总有许多不放心的理由，把孩子送到门口还是恋恋不舍，总希望再抱一抱，长时间在教室门口、窗口张望，生怕有个闪失。其主要原因是家长对幼儿园还没有太深入的了解，总是担心教师少、孩子多，一旦照顾不过来孩子会受委屈。也担心老师年轻、没有带孩子的经验，担心孩子想家人时哭闹，会被老师责罚、批评等。为了弥补自己不能全职相夫教子之过，幼儿入园后，家长总是千方百计地在物质和精神上抚慰、补偿，甚至是无原则地满足孩子的欲求，这些反过来进一步强化了孩子的入园焦虑。

• 家长的过度包办影响幼儿在生活能力方面的发展。独生子女在家被众星捧月般地呵护着，从生活到游戏都由大人包办、决定，孩子在日常生活中没有学习自理的机会，在行为习惯养成中不受规矩约束，在饮食起居里偏食、挑食情况严重，作息混乱……这一切都为孩子适应幼儿园有规律的生活设置了人为的障碍。当孩子看到同龄伙伴会独立玩耍，能胜任自己吃饭、用杯子喝水等简单的自理任务受到老师的表扬赞许时，他会因自己力不从心而羞愧、烦躁、恐惧。面对这些压力，幼儿只能采用一些消极的办法来发泄情绪。

解决孩子哭闹的措施可有如下5条。

• 要选择合适的时机接受家访、座谈。如参加新生家长会、座谈会、填写家长问卷等，能为孩子顺利入园做好前期准备工作。你也可以写一份孩子在家的基本情况，如身体发展状况、情绪、饮食习惯、睡眠、大小便习惯、自理能力、喜欢玩的游戏和玩具、过敏食品等，越详细越好，便于老师了解并有针对性地帮助孩子顺利度过入园适应期。

• 家人意见一致有益于孩子做好心理准备。在孩子入园以前，家里的所有成员都要态度一致，不仅都要支持并鼓励孩子入园，还应该带着孩子一起做准备。如为孩子的每一件衣服都缝上绣好名字的小兜兜，告诉他可以把自己的宝贝收在里面；带着孩子一起挑选购买小毛巾、水杯，让他了解这是他专用的；教孩子认识自己衣服的颜色、图案，为他准备可以自己背的小包包……用这些新任务稀释他心中的焦虑不安，通过这些新装备连接起新的生活。孩子虽小，却很会观察大人的脸色，所以家人坚持每天送孩子上幼儿园的决定一定要一致、一贯。如果遇有分歧、变故，也应该避开孩子单独讨论。

• 帮助孩子建立广泛健康的依恋。利用做客、旅行等机会，为孩子创造机会接触更多的人、事、物，培养他的适应能力，让他体会在新环境中受欢迎、被接纳的感觉，引导他积累诸如有礼貌、快乐、友好等与人相处的有益经验。面对孩子的不成熟，要用积极的情绪去引导、影响孩子。当孩子的表现不尽如人意的时候，要耐心地正面示范，即便是开玩笑也不能用“送你去幼儿园”“让老师好好管教你”这类语言威胁、恫吓孩了。

• 宽容孩子暂时的哭闹，柔和但坚定地走进幼儿园。每位家长在看见自己的孩子入园时又哭又闹，都表现出非常的焦虑。有的一听到孩子哭就抱着不放……有的认为孩子上幼儿园很可怜，对孩子过分迁就……这些都会影响孩子融入新生活的速度和质量。宽容孩子的哭闹非常重要，因为离开家长，来到一个陌生的环境，孩子需要宣泄情绪的空间。同时家长还要有坚持送的心理准备，更不要因为一时心疼孩子而中断入园，那样只能给孩子带来更多的伤害。

• 家长要讲信用，不做无法兑现的承诺。为了让孩子上幼儿园，有时家长情急之中会应允孩子很多：“中午接。”“不睡觉。”“听话，明天带你去动物园。”……用哄骗的方式把孩子安顿在幼儿园后，自己都记不得承诺了什么。家长说话不算数，影响的不仅是孩子的信任，最直接的是这种刻骨铭心的伤害体验，就像潘多拉的盒子，一旦打开就能激活无数的复制链接，对成长有百害而无一益。正确的做法是：家长应该告诉孩子，每天爸爸妈妈上班，你上幼儿园，下班后，我们到幼儿园来接你，周末我们在家一起休息。时间长了形成规律，孩子就会习惯新的生活安排。

怎样让孩子的起居有规律？

我家孩子是典型的晚上不睡早上不起型。马上就要上幼儿园了，如何让孩子养成规律的睡眠习惯，尽快适应幼儿园生活呢？

孩子晚上不爱睡觉、早上不爱起床的现象困扰着许多家长。其实不必因此而头疼，我们先分析一下原因：家长晚上回家后与孩子一起没完没了地看电视、玩游戏……孩子越玩越高兴，当然不愿意去睡觉了。研究证实如果入睡太晚会影响生长素的分泌。晚上 9 点入睡后的 70 分钟，可出现一个分泌高峰，长期的晚睡会影响孩子的生长发育。因此要让孩子生活规律化，养成每天 9 点之前入睡的好习惯，我们可以从以下几个策略入手。

• 和孩子一起确定个睡觉的时间，而且一旦确定就不能改变。让孩子从小就习惯兑现承诺，不仅有益于稳定作息节奏形成，而且对孩子一生发展都是很有好处的。

• 营造一个温馨、舒适的睡眠环境，让孩子感到宁静安全。如果大人要看电视或谈话，最好安排在另一个房间，并关上房门，声音不要太大，尽量保持卧室安静。

• 睡前半小时不要做剧烈的活动，打闹和剧烈的游戏都会让孩子保持亢奋，延迟入睡时间。睡前可以陪孩子做一些安静的活动，比如听听安静的、优美的轻音乐或者讲讲故事。家长可以选择一些稍长一点的故事，在看孩子有睡意的时候慢慢放低声音，直到孩子闭上眼睛。家长也可以装着睡着，不再和孩子说话。对有的孩子，可以使用“信号提示”的方法，比如讲完一个或两个故事了，该到睡觉时间了！要让他知道听完故事就应该睡觉了。

• 家长以身作则。通常双休日的时候，大家钟情于睡到自然醒。但当我们为人父母了，就要收敛下自己的随意。因为孩子很小，神经系统发育不成熟，变换生活节奏会使小小的他难于收放自如，而且还会造成他认知上的困惑：为什么爸爸妈妈赖床不批评，孩子赖床不可以呢？

每天家长都坚持这样去做，相信不久孩子就能养成一个早睡早起的好习惯。

如何帮助孩子快乐起床？

孩子早上起不来，我硬拉他起床他总是哭，每天要哄好长时间。这个问题一直困扰着我，孩子马上就要上幼儿园了，怎么办呢？

其实这个问题同样困扰着其他许多家长。大家是否还记得自己小时候被父母采用“粗暴”的方法叫起床时很不情愿的情景吗？其实孩子都希望在爱中安全地醒来。除了要让孩子养成前面提到的良好的睡眠习惯外，家长不妨试一试以下方法。

• 起床前 10—15 分钟做一些安静的工作，如逐渐调节台灯，让室内的光线有所变化，打开收音机放轻音乐或播放孩子喜爱的故事，轻声收拾屋子，打开窗帘让室外新鲜空气和光线透进室内等，然后再叫孩子起床。

• 尽量使用亲切的声音呼唤孩子，可以用手轻抚孩子的背腰部，再抚摸他的手和脸，触动他的听觉和触觉器官，使他在舒适的刺激中，逐渐从浅睡状态自然地转换到静态觉醒状态，再转换到动态觉醒状态，这时孩子就会睁开眼睛，活动身体。孩子在苏醒后睁开眼睛看到家长的微笑，听到的是家长亲切的呼唤声，自己会愉快地起床。若孩子还未完全苏醒，可以等 2—3 分钟后，以同样的方法再进行一次。

• 用充满童趣的语言拉开快乐一天的序幕。在叫孩子起床时，可以对孩子说：“呀！你看太阳公公起床了，小鸡、小鸟要做早操了。”接下来柔和地翻动他的肢体，搔搔小脚心：“虫虫起床啦，爬呀爬呀……”有创意的叫醒方式会使孩子难以拒绝。

• 可以用孩子感兴趣的事引起孩子起床的兴趣。如推开窗子说："呀，彤彤已经穿上漂亮的新裙子，和奶奶上街了，乐乐是不是也要穿漂亮的裙子呀？"这时孩子多半会愉快起床，急着穿衣服，穿鞋子。如果第二天有什么开心或重要的事情可以提醒孩子，让孩子有一种想早起的愿望。

• 可以把香喷喷的早饭悄悄放在床头柜上，香味会让孩子胃口大开，在美妙的感受中苏醒过来，并迫不及待地享受。

叫孩子起床，是需要花心思的事，作为家长要用爱心、用一些美好的方式叫醒，帮助孩子安全舒适地醒来，这样也会带给他们幸福的一天！

孩子大小便不会表达怎么办？

我家孩子快3岁了，现在最大的问题是小便时不会说，只要我们大人不注意，准尿在裤子里。在家还好，有我们大人紧盯着，这要到了幼儿园怎么办呢？

现阶段孩子能够做到夜间、白天控制大便了，因此控制小便只是"排泄习惯培养百米赛"中的最后冲刺了。一般来说，女孩学会控制大小便要比男孩早，但也有例外。多数孩子是在2—3岁学会控制大小便的。

为了从现在开始培养孩子"有便便说出来"的习惯，不妨试着这样做。

• 把便盆放在孩子看得见的相对固定的地方，并让孩子说出这个位置，使之自然地成为孩子生活环境中的一个部分。同时告诉孩子，有便了大声说"我便便"，然后坐在便盆上。

• 利用孩子喜欢模仿的天性，让他和家长一起去厕所。爸爸妈妈在上厕所之前说一句："哦，我要去厕所，我要尿尿。""哎呀，我想便便了……"小孩子对于听到的往往很专注，伴随着家长夸张地奔向厕所，孩子很快就理解了"上厕所"与"尿尿"之间的对应关系。

• 当发现孩子有排便的迹象时，如突然停着不动达数秒钟，或拉扯自己的裤子等，家长要及时询问，鼓励孩子说出来，强化孩子的表达意识并及时称赞他。

• 在整个学习过程中，家长应该保持轻松、宽容的心态，既关注也要有度。每个孩子发育速度都不同，习惯养成也会有快有慢，不要和其他成功的孩子相比，更不能因为孩子出了“事故”而责罚。孩子没能控制住大小便时，要态度温和地告诉孩子：“下次要告诉妈妈。”如果孩子成功了，就要及时表扬，让孩子为自己能控制大小便感到自豪。

• 有时，孩子明明已经学会控制大小便，又突然会尿床，或者白天大小便不愿意喊人，这种反弹并不鲜见，多半与孩子的情绪波动或活动异常有关，如环境突然改变，熟悉的看护人离开，或者这段时间玩得太过兴奋等。反复很正常，家长应以宽容的态度看待孩子突然“变小”，找出原因，帮孩子轻松度过反弹期。

• 给孩子穿的裤子最好是简洁、宽松的款式，内裤松紧带要弹性适度，便于孩子自己穿脱、打理。孩子经常会玩得忘记大小便，直到憋不住时才想起去厕所，如果裤子不便穿脱，就很容易使孩子陷于困境。

怎么能让孩子白天不尿裤子?

孩子一玩起来经常会忘记尿尿，需要我严看死守。马上要上幼儿园了，老师少、孩子多，照顾得过来吗?

2—3 岁的孩子，在玩得兴奋、专注的情况下，偶尔会出现尿裤子的现象。这主要是由于孩子的神经系统和排泄系统发育不完善，肌肉控制力弱。他们往往是刚刚感觉到有便意还来不及表达，只要家长了解到这是源于孩子发育中的特点而非问题，就有可能做到方法得当、从容面对。

• 家长不能把自己的焦虑情绪转嫁给孩子。无论“事故”的发生频次多么令人沮丧，都要避免惩罚、羞辱，用平和的方式教给孩子具体的表达方法，才是解决问题的关键。孩子一旦因恐惧责罚成了惊弓之鸟，就得不偿失了。如孩子在诉说上力不从心，可以为他准备一个铃铛或可以敲击的小乐器，让他用好听的声音告诉家长“便便来了”。也许最初会经历多次“狼来啦”的军情谎报，但不经历这个过程，孩子难以对膀胱充盈与否形成准确的体验。

• 要重视培养孩子养成定位排便的习惯。那种成人端着便盆追、移动式照料的方式不可取，因为孩子会视之为老鼠戏猫式的玩耍。给孩子的专用便盆一定要放在固定的地方，告诉孩子大小便要在这个妈妈看得见的地方。同时注意便盆口的直径要略小于孩子的臀围，盆底应该稳固有防滑圈，盆体的高度以孩子坐在上面双脚刚好能着地为宜。

• 要教给孩子具体的方法，学习应对大小便，如可以叫父母，也可以自己坐小盆。妈妈要注意观察孩子的大小便规律，并引导孩子学习用“有便、没便”等短句应答家长的询问。鼓励孩子在有需要时，尝试获得帮助或自助。很重要的一点是，当孩子主动行动后，无论成功与否都要及时夸奖以资鼓励！

以下为幼儿园常用小方法。

• 榜样激励法。老师故意提高声音问其他人：“知道吗？咱们贝贝可棒了，现在自己会去厕所了，真是大哥哥了呢！”别的小朋友听了一般都乐意去效仿、尝试。孩子回到家里，家长也别忘记夸奖自己的孩子长大了。

• 语境强化法。教师会在接送孩子们来园、离园时当着其他家长的面，故意说：“孩子们都真的长大了，他们现在不会因为贪玩忘记小便。因为他们知道卫生间在哪里，有小便时还会自己主动告诉老师呢。”家长听过后及时的肯定，在强化孩子的有益行为的同时，也满足了孩子在新环境中的归属需要。

• 手势提示法。有时老师会和孩子共同约定一个手势，如伸出食指勾一勾、双手拢成望远镜看一看等，都是提醒“你要小便了”。在家里也可以鼓励孩子挪用这类手势，提醒爸爸妈妈自己该便便了。扮演成人角色，孩子由衷产生的成就感，会促进他自我意识的提升！

• 手表标记法。有时教师会在孩子手腕上画一个小手表。每到应该如厕的时候、洗手之前、饮水以后、要午睡上床时，就玩这个应答游戏：“小猫小猫几点了？你该坐盆小便了！”经过入园后的最初几周，孩子们就能够适应环境的变化，学会自己如厕。

只要坚持不懈地运用非强制的方法，循循善诱，一段时间后孩子的控制力和自主意识就会得到明显的提高。

孩子只用固定便盆大便，到了幼儿园怎么办？

我的孩子从来不在外面大便，有时候我们出去玩都要带上在家用的便盆。孩子9月就要上幼儿园了，不在幼儿园大便可怎么办？

每个孩子都有各自的习惯，许多孩子都会执着地恋上自己的一件物品。比如有的喜欢自己的毛巾被，没有就不睡觉；有的喜欢自己的一个小玩偶，上哪儿都要带着。所以，像这个孩子一样，暂时离不开自己中意的便盆很正常。

年龄小的孩子秩序感很强，他们一旦养成习惯或建立某种模式都会非常认真地坚持，如从小就在固定的便盆上大便，已经形成了一定的行为模式。这样的孩子也一定是一个很有规矩的小朋友，比较听话。其实孩子有在固定的地方大便的习惯是比较好的，说明孩子生活很有规律，愿意遵守规则，但是也可以看出你的孩子还缺乏相关的生活适应经验。

提供几个小建议。

• 入园参观时家长可以带孩子参观班级中的儿童厕所，并惊讶地称赞："看，有小扶手呢，扶着它真方便，能站得稳稳的！"你不妨让他试着用用幼儿园的厕所，提高孩子对新设施的认同度。家长还可以"自言自语"地夸奖："看看，这就是我们孩子幼儿园的厕所！这是男孩子的小便池，这边是小马桶，和我们大人的一样！你长大了，能用这种厕所了，回家我一定要告诉奶奶！"如果孩子拒绝试用，勉强他只能使事情变得更糟。你可以模拟着蹲一蹲、坐一坐，用积极喜悦的情绪感染他，悄然间他可能会一展身手呢。

• 在入园前可以跟老师沟通，告诉老师孩子大便时间、孩子大便的习惯等，请老师注意观察，鼓励孩子在园大便。老师也会采取一系列的措施，培养孩子良好的排便习惯。如会通过"我会上厕所"等活动，利用统计图表直观记录幼儿在园的排便情况，在游戏中鼓励孩子用送给自己小红花的方式，引导孩子学习上厕所。

• 在家中要尝试为孩子创造在外大便、适应变化的机会。如外出游玩、到朋友家做客、购物、参观时等，让他尝试在外面接触不同的卫生间环境，了解不同的设施，并用积极的语言鼓励他。

孩子爱喝水，上幼儿园老师能照顾到吗？

我家孩子3岁，马上就要上幼儿园小班了，可是她太爱喝水，一天到晚离不开水瓶，小便也太勤。平时我一个人带孩子，总是提醒她小便，有时搞得我都烦了。我真担心上幼儿园后班上孩子多，老师照顾不过来，她会总尿裤子，这可怎么办？

3岁的孩子活泼好动，新陈代谢比较快，多喝水是好事，不必烦恼。孩子爱喝水对于刚入园的孩子身体健康大有裨益。9月开学时，孩子独自一人进入一个全新的环境，会因为恐惧而哭闹、烦躁、上火，严重的还会引发上呼吸道感染。这个阶段，老师会鼓励孩子多喝水，以免孩子生病。如果孩子爱喝水，刚好起到了有益的调节作用。

家长也不必担心孩子入园后经常尿裤子，因为小班老师多是有带班经验的老师，一般会每隔半小时提醒或组织孩子集体上洗手间，其间保育老师还会根据不同孩子的喝水量，适时提醒个别孩子单独如厕。午睡前，老师会引导、照顾孩子小便后再上床。孩子午睡时，老师会巡视、观察，及时帮助有需要的孩子去小便，所以孩子尿裤子的现象很少。

为了9月孩子顺利过渡，家长应在家居生活中掌握“少少多”的原则。

• 每次少喝。一次不要给孩子喝太多水，水喝多了增加肾脏负担，不利于孩子跑跑、跳跳，所以饮水少量、多次为好。

• 餐前少喝。养成孩子饭前半小时内不大量饮水的好习惯。饭前大量饮水会稀释胃液，不利食物消化，而且会增加胃的饱胀感，影响食欲。等到下午活动时，孩子会产生饥饿感，过度增加零食又会影响晚餐食欲，导致生活节奏紊乱。

• 户外活动后多喝。要培养孩子在长时间户外活动后（超过 50 分钟）主动喝水的习惯，保证孩子的体液平衡，但家长要注意避免剧烈运动后立即补水的错误做法。

孩子不喝白开水，上幼儿园时能给他带瓶饮料吗？

我的孩子不爱喝白开水，就爱喝饮料，能让孩子带饮料上幼儿园吗？

这确实是个不容小觑的大问题。

首先明确地回答这位家长：不能自己带饮料。因为这除了对孩子健康发育不利之外，还会干扰同班小朋友的正常生活，对更多孩子的习惯养成产生负面影响。但尽管问题不小，我们还是有办法的。

孩子青睐甜味水，是养育中太过迁就的结果。现在这个问题不解决，会对孩子适应未来的幼儿园生活增添很大的难度。家长应该“外松内紧”地修正这个错误。因为孩子对离开熟悉的家人已经焦虑满满了，再被封杀“甜水”，他就会感到如弃婴般无助。所以，家长别把“幼儿园不能”“老师不许”“再也不让”当作尚方宝剑去镇压孩子。因为孩子不喝白开水，责任在大人。建议如下。

• 用视觉、嗅觉牵制味蕾。盛夏 8 月刚好是各类饮品大行其道的时节，可以调动成人的智慧开个家庭水吧。如准备些色彩鲜艳的“消暑圣物”，如鲜柠檬片等，和孩子一起泡消暑水，鼓励他选择食材，教给他冲泡搅拌……之后把不同色的水放在玻璃杯中，和孩子一起欣赏、品尝。注意交流中用“清香”“淡紫色”“柠檬味”来定义水就可以了，弱化他对甜味的依赖。

• 让饮料“销声匿迹”。既然想让孩子告别饮料，那么家长首先就要做到不买、不喝，不在家里存放饮料孩子就没有机会索得。当孩子吵着非饮料不喝时，可用自制消暑水转移关注点。此招无效的话，家长也要力求一不退让妥协，二要成员共识。这个“改造方案”需要所有的家庭成员达成共识，保持一致，千万不要有“妈妈不让，奶奶给买”的“漏洞”。因为当孩子真渴时，他是肯喝白开水的。

•“顺”其自然。家长不要把自己的担心挂在眉宇之间，也避免反复强调不许、不能。因为这个阶段的孩子正处于第一心理反抗期，念念不忘地“教育”只能适得其反。把凉瓶降低位置、在适合孩子使用的小壶中装入温水，当孩子能自斟自饮的时候，他不会在意水的味道。多创造些吸引眼球的情境，甜味水就不是孩子的燃眉之需了。

•曲线救“国”。可以在白开水中加入柠檬片、苹果片，让水看起来很漂亮，激发孩子喝白水的冲动；在白水中投放一粒孩子喜爱的小M豆、葡萄干，和孩子比一比谁能先把自己杯子里的美味喝到嘴里；让孩子自己倒水、为大家服务，引发对白开水的好感；准备几个不同花色的漂亮水杯，让孩子自己挑选喜欢的水杯喝白水……

•讲明道理。选择3岁孩子能够听懂的道理，直接告诉孩子喝白开水的好处。比如喝了白开水，不让牙齿缝藏饭渣，牙齿就不会被虫咬出黑洞。再如多喝水多尿尿，可以把肚子里的小病虫都冲跑，这样才会健康不生病。

•“君子”协议。不妨把君子协议订在前，比如利用台历和他一起制订一个计划，每周有几次可以喝菜汁、蜂蜜水等，缓解他的心理饥渴，让孩子知道，不让喝甜水不是爸爸、妈妈不爱我了。常言道：塑造容易改造难。即便是以上的策略都见成效，偶尔也会反弹，因为我们面对的是进入第一心理反抗期的3岁儿童，简单的斥责、拒绝甚至是高压不足取，这样只能引爆执拗，促发抗衡。

总之，在这个过程中，家长善于调制充满童趣的情调，就一定能够马到成功。

用水杯喝水能不能入园以后再学？

我家孩子因为以前经常使用奶瓶或带“吸嘴”的杯子，现在偶尔用水杯的时候会常常把水洒得满身都是。为了孩子上幼儿园，我每天都在加强训练，可成绩没有，冲突不断。孩子爸爸说幼儿园管得严，等着让老师调教吧。这样行吗？

其实很多孩子从奶瓶到水杯的使用过渡中都不是十分顺利。吸吮是孩子与生俱来的本事，所以更愿意用奶瓶或吸管喝水喝奶。幼儿园之所以要求孩子使用水杯喝水，是源于孩子多方面发展需要。比如用水杯有利于孩子颌面部骨骼的良好发育，有利于提高手部动作的精细控制，促进手眼协调能力的进一步提高等。面对当前常有的冲突，建议家长这样做。

• 习惯培养要先“端正”对孩子的情绪引导。千万不要把“幼儿园严，让老师好好管你”这样的信息传递给孩子。否则，不仅是用杯子的习惯培养有障碍，还会严重影响到孩子日后的社会性适应。他会对未来的幼儿园生活充满恐惧，对老师形成先入为主的不信任。这些都会加剧孩子消极的情绪体验，不仅出现“成绩没有、冲突不断”，如果家长不注意改善方法，只怕冲突会恶化。

• 家长不要把焦虑挂在脸上。可以抓住幼儿爱模仿的天性，用自己的行为影响他：全家都使用汤盅喝汤，餐前在水杯中倒入 50 毫升白开水开开胃，爸爸妈妈在杯子里倒少许饮料干杯等，都会吸引起他的注意而主动加入。淡化训练能收到事半功倍的效果。

• 自然地融在孩子的玩耍中。备一份小巧的茶具，把白开水倒在小茶壶里，爸爸妈妈可以自斟自饮、自得其乐，甚至“无视”他的存在！因为这样的“冷秀”要比鼓励、劝说等“热练”都有作用。通过观望使孩子自己的参与冲动爆发，“还有我呢！”。“妈妈我要……”远比“妈妈要我……”更富成长价值。

• 用耐心援助力不从心的孩子。孩子不能很好地使用水杯，家长不可性急。在每次喝水前先自己做示范，“只倒一点点水”，再鼓励孩子“两只小手端杯子，慢慢仰起来”。开始时，可以帮助孩子扶着水杯往嘴里送，然后逐渐放开手，让孩子自己端着水杯喝。让孩子早在家庭生活中掌握这项生活技能会更好，因为在陌生环境中，还有更多伴随着亲子分离而产生的失落、恐惧、不适应……

让孩子在学习使用水杯的过程中，感受到家长的爱非常重要。爱他，就要帮助他建立起面对新生活的自信，让他对未来进入幼儿园充满新奇、期待，而并非是忧伤、恐惧。随着孩子的进步，家长的鼓励表扬必不可少，可以摸摸头、亲亲脸，增强孩子的自信。

教孩子自己在生活中迈开步子，永远忌讳急于求成。

孩子吃饭总是挑食，怎么纠正？

和我孩子同龄的孩子一般都比他高，也比他胖乎，为此，我总是给孩子弄很多有营养的食物，可是他就是不吃，特别挑食，只吃自己喜欢的食物。这以后进入幼儿园怎么办啊？这样的孩子老师会怎么对待？会不会饿着他？

现在生活条件好了，在饮食方面，家长对孩子比较“松弛”，孩子喜欢吃什么就吃什么，不爱吃的干脆就不做，所以造成了很多孩子都有挑食的不良倾向。孩子的生长发育有所不同，身体生长都有他自己的规律，所以家长不用太担心孩子暂时比其他孩子瘦一点，只要从现在开始，注意孩子的饮食习惯，这样的情况会有很大的改善。

家长首先要放心，不管多么挑食的孩子，老师都不会选择“饿着他”这种既伤人、又伤心的惩罚性方式去对待孩子。因为幼儿园的活动量很大，“饥不择食”会让他自己做出些许让步，加之班里小朋友多，围坐在一起“抢着吃”的氛围也会带动着他。照顾进餐的时候，老师面对孩子表现出来的“不钟情”，一般都会淡化不爱吃的情绪，如少添、先盛在碗里……否则“刻意的教育”——“不能偏食啊，什么都吃长大个！”只能加重孩子心中的负担，降低原本正常的进食速度。

如果孩子并不是什么都不吃，只是喜欢吃自己爱吃的食物，只是挑食，可能对于一些有益的营养摄入会比较少，那么怎样才能让孩子接受多样的食物呢？建议家长在调养孩子饮食习惯上尝试这样做。

• 少量。在孩子刚开始吃一些陌生的食物时，家长一定要注意少量的原则，可以对食物做一些简单的处理。比如孩子多数不喜欢吃绿叶菜，因为它的口感粗糙。家长可以将这些食材做成菜泥，调好味放在小碗里。不必告诉孩子“你一定要吃这个”，只管自己用小勺把它点缀在米饭上津津有味地品尝，他马上就会被吸引进而尝试。

• 多变。同一种食材可以用不同的方法去烹制。还是绿叶菜，洗净稍烫晾凉后，可以卷米饭用手捏着吃，或蘸酱汁（还是少量，每次每人仅有3—4片），都是孩子未有过的经验，他很乐意追随。

• 自制。往往孩子偏食的源头在家长。家长不喜欢吃的，家庭餐桌上鲜见，家长一心想通过幼儿园的教育纠正孩子，这肯定是行不通的。所以，对孩子最好的教育，莫过于家庭潜移默化的影响。为人父母，吃嘛嘛香很重要。

• 有趣。孩子天生是好奇的，对于陌生的食物原本并不敏感，但由于家长的刻意强化、凝重说服，才有了戒心，因此，家长可以只做不说，如把各类口感、色彩的菜蔬混搭（如油煸炒过的胡萝卜、生菜、圣女果、黄瓜、紫甘蓝等），浇汁，用餐叉或牙签取食，孩子会很兴奋。千万不要讲道理，变化的餐具、成人的食欲都是最好的广告。

• 走秀。通过夸奖食材、布菜、创意做法等，引导孩子了解简单的营养常识，培养健康常态。如鼓励孩子给奶奶点菜：“吃了胡萝卜可以亮眼睛，给奶奶两片胡萝卜吧！”还有些家长会欣赏酒店冷切、果蔬拼盘广告彩页，从视觉造型上俘虏食欲、拉动“内需”也是很智慧的做法。

• 断档。如妈妈对爸爸说：“今天的青椒真是太好吃了，不过好像有点少，下次我们再多做一点吧。”这样的语言不仅激励了孩子吃饭的欲望，对孩子接受多样化的食物，也有着一定的积极作用。

每个家长都希望自己的孩子越长越壮，越长越高，但不能单单只是引导孩子多吃，还要多运动、多消耗。当孩子活动量大了之后，饥饿感就有了。适度的饥饿感能够增进食欲，有益于良好饮食习惯的养成。通过逐渐深入持久的引导，孩子一定会长得又高又壮。

如何为上幼儿园的孩子选择服装？

我是位年轻的妈妈，喜欢给孩子穿时尚漂亮的衣服，但发给我们的入园准备提醒要为孩子穿着得当的衣物，到底什么衣服更适合孩子呢？

爱美之心，人皆有之，年轻的妈妈把孩子打扮得时尚漂亮，使孩子通过穿衣感受生活中的美是非常好的。但是，在考虑孩子服装款式时尚、漂亮的同时，还应该更关注服装的安全、舒适。孩子只有穿着舒服的衣服，才能自由地活动，舒适地生活。所以建议家长在给孩子选择服装时，可以关注以下几点。

• 选择纯棉质地的衣服。衣服的质地多种多样，有纯棉、混纺、毛呢、丝麻、化纤等。之所以给孩子首选纯棉质地的衣服，是由于纯棉织物透气性好，吸水性高，极少产生静电，柔软、保暖，是四季都受用的绿色织物。而化纤类的衣服挺括、色彩艳丽但会产生静电，吸附尘埃，透气性、吸水性差，特别是新生入园的 9 月，不建议家长为代谢旺盛的儿童选择这类材质的衣物。

• 织物色彩涉及安全。越是接近天然本色的织物，越安全。在国家对于婴儿用品的纺织物安全标准中，对织物的耐水色牢度、耐汗渍色牢度、耐干摩擦色牢度、耐唾液色牢度、甲醛含量、pH 值、异味、可分解芳香胺染料以及重金属等都有强制执行标准，并规定婴幼儿用品必须在使用说明上标注“婴幼儿用品”字样。因此为孩子选择服装时，除要看使用说明，还建议家长青睐那些花色浅淡、柔和的。同时，在给孩子挑选衣服时，通过一看、二摸、三闻也能在一定程度上排查劣质服装。特别要警惕那些吸引孩子眼球的，但可能引起皮肤过敏的、有靓丽涂层的面料里的隐形杀手。

• 款式简洁，方便自理。服装应该方便孩子自我打理，如松紧带弹性适度，中腰或高腰裤子穿脱得心应手等。这样在如厕、午睡等时段就能给孩子更多的心理呵护，使孩子自己穿脱衣服的难度降到最低。除此外还应该尽可能减掉衣领、脖领处的装饰带和边角轮廓突出的金属饰物等，避免儿童玩耍时误伤自己或他人。

• 入园初期正值 9 月，与家长的分离容易诱发孩子的焦躁不安。他们会多汗，进餐、饮水会偶有“湿”误，如厕排泄也可能会“水准”失常……所以，家长应该为孩子备上可替换的小衣裤，放入孩子的小背包里，一旦需要就及时换上能解救尴尬之中的孩子。另外孩子的上衣应该有兜，里面放他的小手绢，孩子就会学着在这个“面部多雨”的季节里，学着自己安慰、照顾自己了。

• 服装循环用低碳安全。现在大多数是独生子女，孩子长得快，衣服就小了。邻居、亲戚朋友家孩子穿小的衣服，经过洗晒、消毒是可以给孩子穿的。除了旧衣服洗晒、消毒外，新的衣服购买后，也可以用淡盐水清洗衣服，起到去污的作用。新、旧衣服都能给孩子扮靓，循环利用的环保概念也应该引进到孩子的时尚装扮中。

二 共育合作

当我们和孩子一起迈出了从小家庭到大社会的第一步以后，还要和孩子一起迎接更多的难题和挑战，要给孩子更温暖的支持。

孩子不敢在幼儿园大便怎么办？

我的孩子在家每天都在早上9:00左右大便，非常有规律。今年刚上幼儿园后，这个习惯全没了，从来不敢在幼儿园大便。每次刚把他接出来他就嚷着要大便，有一次甚至拉在了裤子里，我们真是没办法！

能感受到这位家长心中的焦虑与孩子面临的困顿。要化解难题，亲子必须共同努力。面对这个热点，“老师照顾不周”的批评、“孩子胆子太小”的抱怨、“家庭培养缺位”的推断都会成为议论中的强音。但作为成人，我们最需要体谅的是孩子。面对着幼儿园里满视野的生活“变化”，他有太多的不适应。

孩子从家庭这个熟悉的环境中来到陌生的幼儿园，仅仅“排便”就要面对“便器、照顾者、排便环境”的立体变化，孩子难免会不适应，宁可憋到离园，让家长帮助自己解决。因为一则，孩子还没有与老师建立起亲密的信任关系，有的甚至还会排斥老师，所以出现不敢在幼儿园大便的现象；二则在幼儿园大便的环境和家里显然不同，没有亲人在身边全程看护、照料清洁身体，孩子内心纠结不安；三则在家的便盆适合自己的胖瘦，很是体贴，对幼儿园卫生间的儿童马桶或是蹲便坑缺乏必需的经验准备。仅这些，就足以构成“事故”之源。所以，作为家长不必过于担心，让我们共同携手为孩子提供积累相关经验的机会。

• 主动与孩子的老师沟通，如可以向老师介绍孩子大便的一般规律和特殊需要（如不会解裤子、习惯性便秘、需要帮助擦屁股等），以便为老师得当的护理提供信息，满足孩子所需要的适时关注、适时照料。

• 早晨来园时或离园前，家长可陪着孩子上一次班级的厕所，了解孩子使用设施、设备时的困难，有针对地给予他帮助，如：教他扶着扶手蹲在便坑上；告诉便秘的孩子蹲蹲没便就要起来，避免腿蹲麻后引发不适；让孩子记住上厕所前要告诉老师，老师会帮助他擦屁股等。一旦孩子熟悉了环境、与老师建立起依恋，难题就会烟消云散。

• 在着装方面，家长也要注意与幼儿园的协调配合。如常便秘的注意增加饮水量、活动量和适当食用清火果蔬，自理能力差的要给孩子穿款式简单、便于穿脱的服装，如紧腰、拉链、背带裤、连体服等对于 3 岁的孩子太难。有时因为裤子脱解不开，孩子索性就放弃在幼儿园大便的尝试了。

• 不要给孩子增加心理负担。如果家长每天都问：“你今天在幼儿园大便了吗？”这样孩子会因紧张形成习惯性躲避，反而容易诱发代谢紊乱，对良好习惯的养成非常不利。家长可留心班级老师为孩子们做的午睡、排便记录表，或跟老师口头交流就可以了。

怎样让孩子适应幼儿园的饮食规矩？

我的孩子在家吃饭就只喜欢吃干的，不爱喝稀的。入园以后老师要求“培养孩子干稀搭配着吃”，家长怎样培养啊？

首先，要看孩子的年龄以及他的体格发育情况。当孩子 18 个月左右大时，中切牙、侧切牙、乳磨牙和尖牙通常都会萌出，通过咀嚼、切磨食物会使他感到满足。如果是 26 个月左右的孩子，全部乳牙就都长齐了，他就更善于根据食物的硬度、性状，通过撕咬、切磨，游刃有余地对付一切可以手持的食物。

其次，家长也不必为此诚惶诚恐。孩子吃干的需要充分咀嚼，恰好促进消化酶的分泌，进食中牙齿的充分调动，又有利于孩子颌骨、齿龈的发育，因此不妨视其为健康发育的福音。从发育上看，如果孩子体重超标，就要警惕“只吃干不吃稀”的问题了，因为有可能潜藏着肥胖的风险。不同的食物含有不同的营养成分，食物的选择往往影响我们身体的健康与发育。如果孩子只喜欢吃干的，不爱喝稀的，会导致单一食物摄入过多而引起幼儿肥胖等慢性疾病发生。

对于体重超标的孩子，吃饭时更要注意搭配合理。稀的包括各类粥、汤、糊、羹，每日交错配在三餐中；成人在照顾孩子进餐时，可将重点放在先品粥、汤的进餐习惯上。品，也就是小半碗甚至是三分之一碗，可润滑食道，又可催生饱腹感，同时鲜香的汤品中还会富含多种营养。不要因为孩子不爱吃稀的，就给他盛上满满一碗，这样物极必反。如果孩子体重正常或较弱，餐前先喝汤可开胃，能达到逐渐增加胃容量、增进食欲的效果。

其实对于即将入园的孩子来说，只要他们达到“能自己吃饭”“喜欢吃饭”“对食物感兴趣”就可以了。除此之外，家长还可以在日常居家生活中创造孩子能接触到多样化的食物的条件，通过成人的榜样影响和正面的培养激励，使孩子在自然状态下获得良好的发展。下面是一些操作层面的贴心建议。

• 顺其自然，不要让进餐成为孩子的精神负担。即便某些食物孩子暂时不接受，但仍可从其他食物中获得类同的营养，家长的过度反应只能使现状恶化。

• 创造环境。对于食欲差些或有偏食倾向的孩子，家长要提供孩子体验成长的条件，如让孩子帮厨、摘菜、分发食物、自助选餐等，让食欲差的通过分发提高胃口，让食欲过强的在体验三等分的量时，理解节制。

• 家园同步。在家中的每一餐也力求精致，别怕麻烦。日常中晚餐可添加一道色香味俱全的浓汤，既有益于孩子，又全家养生共享。久而久之，良好的进餐习惯、科学的饮食搭配常识就在耳濡目染中悄然形成。

过敏体质的孩子入园后，家长该怎么办？

我家孩子小的时候对桃毛过敏，后来经常给他吃油桃，以为就没事了。今天回来之后嘴部周围一圈都是红肿，一问才知道今天幼儿园吃的是桃子，结果孩子过敏了！

就像这位家长所说的，孩子小时候对某种食物过敏，家长忘记告诉老师了，而在幼儿园的饭菜、午点中又恰好有这种食物，结果造成了孩子发生过敏。这种现象在孩子刚刚入园的时候比较常见，主要原因是家长没有与老师进行沟通，还有可能就是孩子以前对某种食物过敏，但是现在就已经好了，家长对此放松了警惕，可是入园以后，情绪原因造成身体抵抗力降低，孩子对这种食物又出现了过敏现象。再有就是孩子对某种花粉、颜料等物品过敏，在家庭生活中几乎没有机会接触这类物品，所以家长不知道孩子对这些过敏，到幼儿园后首次接触过敏原，比如教室里面养的花草，美劳活动中的颜料、胶水等含有的相关成分后，出现过敏现象等。

家长可以采取以下措施。

• 认真填写入园登记表，特别不要遗忘“过敏史”的填写。通常每个班都会有过敏儿童名单张贴上墙备案。此外如有可能，还要了解幼儿园的当日食谱，一旦发现有使孩子过敏的食物，哪怕只是很微小的一点，除要和孩子交流，让孩子了解自己的情况外，还要特别提醒老师或晨检的保健医。

• 如果孩子曾经对某种食物过敏，又有很长时间不过敏，也不要掉以轻心，过敏有可能因为健康状况的变化而反复。把孩子曾经过敏的食物名称记下来交给老师，就是不错的方法。倘若饭菜中含有此类食物，要求老师密切注意孩子的情况，如果有过敏的反应立即与家长联系。

如若发现孩子有皮肤过敏长小痘痘或者皮肤红肿，上呼吸道过敏打喷嚏、流涕等，也要及时与老师沟通，找出幼儿园与家中物品的变化差异，尽早发现过敏源，适时防范。

入园第二周为什么比刚入园时闹得厉害呢？

我的孩子已经在幼儿园生活了两周了，第一周本来挺好的，但是第二周的时候，哭闹现象特别严重，晚上经常做噩梦，很难入睡，嘴里总是叨叨“我不上幼儿园”……这是怎么回事呢？

很多孩子在入园第一周的时候，对新环境中萌生出的好奇，压倒了与家长分离的焦虑，因而较少哭闹，老师通常会对这样的孩子给予更多的称赞，促使他对新环境增添好感和信任。另外，在入园第一周里，班内各项活动组织相对松散，为孩子们的适应性过渡增加了灵活性。

但到了第二周，孩子发现在这个陌生的环境中，他遇到的挑战无形中增加了：不哭的孩子多了，老师的赞许不再是他的专属；在活动中老师会提出一些要遵守的要求了……这种失落加挑战，自然会降低孩子面对新生活的信心。与此同时，孩子观察到哭泣的同伴能更多地获得老师的关注和抚慰，于是也会通过哭泣的方式诉说内心的不畅。如若成人回应为“怎么退步啦？不哭，好孩子不哭！”，孩子会更加伤心。

孩子的这种表现是焦虑反弹，一般出现在一部分适应能力相对强的新入园的孩子身上。这种情形多数能随着入园时间的延续和儿童经验的增加逐渐平复。如果孩子当下反应强烈，出现抵制甚至暴躁的情绪，不妨试试如下的焦虑修复方法。

• 给孩子的消极情绪留个宣泄口。耐心倾听孩子的诉说，不要武断地为孩子乱下定义。如果孩子说不清楚，你可以按照上面的分析，陪伴孩子慢慢搜寻关于“爱”“伤心”“不喜欢”的情绪源头，找到源头了，孩子就会释怀。只要你不忽视、不急躁、不武断，几番浅谈后一定能云开雾散，因为孩子的天性是无忧的。

• 帮助孩子重树自信。鼓励他积极尝试掌握新的独立生活技能，如自己吃饭、独立午睡、自己盥洗等，给他更多机会做更多的事情，就能让孩子自信、积极起来。此外，每当他做完（无论好坏）一件事情时，可以在日历上为自己贴上一颗小星星。让他看得见自己的成长，他在集体生活中面对挑战时才能更自信、从容。

• 密切与老师的沟通、合作。班级中孩子很多，老师不一定能够细致地关注到每个孩子内心的体验，而家长可以当好“使者”，一方面，主动向老师介绍孩子的情况，和老师一起帮助孩子建立起健康的依恋关系（如自制一个联系册，标记出孩子的进步），另一方面，鼓励孩子带一个心爱的玩具到幼儿园（不易损坏、无尖锐边角的，如绒毛玩具熊等），告诉孩子遇到不高兴的事情时，抱抱自己心爱的玩具心情就会好一些。

孩子入园的“哭闹持久战”要打多久？

我的孩子去幼儿园已经半个月了，每天早上送他去时，他都会伤心地大声哭，抱着我的腿怎么都不肯松开。可老师告诉我：“您放心吧！孩子只是早上来园与家长分开的时候哭闹，等家长们都走了，他的情绪就会好了。”真的吗？

其实正如老师所言，一旦家长们离开孩子的视线之后，孩子就会收起“悲情牌”，加入到接下来的各类活动中。情绪呢，也会和其他小朋友一样安然、稳定。因为多数孩了入园的时候都会哭闹，只是在哭的策略和哭的强弱上有区别，当然也有来幼儿园一声都没哭就顺利适应的孩子，但那毕竟是少数几个。

孩子入园哭闹，一般有 3 个特点，只要你有所了解就能从容应对。第一个特点是刚刚入园时白天全程哭，哭的动因主要是每个时段的生活都是挑战，比如早餐没有奶奶喂，喝水没有小奶瓶，出汗时怕老师脱下他汗浸的衣服不再给他，中午上床时发现没有妈妈陪着睡……这类儿童适应时间的长短主要取决于日常生活经验储备的多寡，一般会持续三四天，有的时间要更长些，这类儿童大约占总数的 30%。再有一类就是来园、离园两头哭，这是大多数。来园时悲悲戚戚的哭意在动摇妈妈送他的决心，玩耍一天相安无事，晚上见到妈妈来接，悲喜交加又会涕泪横流，这种情形在大部分孩子身上都会有，而且会持续一至两周甚至更长一点。再有就是已经接受入园的生活了，但经过双休日、小长假之后，出于对节假日亲子厮守的留恋，再入园时要对家长表示缠绵亲昵而大放悲声。

面对孩子们入园的不适应，老师会想很多办法，帮助孩子和家长共同适应难关。如正式入园前通过亲子半日活动降低适应挑战，有的通过开放性的亲子活动，为孩子创造熟悉环境、接触同伴的过渡机会。一些老师还会通过照片、录像抓拍记录孩子适应变化的表现，放入儿童成长档案和上传班级网页上，向家长汇报与家长分享等。为了帮助孩子尽快适应集体生活，可参考以下做法。

• 按时接送不动摇。尤其最初几天接孩子离园，尽可能宁早勿晚。说“第一个接”就一定想办法兑现承诺，无论是哪个家庭成员出现在第一拨人流之中，都是对孩子最大的奖励。如果别的孩子都接走了，孩子会越等越怕，越怕越哭，以致在心里留下阴影，导致第二天来幼儿园变得更加艰难。

• 避免时时追问，淡化焦虑。特别是回到家里以后，不要追问哭没哭、吃没吃、便没便、好不好。如果某个问题刚好击中孩子软肋，就会启动消极情绪。孩子回家情绪平稳时，自然会片段式地说出一些白天的经历、感受。如想详细了解可以直接问老师，看班级共育栏中的教师留言，幼儿大小便、饮水、午睡等活动记录，所以无论是接还是送，都不要“谆谆教导”。

• 针对“两头哭”，打好“预防针”。每天清晨可以早点带孩子出家门，看看晨练的老人、耽搁一分钟逗逗散步的小狗，和上学的哥哥姐姐打打招呼等。如果他啼哭或不感兴趣不接应话题，家长可以自言自语说些路上的事、身边的事，如果坐车就播放点轻音乐，舒缓他紧绷的神经。千万不要一出门就围绕“上幼儿园”展开攻势。来园后，让他在户外自由玩一会儿，看看中大班儿童的晨练，再走进自己的班级就没有那么痛苦了。晚上接走时让他玩一会儿大型玩具，这些玩具会吸引孩子的兴趣，会变成与幼儿园产生情感联系的热线。

• 帮他融入新的环境中。可以鼓励孩子带着自己喜欢的玩具和小朋友共享，在这个过程中体验被接纳的愉快。如有邻家较大的孩子在同一所幼儿园，也可以结伴同行。家长之间也可以增加联系，如相约到公园去玩、到彼此家去做客，促进孩子之间互相熟悉。当他的朋友多了，尽管最熟悉的家人不在身边，仍能使孩子感到有所依托、有所亲近，进而形成安全感。这样同样有益于孩子减少哭闹，尽快适应。

孩子入园以后怎么爱生病啦？

我家孩子 3 岁半，终于送到了幼儿园，我以为幼儿园科学合理的营养膳食搭配，会让我的孩子身体更加强壮，结果是事与愿违。原本不爱生病的孩子，才刚入园一个月，已经是第三次嗓子发炎了，而且生起病来还不容易好，吃药打针一直折腾，我心疼得不行。为什么孩子刚上幼儿园就小病不断呢？

进入幼儿园过集体生活，孩子总是会有这样那样的不适应，毕竟幼儿园与家中有太多不同，这些不同也容易引来疾病的频频“光顾”。很多妈妈们都发现，原本不爱生病的孩子，上了幼儿园就小病不断，家长应该怎么办呢？首先我们要分析可能的原因，再对症解决问题！

孩子嗓子发炎，或咳嗽、感冒总是不好，这是因为孩子刚上幼儿园情绪不稳定，有些甚至狂哭狂喊。心理上的焦虑，使身体抵抗力降低，呼吸道的健康特别容易受到侵害。再加上幼儿园孩子较多，空间相对密集，如果一个孩子患病，很容易传染给其他的孩子。还有可能是家长的原因，家长想让孩子尽快适应幼儿园生活，孩子有了轻微的病征，也坚持送幼儿园，又忘记把药带给老师，造成幼儿服药不规律。

有些孩子还可能在肠胃上也常出状况，如有的孩子本来胃口就好，再加上幼儿园小朋友多，大家一起吃饭更香，所以小朋友之间会有比赛和争抢，就容易总找老师要求添饭菜，结果就吃多了。或者孩子本来在幼儿园已经吃得很饱了，回家后爸爸妈妈尤其是爷爷奶奶一天没看到孩子，生怕孩子吃不饱，晚饭的时候又给孩子加餐。也有的家长认为幼儿园吃得太“素”了，没有油水，一到周末，就猛给孩子吃肉，认为这样才能把营养补回来。

建议采取如下措施。

• 多补水。孩子入园后会因为不适应、哭闹消耗体力，家长来接的时候，不妨带瓶白水，及时补给。还可以多给孩子吃些富含维生素 C 的食物，如橙子、猕猴桃，或口服适量的维生素 C，这样有助孩子抵抗力的提高。

• 带好药。如果孩子需要吃药，记得来园时把药交给本班老师，特别要认真填写服药单，注明药物名称、服药时间、服药剂量等，让老师帮助按时喂药。

• 避积食。如果孩子胃口特别好，要避免积食上火。在幼儿园，老师会根据每人量照顾孩子进餐，对饭菜怎么也吃不够的孩子，老师会用少量多添的方法满足孩子再要一碗的心理需求，把他的进食量控制好。双休日在家中，家长也要掌握好这个原则。

• 晚果蔬。家庭晚餐最好不给孩子留席位。一则孩子会认为反正回家也能补一顿，就会影响在幼儿园的晚餐进食量；二则晚餐是合家团聚，通常会更丰盛，而且时间一般较晚，饭后没有足够的时间供孩子运动消耗，就该上床睡觉了，既影响晚间睡眠，又不利于好习惯的养成。幼儿园的晚饭通常都在 5 点之前吃完，晚间给孩子吃些果蔬就可以了。另外，家长还可以根据孩子的发育情况，适当添补些乳制品也是很好的。

三 相融相合

家长能给予孩子很多，但是不能给予同龄伙伴所能带给孩子的那些。有了朋友能多收获一份快乐，被人接纳会增加一份自信。在与同伴、他人的融合中，孩子将学习掌握共同生活的准则，积累更多的经验。

怎么能让孩子有礼貌？

我的孩子已经快3岁了，由于长得比较聪明可爱，所以周围的人都喜欢逗他，与他说话。但是他却对此非常反感，对于外人的询问或喜欢，往往采取对立的态度，见到长辈等就是不问好，我为此十分苦恼。我不想通过强迫的手段来达到目的，但又想不出更好的办法，请专家帮帮忙。

很明显这是大人为难孩子了。假如是我，我就认同孩子用沉默表达他对逗弄的不满。有时，大人也非常孩子气，常常出于善意地“刁难”孩子，使孩子感到窘迫、紧张。特别是孩子无力反抗时，沉默是他唯一的选择。

有时我们对孩子是不公平的：面对成人的逗弄，孩子不知所措沉默不语——没礼貌；倘若他不知深浅，应对有误——还是没礼貌；孩子如顺从误入了圈套，大人会爆笑得让孩子手足无措；假如孩子不肯上当，大人又常会穷追不舍……

我们深信：假如叔叔阿姨是邀请孩子听一个动人的故事，孩子不会拒绝；假如叔叔阿姨是邀请孩子参与一个有趣的游戏，孩子也不会拒绝；假如叔叔阿姨就是想开开玩笑，让孩子为为难的话，孩子为了护卫自己的尊严，就有正当的理由拒绝。虽然戏弄无恶意、玩笑不过分，但是对于身心发展水平较低的儿童，也是挑战！

既然我们不能把孩子放进培养皿中去养育，特别是当孩子还没有足够的经验去甄别幽默与正经的时候，那就应该允许孩子在日常的社会交往中做出自主选择。其实我们相信，当他再大一些时，就会有更得体的应对方法。

为什么我亲、抱其他的孩子时，儿子会很愤怒？

我喜欢小孩子，虽然自己有一个了，但是我看到别的孩子，特别是看到小女孩时，就更忍不住想亲亲、抱抱。可每当我抱别的孩子时，儿子都会气红了脸，拼命地向下揪人家，这是为什么？是嫉妒吗？

这虽不是嫉妒，但也是一种类似的情结，这种现象在小孩子身上经常发生。特别是当你边抱边夸奖怀中的孩子如何如何时，对他的刺激就很大，因为他实在是害怕有个“情敌”和他分享这唯一的妈妈。这是为什么？

平日家长有时会流露出喜欢“别的孩子”的念头，特别是当孩子会走、会淘、会闹小脾气的时候，为了教训孩子，有时故意说给他听。家长也许不是真的嫌弃孩子调皮，只是说说而已，但是孩子认真记在心里了，会对素不相识的“小孩”产生“敌意”。刚巧，这一幕就展现在眼前，孩子唯一可以做的就是“舍得一身剐，敢把皇帝拉下马”！

孩子对亲情非常专注、专横，讲求专用。他不能容得有第二个人来分享他的妈妈，尽管妈妈只是抱抱而已，但是在他的记忆里，妈妈的怀抱非他莫属。所以当妈妈抱起其他孩子的时候，他会担心从此自己的专利被侵吞，害怕妈妈会从此不喜欢自己。所以，因为“气怀”而不能容忍“第三者”。

其实，孩子的这份感情是真挚的，家长应该珍惜。孩子从家长的珍视中可以获得一种尊重和满足，当孩子没有足够的经验将这种“分享”视为幽默的时候，妈妈千万不能信口“不要你喽，小妹妹乖”。因为这种当作玩笑似的“戏弄”，会使孩子感到痛苦。假如出于真情或礼貌，家长必须抱抱同样可爱的孩子时，不妨真诚地蹲下来，把孩子介绍给怀抱的婴儿："这是我家小哥哥，小哥哥喜欢你！"无论怀抱中的孩子能否接受这个小哥哥，但是家长的引导会使孩子把敌意化为注意，孩子会在你的期待中善待"不速之客"的。这样，家长就能够通过引导使孩子对与人交往，建立起积极、健康的态度。

孩子做客时没规矩，我该怎么调教？

我最发愁的事情之一，就是带着孩子做客。虽然孩子刚刚两岁，但是很多不好的习惯已经显露出来：爱翻动人家的抽屉，爱往没有人的房间里跑。可能也是比较熟悉吧，同事对我的孩子很宽容。但我觉得不好，做客没规矩应该怎么调教？

孩子做客有规矩，还真应该从小培养。客观地说，这个年龄的孩子还不可能了解在新的环境中，应该做出什么样的反应才适宜、得体，因为孩子正把客家当作自己能够有所发现的、充满新异的"领地"。所以，对于孩子的最好的教育莫过于"温故知新"。

• 温故。就是在自己家中，对于孩子喜欢翻动的"地域"，减少不必要的封锁。3 岁前的孩子非常喜欢倒空、打乱手能触及的所有物品：把能拉开的抽屉翻得一塌糊涂，把低柜中的物件统统曝光于天下。从这些"批量"搬运中，他发现着，控制着，满足着，喜悦着。往往家长烦这些，所以常常封杀。孩子的欲望不会因此而消失，反而会日益强烈。假如在家里让孩子这份正当的需要在大人的陪伴、介绍下获得满足，把孩子触及的物品一件件详细介绍，留意回答他提出的所有疑问，他就能在了解的过程中接受更多的规劝。同时还要注意把相关的做客规矩告诉幼小的孩子，使他的欲望在不同环境下能有所控制。

• 知新。由于孩子的好奇心获得了合理的满足，这样，再进入新环境中，再看到类似熟悉的抽屉时，经验可以提示孩子：抽屉？没劲！不好玩。或者：随便动别人的东西，妈妈爸爸不爱，批评！

当孩子一时做不到或出现反复时，家长不应流露出不耐烦的情绪或粗暴的行为，因为，在陌生环境中失去自尊，可能会抵消以前成功的教育。

我们夫妇都很本分，为什么孩子会“霸道”？

我们两口子都是那种老实人，遇事三分让。可我们的女儿却不是这样，很霸道。自己的东西不允许别人动，别人的东西就像自己的一样，想要伸手就抢。都说父母是孩子的榜样，可我们这个榜样为什么不起作用？

遇事三分让和遇事经常抢，应该说是相去甚远的两极处世方式，发生在自己孩子的身上，确实是耐人寻味的事情。其中不排除是爸爸妈妈遇事就让的习惯方式，成就了孩子出门在外的处世态度。

两三岁的孩子，正是自我意识形成的关键时期，做什么、说什么、干什么，孩子已经有了自己的主见。家中“让”的环境，确立了他以我为中心的稳定地位，在外一旦孩子发现自己不是中心时，就会采取“力所能及”的方式，维护自己的中心地位：想要伸手就“抢”，想拿，不会在意其他人的存在……虽说家长是孩子的镜子，假如镜子是凸光的，所形成的映象，必然会变形。

面对这样并不期待的现状，应该怎样调整家长的育儿方略？

• 孩子需要有行为规范。孩子知道怎样做不越轨，才能更好地适应社会，形成积极健康的交往态度。幼儿期是对不良行为进行引导、控制、建立规范最适宜的时期。发现孩子发展中的误差，及时纠偏是非常重要的。

• 当预见到有可能发生不良行为的时候，果断把孩子带离现场，避免激化矛盾，绕开诱发因素，给孩子一些正面的提示。如果遇到障碍，孩子拒绝接受建议，就要明确指出：不允许动手抢别人的东西，必须还给人家。不能含糊其词，模棱两可。

• 管教和限制要合情合理、始终如一、成员一致。忽而严忽而宽，孩子会困惑，无法建立起正确的行为方式。特别是居家生活中，要把孩子当作一个独立的人看待，控制不适当的“让”，要让孩子知道人是和别人共同生活的。

遇到孩子之间争抢玩具，大人该不该管？

我特别愿意孩子们在一起玩，可是人一多，就会争抢玩具，怎么办？

一般来说，面对孩子间的争抢，成人的放任、逃避、强制或焦虑，大多都于事无补。争抢玩具的后面，往往隐藏着孩子的不同需要，假如我们尝试着“考证”，会发现孩子有极其充分的争抢理由。

“这是我的……”（与他的玩具一样但不是同一件）

“我要，我没有……”（非常想细细品味一下）

“他不让我拿……”（像他的，但不是他的）

这些理由作为孩子向一件玩具发起进攻的依据，已经是非常充分的了。孩子受心理发展水平和已有经验的局限，在表达各自需要的方式上，通常是通过“争抢试误”对自己的理由做出是否合理或能否成立的价值判断。需要实现了，“抢”的动作方式会作为有效的“技术经验”贮存起来；如果遭遇到挫折或抵抗，他再修订自己的行为方式，通过不同的途径使自己基本安全。

两个孩子在玩相同的玩具（积木）。一个在搭高，另一个在敲打。敲打的孩子渐渐停下来，凝视着“邻居”，突然出手夺走了邻居手中的“建材”，邻居愕然。但片刻之后，邻居又重新开始了“建筑”。不一会儿，敲打的小手又伸了过来，“建筑师”挥动手臂大叫着反击，进攻的小手退守了，恢复到开始的画面……

面对孩子的争抢，成人的理性思考是——克制冲动、谦和、礼让、分享，但对于一些两三岁的孩子来说，“争抢”更像是一种很有诱惑力的游戏。所以当孩子面对新异的玩具（很可能就是极普通的常见玩具）和游戏伙伴时，克制、谦让实在难以做到，因此，常常会萌发主动出击和接受挑战的冲动。这种冲动动机并不复杂，它的主要目的就在于体验自己的力量和尝试控制事物——行？——不行？！

面对孩子之间的争抢，家长不妨多手准备。

• 预防在先。如果孩子对新异事物有着较强的探求心，有时就可能会主动发起进攻。在外出之前或面对新伙伴、新玩具、新环境时，家长不要恫吓、威胁，因为这样有可能使他从成人身上模仿到更具伤害力的言辞行为。这时不妨调动他已有的经验——别人的反抗、曾经遭受的挫败、失落时伤心的体验，以便引导他主动选择积极正确的交往、表达方式，提高他的交往（社会性）适应能力，使孩子通过与人的愉快结交，体验满足、快乐和成功。

• 鼓励自护。假如孩子比较内向，常因不善护卫自己而惧怕融入同伴游戏或逃避时，家长最好的选择不是躲避、责备，甚至恨铁不成钢。因为躲避只是权宜之计，家长羽翼之下的孩子将无法自主面对群体的生活。反之，责备、强求也只会使孩子更加孤寂无助，因为他内心深处没有可以感受信任、安全的寄托。所以家长可以把“争抢的冲突”看作促进怯弱的孩子坚强起来的营养素。家长不妨通过旁观、陪练，让他“在游泳中学会游泳”，当他在群体活动中获得快乐时，他就能积累起维持这份快乐的自护本领。

• 总结体验。无论是什么类型的孩子，家长有效的指导当数多种形式的强化总结。看到孩子能自己解决纷争时，当孩子顺利融入同伴游戏时，当孩子一步步调整自己的行为获得成功时，家长简洁的归纳、概括，对于孩子非常重要，因为这是他亲历的事件，而家长的积极概括，就可以帮助孩子把经历变成经验，积存在头脑中，加之多种形式的强化鼓励，必会成为孩子适应生存的财富。

PART 6

信任，

父母的赏识温暖金色童年

孩子出世，让我们拥有为人父母的“权杖”。他嗷嗷待哺时，我们信心满满，因为付出、给予就能平息一切。但当他会选择说“不”的时候，我们心中的不满是否会顿时升温？每个孩子都是一本独特的书，父母的过度编辑，只能把属于他的生命原创变为盗版。好孩子是夸出来的，在这部分，让我们通过不同的案例理解成长。

一 了解、理解、尊重孩子

我们把孩子带到了人世，就要与他风雨同行，关注他的喜怒，理解他的爱憎，尊重他的人格，促进他的发展。在只此一回的育儿实践里，只要我们努力，养育过程中的遗憾一定能降到最低。

为什么孩子过了周岁就难带了？

孩子一过周岁，我觉得世界就变了。虽然抱的时候少了，但是更操心，说也听不懂，打又使不得。原来那种为人母的幸福感已经荡然无存，真想把他整托出去。为什么孩子一过周岁就这么难带？

过了周岁，随着孩子运动能力的提高，活动范围的扩大，他的好奇心和新需要越发强烈。但由于孩子能说出的话远远少于能听懂的话，所以当他无法清楚地表达自己的要求时，通常表现出磨人、缠人、执拗、暴躁、不知深浅经常闯祸……这个时期过渡平稳、自然，则有利于孩子日后各方面的健康发展，否则一些不良的行为习惯，往往是在这个时期悄然滋生……

理智的做法不是捆住孩子四处探索的小手，拴住他开始四处游荡的双腿，而是提供一个安全的环境，支持孩子去主动探索，关注他发现的问题，解释孩子遇到的困惑，适时帮他解围，使他在家长积极的帮助下，通过探索周围环境，认识事物，了解规则，调整行为，体验成长的快乐。

面对孩子常常出现的“不顺从”行为、“不如意”的发展，家长应该这 样做。

• 保持积极、平和的心态。1 岁多的孩子想做的事很多，想说的话也很多，但多是力不从心，常以“失败”而告终：要自己吃饭，但能吃进嘴里的很少；想说一件事，但仅有的几个词汇又表达不出自己的意思，所以更多的时候，哭泣、喊叫、发泄恼怒成为孩子最便捷的情绪表达方式。这时家长心态的平和，有助于孩子通过模仿榜样调整自己的行为。家长只有引导、鼓励孩子去追求成功，才能在观察中针对孩子的症结，给予有效的帮助，使孩子在学做事的过程中，情绪逐渐从急躁不安转向稳定、快乐。

• 对孩子的需要做出有效的回应。当孩子对自己和他人接触了解得越来越多时，就会经历各种不同的情感。家长应该对孩子不同的情感变化，做出积极的回应，给他必要的安慰，传授必须遵从的社会行为规范，如：良好的行为一定要夸奖，这是正面强化的最佳方式；帮助孩子纠正不良行为时，如果可能，请给孩子一些选择；当孩子诉说困惑时，一定要用心倾听努力猜懂，给他援助；如果必须对孩子说“不”，要解释原因，切莫简单粗暴；处理孩子的问题时，先消除你的怒气，以免“政策失衡”；克制自己，是对孩子进行明理教育的最好教材；孩子最需要爱，无论多无奈都不要说“我不爱你”。

面对“难带的孩子”，积极调整教养方式是非常重要的教育原则，对孩子养育中的“力不从心”“不如意”，努力做到不忽视、不苛求、不急躁、不厌烦、不粗暴。苛求，欲速则不达。忽视，使千里之堤毁于蚁穴。家长在教子过程中的一举一动，都正在成为孩子学习模仿的榜样。

孩子爱和大人作对是早熟吧？

我的儿子 3 岁了，现在最主要的问题是他很不听话，老是顶嘴，跟他好好说不行，打吧又舍不得。该怎么办才好？

3 岁的孩子是要独立了。他事事都会有自己的想法，家长可能还没有意识到。成人看问题从经验、规律出发，孩子认识事物以直觉、体验为基础。襁褓中的他非常在意家长的教导，奉为真理。但随着年龄的增长，没经历过的失败，他不轻易认为是存在的；他没有获得印证的事物，不会轻易接受。其实这是孩子在从另一个角度看问题。这可能就是家长和孩子经常有分歧、时时有争端的一个关键原因。

解析孩子的作对、顶嘴，我们有时会发现事出有因。

大姨送来很多干桂圆，妈妈怕三三吃多了上火，告诉他："不能多吃，每人只能吃5个。""为什么？""吃多了会流鼻血。""6个算多么？""多。"三三去幼儿园了。晚上三三回到家里，看到灶台上有一堆桂圆壳，问妈妈："你流鼻血了吧？"妈妈疑惑不解："没有呀！"原来妈妈早忘记了每人5个的规矩……

孩子的作对、顶嘴、不听话，其实是他对生活体验的一种反馈。有一些事情他弄不懂，又不能适时地从家长那里获得解释，于是疑惑、茫然中对立与分歧就出现了。在分歧中，孩子的固执有时是以"每人5个"的禁令为基本事实依据，自然会出现顶嘴、作对。其实，在和孩子沟通的过程中，家长可以充分发挥他善于顶嘴的"特长"，这样就能比较得心应手地对他进行引导，同时也能通过孩子的顶嘴，进一步了解孩子，调整自身教育行为和言行榜样。这样既促进自己养育水平的提高，也促进着孩子是非观念、认知经验的进一步积累和提高。

在这个过程中，最关键的教育技巧是把握"怎样讲理"。

• 坚持平等，不能以大压小。如果家长有对孩子行为上的误导，要实事求是地说明、改正，这就是在为孩子奠定正确的是非观念的基础。如果家长不谦和、不民主、不平等，孩子3岁之前还难分庭抗礼，可怕的是他一旦有了控制权，便会"杰出地"克隆出家长们的无理粗暴，并且变本加厉。

• 善于从孩子的"不讲理"里提炼出合理的部分，同时附以建设性意见。孩子的日益强横，就是因为他期待的自主权利、主张和创造总是离他很远。"讲理"的时候，耐心听孩子辩解、申诉，同样能使他感受成就和尊重。哪怕是提炼出5%的合理成分，都能告慰孩子灰冷的心，使孩子在家长的接纳认同中，学习摆脱"自我"中心，也像爸爸妈妈那样，站在另一个角度上为别人想想。

• 大题小作，大智若愚。实践证明：小题大作激化矛盾于事无补。有时候孩子没有家长想得那样复杂，更提不上“故意作对”和“早熟”。如果有可能，使亲子谈话更像兄弟姐妹间的“合谋”，或故意逗孩子钻大人的语言“漏洞”，引导他在选择中体验，是比较机智的养育策略。当然，不排除在特定的情境下家长必须采取强制接受方式，如意外临头、妨害大局……

• 事关重要时不要无原则地妥协。即便遇有客人、出门在外等特殊情况，也要坚持“易地”讲理，立足于培养孩子一致、一贯的行为意识。如外出购物时“毁约”、做客时未经主人允许就随意翻动东西、在影剧院里吵闹影响他人……同样，坚持不懈也能收到更好的效果。

大人许了愿就一定得还吗？

我工作特别忙，很少能有宽裕的时间陪伴孩子。一次幼儿园开放，我答应孩子去看她，结果公司临时有事，没去成。为这事孩子和我闹了许久，直到现在，我再说什么，她都用一种不信任的眼光打量我，有时看得我心寒。我的家庭生活比较特殊，孩子必须和我一起生活。我虽然很忙，但也不愿意放弃对女儿的抚养权，因为孩子就是我的精神寄托。都说孩子需要受些挫折，为什么有了这样的考验，孩子却经受不住呢？我想问问：向孩子许了愿就一定要还吗？

孩子带着不信任的眼光看着你，就使你不安，这足以证明你是一位有责任感的家长，而且非常在意孩子的心理感受。虽然我们成人的精神生活未必时时顺心、快乐，但却希冀孩子拥有无忧的童年。

一般来讲，只要对孩子许了愿，就一定要还。也许有人会说：“小孩子不该惯那么多的毛病。大人就是大人，要有许多的应酬工作，事后讲清楚、有些补偿不就行了吗？”是的，一些积极、活跃、经常被满足感包围着的孩子，这样可以解决问题，但是并不适用于所有的孩子和所有的情形，比如对那些比较内向或存在特殊情感需要的孩子，就不适合做这样简单的“差额抵消”。

特殊环境下，要理解孩子内心中的依恋警觉。“不信任的眼光”缘于孩子曾经的经历。她不愿意也不能再失去目前宝贵的爱。也许换个情境孩子不会如此敏感，但是幼儿园的开放活动，许多爸爸妈妈的到来，使得她非常渴望像所有的孩子那样，有亲近的人关注她、欣赏她、陪伴她。她牢记着妈妈的承诺，但是最终在等待中失望了。这种失落，在单亲家庭中的小孩子心里，是很深的痛，这种痛不断地刺激着、强化着她对家庭变故的朦胧警觉，所以，会在一段时间里，对妈妈产生不信任。但是，不要“心寒”，让时间和后继承诺的兑现去抚慰敏感的孩子，相信有了这次的经历，以后的类似问题你会处理好。

孩子不理解换位思考时，许诺必须兑现。我们不能指望着 3 岁前的孩子换位思考，体谅我们，而我们要换位理解孩子的执着、认真。我们有充足的理由把“失信”当成一种挫折，孩子有更充足的理由将其视为“欺骗”。尽管 3 岁孩子的经验还不能做出这样的归纳，但是孩子对抗的行为、执拗的坚持、不顺从的应答，都是对我们失信的“回报”。大人失信，可以堂皇地称之为“挫折教育”，当孩子违约时，谁能认同这是孩子在考验大人呢？

高质量教育的核心是民主、平等。在家庭养育中，信守承诺，是家长率先垂范的切入点。孩子从我们身上体验着诚与信，模仿着待人接物，我们可以在承诺之前预留调节量，但一旦许下愿，就必须倾心尽力。

孩子两岁了，嘴没有闲的时候，正常吗？

我的孩子特别爱说，可口齿又不清楚，有时根本听不出来在说什么。要是不理睬他，他也要自言自语不断转那几句话。我有时想和他聊聊，但却发现和他对话实在是件十分费心的事，因为我搞不明白他在说什么，没办法，只好由他“自圆其说”。请问：孩子这样正常吗？应该没完没了地说吗？

是的，几乎每个性格开朗的孩子，从他们具备了语言的基本构件以后，都喜欢不断地向亲近的人发表看法、提出需要、表达感情。似乎有一个规律，越是口齿不清或口吃的孩子，表达交流的愿望越急切、越强烈。就像一位母亲曾经抱怨过的：越怕他啰唆他越说，嗓音还特别大。在公共汽车上，尤其喜欢发表意见，旁若无人，滔滔不绝，就像服用了兴奋剂，但就是能听得懂的词不多，我只能耐着性子“嗯”“啊”的搪塞，引得周围的人不断发笑……

两岁多的孩子爱说非常正常。虽然口齿不清，但是热衷和人交流沟通的愿望，并不会因此受到影响。假如他是五六岁的孩子，恐怕这种可爱的执着就会不见了。由于孩子的话妈妈经常听不懂，孩子就不能像正常的交流那样，经常从妈妈那里得到确切、有效的回应，获得交流的满足。所以，在他的身上，自言自语的成分就会逐渐增多，这既显示出他独立意识不断增强的发展特点，也反映出孩子对妈妈沉默态度的不满。假如听不懂孩子的话，妈妈明智的方法不应该搪塞，因为这种有意忽略对孩子的发展无益。假如我们能和孩子面对面交流，给予他的不仅是语音口形上的示范，同时给他的还是尊重别人、专心倾听、积极回应的良好榜样。当孩子获得尊重的时候，他才不会吝惜对他人的敬重，否则只能在旁若无人中自言自语、自给自足了。

家长可以这样做。

• 追逐孩子的视线，努力搞清楚他在想什么。妈妈不要难为情，成长中的孩子遇到各种问题是非常正常的。当你感到无法和他交流时，最有效的办法就是观察他在看什么，关注他思考的问题，这样能为下一步的交流奠定基础。

• 倾听孩子的议论，通过“猜话”，进行有效的沟通，促进孩子掌握正确的表达方式。当我们观察到孩子注意什么，就能够通过有效的猜听，给予孩子支持。妈妈抱着毛毛走在路上，毛毛急切地嚷“乌尔哇！乌尔哇！”，并用两只小手把妈妈的脸转向马路。妈妈莫名其妙，不知儿子说什么，突然她懂了，孩子爱车！“是伏尔加？它是黑色的？”孩子使劲点着头，放下了扳着妈妈面颊的小手。

• 求医排查，针对孩子发育或生理上的问题进行矫正治疗。多数发音不清的孩子，一般存在以下几方面的原因：一是存在听力障碍，二是因为发音器官的发育问题，三是家庭文化和养育环境。比如说“乌尔哇”的毛毛，就是因为舌系带短，所有的舌尖音发不清，一个小手术就解决了问题。

应不应该允许孩子和大人讲条件？

我的孩子很厉害，小小的年纪会“讨价还价”。晚上该上床了，会提出一百个理由：“我睡，但是爸爸要陪。”“我不睡，电视里的小孩子就没睡觉。”“妈妈不回来，我就不听话。”“我不回家，要回家就吃雪糕。”“不让我看电视，爸爸也不许抽烟”。3岁是这样，13岁该怎样？23呢？我有难以承受的感觉。要是我小时候这样，我爹给两巴掌毛病就全没了。我想知道：正确的教育应不应允许孩子讲条件？

不是小孩子厉害，而是现在的孩子聪明，平日里大人的一举一动他们都在观察着、效仿着、琢磨着。孩子学着讨价还价，其实没有什么坏处，因为只要家长能够把握住教育的原则，并且身教言教双管齐下，通过讨价还价，可以提高孩子调整自己行为的能力，主动适应环境、适应变化的能力。

最初，家长可能不接受孩子讨价还价，因为“我们是父母，是家长”。家长会不自觉地沿袭父辈的教育方式，为孩子决定自己力所能及的一切，还会冠冕堂皇地告慰自己：这是为孩子好。

为什么孩子会讨价还价呢？因为他在生活中看到、体会到“不公平”的存在，对这种不公平长期得不到健康的释放、对抗，时间久了有可能造成孩子心理上的失衡，导致不适宜的行为增加。静心反思，有时候，成人的行为方式曾经和对孩子的要求相悖，小到对食物的偏好，大到遵守社会规则，成人都有放纵自己的时候，也都有讨价还价、讲条件的经历。

允许孩子和大人讲条件，可能教育会更具针对性和适应性。家长应该理解讨价还价、讲条件就是孩子在适应和行为规范过程中所表现出来的内心矛盾，所以允许孩子讲条件，其实不是坏事情，孩子能在“讲”的过程中，调整自己，更好适应生活和社会规范。同时还要认识到，对孩子的“讲条件”不是迁就、放纵和无原则的让步。当情况紧急时，没有那么多的时间去“讲条件”，家长就要按照社会共同生活的行为规范，对孩子的消极行为进行干预引导，如在交通通道玩耍、在影剧院内喧哗跑动、对小朋友的攻击行为等。

晚餐后，妈妈提醒小龙把自己的玩具收拾好，小龙耍赖："不！妈妈一起收。"妈妈说："妈妈一起收玩具了，就没有时间讲睡觉的故事。妈妈的时间只能陪龙龙做一件事，你选吧！"小龙不愿意睡觉没妈妈，只好"我自己会收"……

其实，家长宽容地接受孩子"讲条件"，严格地把握好"要讲"的条件没有害处，可以使孩子通过自主选择，明事懂理，学会自律、懂得对自己负责。这是有益于孩子一生的发展的教育。

二 成人之间的相互配合

爸爸是一片蓝天，妈妈是一方土地。孩子未来的希望，孕育在这天与地之间。天有多高，希望就能升腾多高；地有多宽，希望就能舒展多宽。这天与地，是孩子永恒的精神家园。

给1岁多的小孩子“立规矩”是不是为时过早？

小孩子一般都没有规矩，因为他小，还不懂事，大些就会好了。可是我爱人不这样认为，一天到晚总跟孩子较劲，一点小事也得毫厘不差。那天，孩子晚饭闹脾气没吃，后来饿了，要冰激凌我就拿给了她。我爱人看见就没收了，弄得孩子哭哭啼啼，睡觉都一惊一乍地不踏实。家，就是个港湾，是放松、调整的避风港，管教孩子有必要这么较真吗？给1岁多的孩子立规矩，是不是太早？

晚饭不吃，孩子是会饿的，但是如果孩子闹脾气就是因为冰激凌，你爱人的做法也不是没有道理。家庭生活对于成人是享受，是缓解精神压力的避风港，但是对于孩子，却是认识世界、学会生存、学会适应的社会实践基地。

人之初，性本善。性相近，习相远。这是古人对于早期教育价值的精辟概括。1岁多的孩子是不大，但是每一天经历的事情，可以使孩子不大的小脑袋中积累起一切处世经验。在早期养育中，许多家长经常为孩子的“幼小”为难，管教多了，他根本听不懂，不如意就是哭。不管，又觉得孩子一天比一天难带，太迁就、娇惯又真怕毁了他。但是实践证明，对孩子的基本习惯培养是：塑造容易改造难。与其懂事之后艰难地修正改错，不如处世之时精心养成。

姗姗会歪歪斜斜地走路了，对能够到的东西，她一概不放过。爷爷的眼镜戴在脸上，姗姗要抓，爷爷用手护着不许抓。她爬到爷爷的腿上，爷爷摘下来攥在手中，姗姗针扎般地哭叫起来。奶奶跑过来，抱起姗姗嗔怪着：“就一个破花镜，坏了再给你买一个！快给孩子！”姗姗攥着爷爷的花镜，看着爷爷，还是委屈地抽噎着……

孩子是不懂事的。家庭中的教育任务就是，让每一个涉世不深的孩子从不懂到懂。奶奶的迁就结果是孩子从不懂到更不懂。爷爷的拒绝，简单了一些，使孩子不知所措而哭叫，但拿到眼镜孩子并不开心，不明白爷爷为什么不给姗姗，给奶奶？所以她还会委屈得呜咽。幼小的孩子不知对错，但如果有成人的语言提示，孩子就能够控制自己的行为。比如当孩子伸手要动不宜动的东西时，成人只要拖长声音否定：“嗯——不动！”孩子就会收回小手。一段时间之后，当孩子再度对这类物品有意时，会主动地试探成人，“嗯”的长音出现，他会摆摆小手自圆其说“不动”，假如成人没有反应，他会在第一次得手之后增长经验。

有专家认为到了 3 岁，必须保证孩子能够懂得“好行为”与“坏行为”之间的区别，必须经常用简要的方式（语言、动作、表情等），给孩子解释为什么家长希望他这样做而不是那样做。幼小的孩子是喜欢按照家长期待的方式行事的，因为他们这样能够吸引家长的注意，获得家长的赞赏。从现在开始，立下规矩，为时不晚。

两岁多的孩子“钻空子”是和谁学的？

我的孩子了不得，谁都没教，但是特别会钻空子。和爸爸妈妈一起时很多事情都能独立做，只要爷爷奶奶一来，马上退回到婴儿状态。所有平常不允许做的事，都能如愿以偿。两岁多的孩子钻空子是和谁学的？

在生活中学会生活，在游泳中学会游泳，这既是大人的经验，也是孩子的经验。孩子钻空子，无须学习，只要有适当的机会，他就能在不同的环境下适应不同的成人，实现不同的需要。其实在养育过程中，家长可以尝试忽略暂时的“返婴”现象，只要不太出格，不妨“放他一马”。至于孩子“钻空子”，可以从以下两个方面去分析。

• 希望成人特别关注自己。钻空子，这是成人对孩子灵活的适应做出的贬义概括。只是不要在无意中去强化：“看看，奶奶一来什么都不行了，别让奶奶喂，自己吃！”如果在成人的这种提示下，孩子很可能会把无意的撒娇、耍赖，当成特定环境下的行为模式，就像大人们常说的那样“越说越来劲儿”。其实当幼小的孩子掌握了一定的独立活动技能，活动范围逐渐扩大以后，有时会隐约感到获得亲人无处不在的关爱少了。为了能重新引起家长的注意，常会有退缩性行为出现，如话说不清楚了，路不会走了，饭不会自己吃了……其实这些就是孩子的“周旋游戏”，就是淘气、调皮，没有家长想象的那样复杂。

• 家庭成员之间的教育要求不一致。当家庭成员在教育孩子的时候沟通少，方法不同、要求各异时，小孩子就能从中发现其中的差异，这时小孩子就会灵活按照每个成员的特点，为自己疏通渠道，形成对应策略：爸爸卫生习惯不太好，只要妈妈监督不到位，很多必要的卫生程序都能简化；假如是爸爸带孩子，孩子就可以理直气壮地拒绝“饭前洗手”。只要是妈妈在家，他不但会乖乖地洗，偶尔还会把爸爸的坏习惯批评一通……从这些生活中并不鲜见的例子里，家长就能了解到，孩子钻空子，原来就是环境潜移默化的结果！

孩子不喜欢爸爸是我的错吗？

我的儿子不喜欢爸爸。每次我们之间争论点什么，孩子不管什么时候介入，都要说一声“臭爸爸”。我先生非常恼怒，他认为是我“私吞”了他儿子。其实，我先生有许多不好的习惯：做事拖沓，没有耐心宽容孩子，抽烟非常凶；孩子要和他亲昵，但只要有球赛，孩子就是后备项目……我希望孩子爱爸爸，和爸爸有着亲密的父子情，可是孩子不爱他，这是我的错吗？我怎样做更有益于他们父子关系的改善？

为了孩子的健康成长，看来，成人之间多些自我约束、多些及时沟通、多些一致，是非常必要的，也是必须坚持的。

在心理学的研究中，有男孩恋母、女孩恋父一说。你先生说你“私吞”他的儿子，其中，不排除因儿子恋母有所“失落”。我们可以不评判孩子不喜欢爸爸是谁的过错，但是必须了解，家庭和睦对于孩子的成长非常重要。和睦宁静温馨，不仅能使孩子感受到舒畅、安全和信任，同时对孩子的心智发展促进都具有积极的意义。

和睦益智。家庭生活中和睦最为重要。家庭中的每个成员会有不同的个性、爱好和需求，成人彼此之间的相容，能带给孩子积极的情绪体验，使他满足、快乐、活跃，同时会以同样的态度善待他人。不能否认，当孩子降生以后，生活中的许多琐事会使夫妻之间的分歧加大，但是多些耐心和宽容，多点理解和体谅，家会成为每个成员得以调整小憩的港湾。有时夫妻相处久了，彼此说话就更直白，少修饰，成人感觉无所谓，但是对于孩子来说，可能会引发不良的影响。

怎样做能使亲子关系获得改善呢？

• 做个好父亲。多点童心，多些理解，改变自己在孩子心中的印象。把时间多在孩子身上投入些，既要培养父子情感，又别过分在意孩子和妈妈之间的亲昵关系，否则既会使自己频添烦恼，又容易引发对孩子的消极情绪。

• 妈妈做好示范，夫妻之间保持和谐的沟通气氛，态度平和。日常生活中多些风趣幽默，少些义正词严。特别是注意不要和孩子诉苦，减少消极评价对孩子的暗示影响。引导孩子接受爸爸的关爱，理解爸爸，有意识地通过家庭游戏和缓气氛，渐渐地孩子就会淡化旧有的印象。

家庭是一条小船，需要成员的共同努力才能扬帆远航，当大家同在一条船上的时候，形成合力是基本保障。

成人联手对付孩子是不是有点“残酷”？

我女儿刚刚1岁半，常犯点“小毛病”：抓人，不听劝，不好好睡觉，不乖乖吃饭。妈妈管教非常严，犯了错误就把她独自关在一间小屋子里“惩罚”。孩子哭得昏天黑地，看着好心痛，可她妈妈说“对孩子的坏毛病，咱俩必须态度坚决、步调一致”。请问成人联手对付小孩子是不是有点缺乏温暖，或说是几近残酷啊？

很多小孩子在渐渐长大的过程中，都会不断增添一些新问题。虽然孩子还小，但如果严肃管教，可以收到良好的效果。因为1岁左右的孩子，具备了接受不同性质信息的能力。当他做出妨害他人或有悖行为规范的事情时，家长采取必要的手段，使他体验到成人的是非态度，有助于孩子建立正确的是非观，学会采取适宜的行为方式和正确的处世态度。

在家庭养育中，面对独生的孩子，家长都会不同程度地困惑，但有一点——面对孩子的弱点与不足，夫妻之间保持一致的态度、一致的教育是非常重要的。因为只有这样，才能把我们正确的行为方式、价值观念通过潜移默化的方式传递给孩子，使孩子顺利适应未来社会。冷眼看成人一致的调教，可能会有以强压弱之嫌，或是显得“残酷”了些，但是毫无疑问，这样的教育能有效帮助孩子克服缺点，提高社会性适应能力。

苗苗有一段时间爱掐人、抓人、咬人，姥姥的胳膊上经常留下深深的小牙印儿。妈妈看了非常生气，批评苗苗。苗苗不高兴，一边看着妈妈，一边用小手指捏起妈妈手上的肉，发“狠”地掐。妈妈把苗苗放在地上，自己不抱也不让任何人抱。刚会走的苗苗踉踉跄跄地扑到爸爸面前，爸爸没抱，扑到爷爷面前，爷爷也没抱。苗苗委屈得哭了，接着，妈妈告诉苗苗：“咬人不乖！疼。大家不爱。揉揉……”从那以后，苗苗记住了“不乖、不爱、不抱”。当她再要犯类似的毛病时，只要大人板起面孔说“不乖”，她经常会停下来进一步“观敌瞭阵”，然后灵活“转向”……

假如在这样的管教中没有家庭成员的共同配合，假如没有成人间默契的持之以恒，仅靠几个“不”字，是难以使孩子建立起这样主动的“是非”观念。在日常生活中，常见不同家庭的不同处理方式，有的是成员分扮“红脸”“白脸”，一打一拉，有的是各开一灯，有“红”有“绿”有罚有哄，有的是充当“保护伞”和“大恶人”，但是有一点是原则：让孩子知道“什么是错，怎样做对”是非常重要的也是最为关键的。如果忽视了这一点，我们的教育不仅没有益处，反而会更有害。

夫妇两人看法不一致怎么办?

我们夫妇两个在孩子的问题上看法经常不一致：妻子是个急性子，又事事好强，过于较真，什么都要求孩子“毫厘不差”，我觉得无所谓，树大自然直。我觉得我们自己小时候没活得这么累，一天到晚练琴、识字、背唐诗。可妻子觉得将来的社会太艰难，要想孩子有前途就得早吃苦。在我难以改变妻子的做法时，只能利用我“当政”的机会，给孩子点自由，少弹两遍多玩一会儿。但这也不是长久之计，将来怎么办呀?

家庭成员在同一件事上看法不同，是非常正常的事。成员之间不妨经常交换彼此的看法，尽可能地在原则问题上达成共识，特别是在教育孩子的问题上，夫妻之间的共识、一致，能对孩子的健康成长起到积极的促进作用。应该说无论成人之间的沟通有多艰难，但是由于目标一致（都期待孩子能够获得理想健康的发展），所以共识是有基础的，通过努力是能够实现的。

• 沟通中摒弃功利心。苛求，对于成长中的孩子不适合。大多数妈妈都会对孩子的教育投入百分之百的热情和关注，一方面，她们大都具有一颗敏感的心：小李的孩子才两岁，已经识了五百多个字了；小周的儿子刚 3 岁，已经弹完一本练习曲了。我家丫丫不行，就是我狠不下心来！没有别的诀窍，就是两个字“苦练”！……这些妈妈们不希望由于自己在教育上坐失良机，耽误孩子，所以她们对孩子的要求相对严些，给孩子留下的空间相对小些，学习活动内容安排相对多些，对孩子提速发展的目标定得相对高些。另一方面，这些妈妈或是因为自己好胜心强，或者是可能事业有成，或由于怀才不遇，往往会不自觉地调高孩子的发展标尺，希望通过早教提速使孩子步入“超常”之列，所以在知识教育、特殊技能的培养上，期望早投资、早回报。

• 教育里切忌“太松心”。树大自然直，可能会贻误孩子的发展，错过最佳的时机。在自然状态下孩子可以自然成长、发展，但是，自然成长决不能抵消、替代早期教育对儿童发展的促进。孩子在纷繁复杂的社会生活中，由于经验阅历的制约，很难有选择地吸收来自方方面面的刺激、信息，当谬误与正确并存的时候，家庭教育的有效干预，直接影响孩子心智、能力的发展速度、水平和方向。

所以“功利心”和“太松心”都是应该用心克服的。选择孩子可以接受的方式，使孩子自由成长、健康发展。

三 家长的以身作则

为了孩子的健康茁壮成长，我们愿倾尽心血，但是在现实生活中，我们又有太多困惑，为人父母的准则中还有那么多的戒律清规。养育孩子的实践既需要我们有更多的适宜言行，还要讲求“身教”先于“言教”。

怎样为孩子创造好的“成长环境”？

我晚婚晚育，39岁才有这个宝贝女儿，她现在刚刚满月。她就是我的天使，凝视着熟睡的她，我在思考：怎样为人父母？应该给她一个什么样的成长环境？

初为父母都有面对未来的幸福憧憬，但低头看宝贝时心中亦会惴惴不安。面对这唯一的孩子，很多家长都有这样的感受：真的不知道我们自己是否准备好了。没关系，新手父母上路，只要勤看路标、善于思考、及时调整，一定能在陪伴孩子的成长中成为好父母。如何创造适合孩子的成长环境？建议参考以下几个核心词：安全、需要、温暖。

• 安全，既包含物质生活方面的，也包含外出活动方面的。首先安全应该贯穿在孩子的吃、穿、住、行、玩中。诚然，当社会生活中隐匿的不安全觊觎着摇篮中的孩子的时候，家长自身的安全意识应该是永不松弛的防线。食品、服装、玩具、用具等都需要我们防患于未然。随着社会的进步和家庭经济条件的提高，家庭养育社会化程度不断提高，菜泥、肝酱、婴儿米粉、尿不湿拿来就用，大大方便了婴儿的看护，但同时也提升了潜在的不安全指数。如果我们能够学着自己动手，如果能够像父辈那样能吃苦，让养育回归自然，我们就能够为孩子守住生活细节中的安全底线。如肝泥、米糊自己料理，童床、童车、童装只要整齐洁净就可以家庭之间漂流使用。可能这样不能引领童年时尚，但是一定能赢得舒适、安全。相比之下，家长对于孩子出行、活动方面的安全是格外关注、加倍小心的。在这里提出的安全的成长环境的营造，要努力克服成人坚壁清野式的消极保护，让安全活动、自护意识同步在孩子的出行玩耍、游戏活动中展开。因为内隐在孩子心中的安全意识的培植，是人一生享用不尽的宝贵财富。

•需要。除衣食无忧之满足外，更要关注孩子成长的需要。在满足孩子物质需求上，每一个家庭都能全力以赴，无微不至，但在满足孩子心理成长需求上，家长是否也能做到？特别是当孩子蹒跚学步以后，活动范围大了，认知视野展宽了，因此心理需求与日俱增：他要自己吃饭，但是不能准确地把勺子送进嘴巴里；他抢妈妈的杯子喝水，结果洒湿漂亮的毛衣；他要动手帮忙，但总会帮倒忙……面对孩子这些快乐探索、主动学习的需要，我们能够给予孩子的可能更多的是“不动”“妈妈来”“不许”等，于是孩子和照料者之间的摩擦、对峙就会频发。成长环境中最重要的莫过于良好的心理环境。当孩子有动手需要的时候，家长要给予的就是肯定、支持、鼓励和赏识。只有孩子的成长需求满足了，家庭才能成为孩子真正的成长摇篮、起航港湾。

•温暖。人际关系快乐和谐，邻里之间友爱相处。环绕着孩子的人际关系、相处氛围对孩子的健康发展有着极大的影响。在和睦友爱、热情温暖的人际环境中成长的孩子，情绪稳定，性格开朗，爱亲近身边的人；相反，如果一个孩子长期被争吵、冷漠、混乱包围着，孩子就会形成孤独怪癖、任性蛮横或木讷畏缩的性格。有时我们觉得孩子小，夫妻、公婆、婆媳之间的不和，与同事间的不快，与左邻右舍之间的纷争不会对孩子造成什么太大的影响，因为丝毫没有妨害到他的吃穿住行啊！实际上，在这种环境下，孩子内心的感觉是十分敏锐的，他对人际间的不和睦、气氛异常，会有发自内心的紧张和不安。在纷争的双方中，他要寻到能存身的夹缝，这种摇移、揣摩即使对于成人都是艰辛、伤神的，更何况孩子！在奉迎纠纷中，孩子经常处于紧张状态，久之就会导致心情抑郁、情绪异常。

因此，适宜恰当地处理好家庭内部的人际关系、邻里矛盾，对于孩子良好成长环境的营造是非常重要的。邻里之间相互关心，家人间相互理解，才最利于孩子身心的健康成长。

有了孩子，父母就必须“牺牲自我”吗？

躺在产床上，我全身是汗，经过一次一次的阵痛，终于我听到了一个微弱的啼哭声，我知道：我的宝贝来到人世间了。当护士把这个紧握着双拳、紧闭着双眼不停啼哭的小生命放在我的胸膛上时，小家伙又听到了我的心跳，那是他多熟悉的声音，他安静下来，他获得了安全感。这时，我心中升腾着一种非常神圣的情感：我可以做出一切牺牲，为了这个小生命。但是，我先生说：不对！不能为了孩子而丧失自我。丧失了社会价值，就没有给孩子做出人生的榜样。他说的对吗？

这位年轻母亲提出的问题，在很多新手父母的心里都涌动过的。

我们不仅要赋予孩子生命，更要肩负起确保新生命健康成长的重任。可以说随着孩子的降生，我们的角色一夜之间变了：从爹娘的孩子变成了孩子的爹娘！无疑巨大的挑战横亘在我们的每一天中：要应付增多的家务，要学习育儿知识，而且随着孩子的逐渐成长，年轻的父母还会遇到更多的新问题，需要学习更多新的家庭教育知识。而所有的这一切，无不需要占用我们家长的大量时间和精力，甚至要牺牲一些个人爱好和大量的娱乐时间。

同时我们还应该认识到：现在我们不是单纯在为孩子做出牺牲，同时也在为丰富我们多彩的人生投资，因此不是为孩子丧失自我，而是在完善自我。做爹娘的孩子时，我们很自我。做孩子的爹娘，我们就要从小自我中走出，学会欣赏、包容、换位、奉献和担当，不再从小我去看得失，而是从大我重塑信念、诉求。由于我们在为人父母的同时，作为社会人不仅仅有自己的事业，还要承担对社会、对父母、对子女的责任，如此便使自己的人生因为有了孩子更精彩，因为多了一份担当而更具社会价值。就如上边那位年轻父亲所说，家长要为孩子做出好的人生榜样。因为在生儿育女的同时，我们自身对待工作、生活、家庭各方面的态度与行为，就是潜移默化地影响着孩子。

孩子作为独立的个体，他们有着自身的独特成长规律，在我们为他创设的成长环境中按照他的成长节奏发育、成熟。在这个过程中，家长的角色既不是为孩子包揽劳作的喂哺者，也不是台前幕后的操盘手，而是同他并肩前行经历风雨同路人。因此对于家长，神圣的父母职责并不是以牺牲自我来换取孩子的成长，而是亲子双方在各自不同角色扮演中交相辉映，比肩而行。

“三岁决定一生”的说法有道理吗？

我快要做妈妈了，不久前看到有人阐述 3 岁决定一生的理念，也听长辈讲过“三岁看大，七岁看老”，说孩子的头 3 年对他的一生发展很重要，这是真的吗？那么我又该在这 3 年中为孩子做些什么呢？

0—3 岁对于人一生发展的重要性，已为脑科学研究所证实。我国早就流传有“三岁看大”的民间谚语。而著名教育家蒙台梭利也曾说：“儿童出生后 3 年的发展在程度和重要性上超过儿童一生的任何阶段。”因此 3 岁决定一生是当代父母要认真学习的科学的早期教育观点。

让我们从人脑发育的角度来了解 3 岁决定一生的依据：新生儿平均脑重为 390 克左右，到第一年末增达 700 克左右，特别值得一提的是，婴儿在生命的前 9 个月中，平均每日增重 1 克多！直到孩子到了 3 岁的时候，他的脑重达 900—1011 克，相当于成人的 75%；孩子六七岁时，脑重量 1280 克左右，大约达到成人的 90%……3 岁前，不仅是婴儿智力发育的黄金期，也是良好人格形成的重要时期，对于人一生成长的影响意义非凡。

既然 3 岁决定一生，家长应该抓好哪几个成长关键词，才能促进孩子的发展呢？

• 第一年，动手动脚认世界。解放孩子的手脚，就是敞开孩子认识环境、了解世界的窗！为他创造通过抓摸、踢蹬、吸吮、聆听、注视等多种感官了解事物的条件，形成对生存环境最初的适应经验。年轻的家长还应该多付出一些时间和精力，利用好每天的养育照料机会，在哺乳、排泄、催眠、盥洗等生活细节里，通过柔和的语言疏通婴儿与外部链接的感知通道，传递温暖安全的信息，帮助孩子形成积极稳定的情绪。同时，还抓住第一年中的宝贵光阴，给孩子以完整均衡的营养、适宜的锻炼，为孩子的发展奠定坚实的基础。

• 第二年，学做小事有自信。有学者指出，每个正常的孩子都有难以估计的潜力，开发智力越早越好。当孩子掌握了控制自己身体的基本技能后，主动活动的需求与日俱增。他不再满足于成人的照料、哺喂，时刻憧憬着“自己动手”的美妙。从脑科学研究成果上看，在人大脑皮层运动区中，手与五指所覆盖的区域等于或超过了下肢所占面积，这就印证了“智慧出在手指尖”这一育儿谚语的科学性。因此在孩子生命第二年的养育中，要专注于孩子思维和活动的独立性、自主性培养，支持一岁多的婴儿用手抓食物吃、把水喝到嘴巴里、打开盒子移动物体……鼓励他自己动手满足简单的愿望，不仅是生活经验的获得，更推动着儿童大脑相关神经回路的形成。这种早期发展的价值，远远超过了在训练学习中认汉字、学外语等简单的记忆活动。

• 第三年，积极主动好性情。生命第三年的重要任务首推“良好的社会性适应”，引导孩子从自我中心走进共同的生活，适应变化多样的环境和生活。特别是伴随第一心理反抗期的到来，重视孩子个性的培育和发展便成为家长的第一要务。克服执拗、懂事明理、同情善良等这些良好的个性品质的培养，可以从引导孩子形成良好的生活习惯入手，如不偏食、自己睡、会收玩具、乐于运动等，通过这样的习惯培育促进孩子形成良好的性格形成。

开心的孩子才快乐，快乐的孩子更主动。在生命头 3 年的养育中，家长一方面要抓好成长节点，悉心引导持之以恒，另一方面，要充分尊重孩子的成长节律，保持睿智、平和。

有的家长很有成就，但他们的孩子不一定有出息，为什么？

我们身边不乏这样的人：家长都是大学毕业，事业上都很有成就，但是他们的孩子却学习不好。家长很有成就，为什么孩子不争气呢？我是一个准备做父亲的人，但我感觉自己有“育儿恐惧症”了，我和爱人学业、事业都不错，孩子将来会不会……

在现实生活中，为什么会出现这样的现象？问题的根源何在？

首先，事业有成的家长并不一定就必然是家庭教育有成的家长。在日常生活中，人们往往认为事业有成的家长素质高、能力强、家庭条件好，一定能把孩子培养成才。的确，素质高、能力强的家长有着开展家庭教育的有利条件，比如家庭条件优越、自身成功对孩子的潜在影响等。但是，家庭教育作为一门科学，具有其自身的规律性，如果缺乏必要的家庭教育知识，即便自己事业有成，同样有可能家庭教育失误，未必能把孩子培养成才。

其次，事业有成的家长往往对孩子的期望值比普通家长更高。而过高的期望值常常导致家长忽视孩子的实际情况，甚至不顾孩子的意愿，强迫孩子按家长的期望发展。在这种重压下成长，孩子不仅很难达到家长的期望，甚至会变得性格扭曲，发展畸形。

通过以上的原因剖析，建议已经做家长及准备做家长的朋友参考以下几点。

• 不定位“超越”。无论自己是否事业有成，都要尽心尽力做一名合格的家长，而不是一定要“让他比我强”。家庭教育作为一门科学，具有自己独特的规律，我们只有通过学习，了解正确的家教原理，倾心培育平等、健康的亲子关系，营造民主、宽松的家庭精神环境，让尊重、信任植根在我们心中，把欣赏、支持化作行动，就一定能摆脱盲目攀比、避免随意的家庭教育，对孩子的成长负起责任。

• 不追求“复制”。家长切忌将自己成才的经验强加给孩子，而要针对孩子个体的特点，采取有针对性的教育援助方式。因为我们当年与孩子今天所处的社会环境、文化背景、生活条件乃至学习的内容、方式、要求都有明显的时代差异，而且家长自身与孩子的个性特点也会有所不同，因此不能用经验的套马杆去牵拉孩子，要根据差异变化，合理定位。只有针对孩子成长过程中的实际需要循循善诱，才能取得好的教育效果。

总之，在孩子的成长中，家长不是经纪人，而是助手，是朋友。只要能根据孩子的实际情况，给予他温暖的支持，就一定能培养出合格的社会公民。

孩子太听话了，将来会不会吃亏？

我的孩子是个男孩，奶奶照顾他特别周到，什么都不让他动。他总是干干净净、斯文有加，大家都赞他听话。可我作为父亲，觉得孩子太听话、太规矩，一点质疑、反抗精神都没有，在未来社会竞争中能生存吗？对奶奶，我又该提出什么建议呢？

首先，孩子“听话”没有错，而且是必要、重要的。因为口耳相传是孩子接受社会性知识和间接经验的重要途径，“听话”能使孩子对重要的社会规则、共同生活中的公德有敬畏心，更易受到欢迎从而形成归属感，同时“听话”还可以使孩子在社会活动和交往中避免不必要的挫折和身心伤害。

其次，孩子不是越“听话”越好。事实上，孩子与生俱来的特点就是喜爱动手、好奇心强、乐求新知。因此，成人“很听话”的评价，会使一部分孩子压抑好奇的天性取悦他人。如为了获得好评，孩子往往不敢怀疑、不敢说“不”，不能主动选择和做出决断，久之，容易形成懦弱、优柔寡断、胆小等性格弱点。而童年形成的这些性格弱点，往往会使孩子在未来的社会竞争中处于劣势，对于今后成长和发展是极其不利的。

因此，对于家长朋友来说，在要求孩子听话的同时，要让他知晓原因，学会思考，这样孩子就不是不明就里的“听话”，而是出于对正确行为的认同、选择。但另一方面，在要求孩子听话的同时，还要培养孩子的质疑品质，积极鼓励孩子表达自己对“要求”的意见。当孩子表达自己的看法、提出自己的意见后，家长要给予积极的反馈。即便孩子的意见与家长相左时，无关是非曲直的，要留给孩子机会；有关大是大非的，家长也要营造平等对话的氛围，避免打压，要以理服人，特别是既要避讳“高压管理”，也要杜绝“维稳迁就”。

“允许犯错误”是孩子成长的必经驿站。一旦当孩子犯了错误，家长不能就此收回选择权，让质疑“噤声”，而是要及时帮助、引导孩子分析错误发生的原因、后果和自我修复错误的方法，这样，我们的孩子才能享受成长带来的快乐。

心理学家指出，如果好奇心得到肯定和鼓励，孩子便会继续探索、思考和学习，而一旦受到压制，就会丧失自信心和探索的兴趣。因此，在日常生活中，家长切忌以不听话为由训斥孩子，压制和伤害孩子的好奇心。

出 版 人　所广一
责任编辑　王春华
版式设计　北京八度出版服务机构　郝晓红
责任校对　贾静芳
责任印制　曲凤玲

图书在版编目（CIP）数据

新手父母成长手册：写给 0～3 岁孩子的家长／魏癸主编. —北京：教育科学出版社，2014.10
ISBN 978-7-5041-9065-9

Ⅰ.①新⋯　Ⅱ.①魏⋯　Ⅲ.①婴幼儿—家庭教育—手册
Ⅳ.①G78-62

中国版本图书馆 CIP 数据核字（2014）第 240042 号

新手父母成长手册——写给 0—3 岁孩子的家长

XINSHOU FUMU CHENGZHANG SHOUCE——XIEGEI 0 —3 SUI HAIZI DE JIAZHANG

出版发行	教育科学出版社		
社　　址	北京·朝阳区安慧北里安园甲 9 号	**市场部电话**	010-64989009
邮　　编	100101	**编辑部电话**	010-64989395
传　　真	010-64891796	**网　　址**	http：//www.esph.com.cn
经　　销	各地新华书店		
制　　作	北京八度出版服务机构		
印　　刷	保定市中画美凯印刷有限公司		
开　　本	169 毫米 ×239 毫米　16 开	**版　　次**	2014 年 10 月第 1 版
印　　张	15.75	**印　　次**	2014 年 10 月第 1 次印刷
字　　数	220 千	**定　　价**	38.00 元